HISTORY'S PEOPLE

マーガレット・マクミラン 著
真壁広道 訳

PERSONALITIES AND THE PAST

ヒストリーズ・ピープル

人格と個性が歴史を変える

MARGARET MACMILLAN

JN208725

えにし書房

ライアソン、トロント、オックスフォードで
私に歴史の説明の仕方を教えてくれた学生たちへ

Copyright © 2015 Margaret MacMillan and Canadian Broadcasting Corporation
Japanase translation rights arranged with House of Anansi Press Inc.
through Japan UNI Agency,Inc.

The Massey Lectures are co-sponsored by CBC Radio, House of Anansi press, and Massey College in the University of Tront. The series was created in honour of the Right Honourable Vincent Massey, former Governor General of Canada, and was inaugurated in 1961 to prvide a forum on radio where major contemporary thinkers could address important issues of our time.

ヒストリーズ・ピープル――人格と個性が歴史を変える　目次

History's People: Personalities and the Past

ヒストリーズ・ピープル——人格と個性が歴史を変える

【おことわり】

本文中、（　）は原書による注です。訳者によるものについて、〔　〕内は語句説明及び注、［　］内は可読性のための補筆です。

第一章　リーダーシップと妥協術

はじめに

私は、歴史とは雑然と散らかった家ではないか、と考える。この何十年かのうちに、歴史学者は研究範囲を拡大し、政治や経済、学問の分野を超えて、感情や態度、好み、偏見も含めて捉えるようになった（加えて、私はむしろうんざりさせられる流れにも気づいている。歴史学者が自分自身の在り方に思いを巡らせるようになり、過去を「つくりだして」しまっている傾向のことだ）。歴史学者のなかには、世紀の単位で考える人もいれば、ほんの一瞬に焦点を当てる人もいる。さらには、人間社会のなかで起こった、ときには千年を超える大きな変化を扱うことを好み、たとえば、狩猟生活から農業生活への移行や、人口の増加や人の移動、あるいは経済の産出量といったことを研究する人もいる。フランスの大歴史学者フェルナン・ブローデル（一九〇二〜一九八五年）は、歴史研究の真の対象は出来事の背後にあるものを捉え、長期的なパターンを発見することだと論じた――ブローデルの言う「長期持続 longue duree」である。ブローデルは人間社会をゆっくりと流れる大きな川と捉え、彼が「泡」と呼んだ政治や戦争といった一時的で短い間に起こる出来事より、地理的、環境的、社会的、経済的要因によって決定づけられると考えた。ブローデルの伝記で彼のすべてを説明できるわけではないが、第二次世界大戦中にドイツの収容所で生活した彼の経験は、偶然のこととはいえまい。歴史がゆっくり流れるなかで、ナチズムという悪夢から覚めるのではないかという望みを、「長期持続」はブローデルに与えていたにちがいない。

しかし、私たちはブローデルのように簡単に、短い出来事を切り捨てることはできない。思想や政治、学問の趨勢や、イデオロギーあるいは宗教といった分野で起こる突然の変化も重要である。この二十年の間にさまざまな宗教のなかで成長し始めた原理主義を考えてみるとよい。キリスト教、ヒンドゥー教、イスラム教の違いと同じくらい、それらは既存の宗教と異なるのだ。歴史学者は、たとえばフランス革命〔一七八九年〕の始まりとされるバスティーユ襲撃や、第一次世界大戦〔一九一四〜一九一九年〕のきっかけとなったサラエヴォ事件といったような、大きな変化の合図となる、あるいはそれを促す重要な瞬間を適切に捉える。一方で歴史学者は、明らかにどうでもよい出来事を捉え、ある時代に光を当てるためにこれを用いることもある。ナタリー・ジーモン・デーヴィス〔一九二八年〜〕が、マルタン・ゲールの帰還の物語を述べることによって十六世紀のフランスを説明したのがその例である（旅から帰ったマルタン・ゲールは、八年間の留守の間に自分を装って妻をはじめとする人々を騙してきた詐欺師に対し、妻と財産を返せと主張するのだ）。

私たちはまた、思想家、芸術家、企業家、政治指導者のいずれであっても、個人の果たす役割を切り捨てることはできない。アルベルト・アインシュタイン〔一八七九〜一九五五年。ドイツ生まれのユダヤ人で、理論物理学者〕が二十世紀初頭に原子の性質を掌握していなかったならば、連合国は第二次世界大戦中に原子爆弾を開発することができただろうか？　もちろん、ナチスがアインシュタインら数多くのユダヤ人物理学者を亡命に追いやり、連合国で仕事ができるようにしなければ歴史はどうなったのか、という別の問題も存在している。原爆がなければ、連合国と日本の戦争はあと何年間か続いたにちがいない。その後、各国で核兵器が開発されなければ、世界は変わっていただろうか？　十九世紀、産業革命によりヨーロッパが大きく変化しているとき、カール・マルクス〔一八一八～一八八三年〕はさまざまな政治、経済、社会思想を分類・整理し、一貫性があり反論の難しい体系を打ち立て、過去を説明するばかりか未来を予言した。世界中のあらゆる世代の人々が、祖先が宗教――啓示された真実として――を信じていたようにマルクス主義を信じ、その訓示にしたがって世界を変革しようとした。

誰が「運転席」に座っているのか、あるいは誰が計画を立てるのか、ということが実際に重要になることもある。ミハイル・ゴルバチョフ〔一九三一年～〕以外の人物がソ連の指導者であったら、冷戦はまったく違った形で終わっていただろう――あるいは終わっていなかったかもしれない。ゴルバチョフは一九八〇年代、東ヨーロッパの覇者としてのソビエト「帝国」に固執して武力を用いようという考えをもたなかったし、共産党をソ連の権力の中枢に据えたままにしようとも思っていなかったのだ。しかし、中国共産党の指導者は、ゴルバチョフとはまったく違う反応をした。反対する動きに対し、一九八九年に天安門で弾圧を行ったのだ。米連邦最高裁判所が二〇〇〇年の大統領選でフロリダの投票の集計に対して違う決定をしていたなら、ジョージ・W・ブッシュは落選していただろうし、大統領になったアル・ゴアはタカ派の助言者に囲まれることもなかっただろう。そして、イラクに侵攻しようという誘惑に抵抗したのではないかということは、容易に想像できる。

私は第一次世界大戦の開始と終結という国際関係史上重要な場面を一冊の著書の主題として選んだ

が、その過程で、個人に関心を向けなければならないと考えるようになった。ドイツ皇帝の座についていた、問題があり、気まぐれなヴィルヘルム二世〔一八五九～一九四一年〕がアルバニアの国王だったとしたら――アルバニア王は実際、遠縁の人物だった――一九一四年のヨーロッパにこれほど大きな困難を引き起こすことなどあり得なかっただろう。だが、ヴィルヘルム二世は大陸の中心に位置する、経済的にも軍事的にも大国の統治者だったのだ。付け加えると、ドイツの不完全な憲法の下で、特に外交政策と軍隊に対して大きな権力がヴィルヘルム二世に付与されていた。曲がりなりにも、ヴィルヘルム二世はドイツの宣戦布告ができる人物だったのだ。ヴィルヘルム二世だけでなく、ロシア皇帝として同じように大きな権力と責任をもっていた従弟のニコライ二世〔一八六八～一九一八年〕のことを考えずして、カタストロフィーを引き起こした戦争の原因を捉えることなど不可能である。同様に、マーガレット・サッチャー〔一九二五～二〇一三年〕、フランクリン・デラーノ・ルーズベルト〔一八八二～一九四五年〕、ウィンストン・チャーチル〔一八七四～一九六五年〕、ウィリアム・ライアン・マッケンジー・キング〔一八七四～一九五〇年〕といった民主的な指導者と、アドルフ・ヒトラー〔一八八九～一九四五年〕、毛沢東〔一八九三～一九七六年〕、ベニート・ムッソリーニ〔一八八三～一九四五年〕、ヨシフ・スターリン〔一八七八～一九五三年〕といった独裁者が演じた役割を捉えることなく、二十世紀の歴史を適切に描くことができるだろうか？

残念ながら、専門の伝記作家は伝記を用いる歴史家と同様、多くの歴史学者から長い間疑いの目を向けられていた――歴史の把握に怪しい素人だと切り捨てられるか、社会を無視してあまりにも狭く焦点を当てた個人が「大人物」として歴史をつくっているという間違った想定に陥っている、と批判されたのだ。十九世紀の作家で知識人のトマス・カーライルは、重要人物――カーライルは「英雄」と呼ぶ――が過去を形づくるという理論を提唱している、と批判されることが多い。学界ではこうした考え方は軽蔑される（当然と言えばそうかもしれないが、財界のリーダーにはカーライルの考え方は好意的に受け止められているのだが）。しかし、この批判はカーライルにとって不当である。カーライルの歴史観はもっと複雑なのだ。初期の論文で、カーライルは次のように書いている。「〔ローマとカルタゴの第二次ポエニ戦争で〕最初に軍を率いてアルプスを越え、カンネーの戦い〔紀元前二一六年〕及びトラシメヌスの戦い〔紀元前二一五年〕で勝利を得た人物〔カルタゴの将軍ハンニバル〕と、最初に自分で鉄の犂《すき》をつくりだした宿無しの農民と、どちらが偉大なイノベーターなのか。人間の歴史において、どちらが重要か」。社会そのものが無数の人間の労働と生活の産物である、とカーライルは論じる。それゆえ歴史は、「無数の伝記が凝縮されたもの」なのだ。カーライルは『英雄崇拝論』で有名だが、歴史をつくった人々として英雄を見るのではなく、彼らをある特定の時代の感情を集約した人々、あるいは社会が進む方向と社会が求めているものの象徴として明確に捉えることができたのだ。

　カーライルは、優れた伝記の秘密――また、優れた歴史の秘密――は、個人と社会の関係を理解することで発見できる、ということに気づいていた。過去の人々を理解するために、私たちは彼らを尊重することから始めなければならない。過去の人々にはそれぞれの価値観と世界観がある、ということを。それらは、現在とは異なる社会と政治構造により形成された。過去の人々の思考を理解するためには、かなりの努力が必要になることもある。イギリスの大歴史学者ジェームズ・ジョル〔一九一六～一九九四年〕はある時代の「言葉にならない想定」――当然のことと考えているために、あえて人々が口にしないこと――について語っている。たとえば私たちも、なぜ民主主義が政府の形として最良だと考えるのか、無理に説明したりしないものだ。西洋社会では一般にそれが前提となっているからだ。

私たちは常に、人々がその時代において、発見されていないこと、言葉になっていないことを、当時の人々が考えているとは思ってはいけない、ということを肝に銘じておかなければならない。私たちは、家族と名誉について、ローマ人が私たちとはまったく異なる考えをしていた、ということを歴史学者のおかげで理解できる。ビザンツ帝国〔東ローマ帝国〕の人々は、目に見えないことも、目に見えていることと同じ重要性をもつ世界に生きていた。一方で、過去の人々も同じ人間だということを、私たちは忘れてはならない。私は自身の行為ゆえに重要人物となった人々を本書で扱うが、彼ら自身や、また、彼らが生きていた世界について、私たちに語ってくれる同時代の人々についても伝えたいと思う。たとえば、ミカエル・プセルロス〔一〇一八～一〇七八年頃〕は十一世紀に、詳細かつ辛辣に『年代記』を著した。それによって、私たちは滅亡して久しいビザンツ帝国と、帝国を支配した皇帝をはじめとする人々について知ることができる。一例を挙げれば、一〇四二年に妹テオドラ〔九九五～一〇五九年〕とともに即位し統治を行った、金色の髪をした豊満なゾエ皇后〔九七八頃～一〇五〇年〕が、細身の妹より頭がよく、情熱的ではるかに寛容だったことなどである。テオドラはおしゃべりでトゲトゲしく、どちらかというと退屈な人物だったのだ。また、マダム・ドゥ・ラ・トゥール・デュ・パンの回想録のおかげで、私たちはフランス革命の時代を生き抜くこと、そして、彼女のようにマリー・アントワネット〔一七五五～一七九三年〕の女官であった身からニューヨーク州北部の農場で乳搾りを行うようになることの意味を理解することができる。さらに、単なる「物」が過去に命を吹き込むこともある。文化大革命後、初めて行われた中国展のことを私は今でも覚えている。黄金の豹や、亡くなった王女の体を完璧に残しておくためにつくられた古代中国の玉衣にも驚いたが、最も私の心が動いたのは、干からびた蒸し団子だった。今日の労働者と同じように、何世紀も前にこの墓所で働いていた中国人も弁当をもってきていたのだ――うっかりして置き忘れていったのだ、と。

過去の人々の悩みは、今の私たちものとは違っていたとしても、私たちと同じく、人生に課されたさまざまな難題に脅かされていた。黒死病はかつて世界中で猛威をふるったが、現在は一部地域を除いて落ち着いている。一方で、過去の人々は核による絶滅を恐れる必要はなかった。私たちは過去と現在の違いを認識しなければならないが、過去の人々の生活のなかに、今でも共通する特徴があることに気づかされることがある。過去の人々にも希望や恐怖、愛や憎しみという感情があった。私たちは過去の人々の喜びと悲しみを共有できるし、問題解決への努力に共感できるし、ベストな方法を判断することもできる。何十年、何百年という時を超えて届く声を聞き、共通した人間性を発見することに特別な喜びを見出せる。私たちは楽しくおもしろい人に出会えるから、傑作といわれる日記――たとえば、サミュエル・ピープス〔一六六三～一七〇三年。イギリスの官僚〕やジェームズ・ボズウェル〔一七四〇～一七九五年。スコットランドの法律家、作家〕が書いた――を読む。

ミシェル・ド・モンテーニュ〔一五三三～一五九二年〕は〔宗教戦争という〕狂乱の十六世紀を生きた裕福なフランスの貴族〔で哲学者〕だが、私たちには重要人物である。モンテーニュの作品は人間の生き方を探究したものであるがゆえに、現在もあらゆる世代にわたって読まれているからだ。モンテーニュの『エセー *Les Essais*』の大部分は自分自身の思想や感情、それに対する自らの反応だった。したがって、完結することはなく、生涯を通して編集し続けた。また、モンテーニュ自身が繰り返し述べているように、彼自身の思想や感情も変化し続けた。「私たちはすべて小さな部分により構成され、多様性があり、特定の型を持たずに組み込まれていて、その時々に応じて自分のやり方を引き出している。自分と他者の間にちがいがあるように、私たち自身の内にもたくさんのちがいがある」。

三十八歳のときに、モンテーニュは法官を辞めて父親から相続した領地を経営し、自分の城の一方の端にある塔で瞑想生活を送った（妻は反対側の端にある塔を自分の居住とし、〝安全〟な距離を保っていた）。自邸の大きな図書室でモンテーニュはペンを執り、改訂し、さらに多くを書いた。モンテーニュは問題提起をすることが好きだった。「われわれは」、と彼はまず問いかける。なぜ生命を持たないものに怒りを感じるのか？　なぜ突然、感情に駆られるのか？　なぜ心はこんなにさまようのか？……確かに、モンテーニュの心はあちこちをさまよった。随想録のなかでモンテーニュは「主題に戻ろう」と自分を引き戻すことがよくあるが、効果はなかったようだ。ある話題に取り掛かっても、すぐに脇道にそれていく。モンテーニュと同時代の神学者に関する長いエッセイのなかで、女性が妊娠するのに一番良い性行為の体位についても考察している。「車室で」という題のエッセイは乗物のことから話を始めているが、話があちこちに飛び、なぜ君主が過剰な威光を求めるかという考察から近年のヨーロッパの新世界の発見に関する話（当地で発見した人々より自分たちの方が優れた文明だと考えるヨーロッパ人の愚かしさに関する警告的な言及もある）、そして、死に対する恐怖についても語る。ファッションについても、「私は若いとき、自分に誇れるところがないから、良い服を着て立派に見せようとした。私の場合はよく似合ったが、立派な服が似合わず失敗する人々もいる」と辛辣だ。モンテーニュの文は冗談がうまく、気が利いていて小気味よい。最後に書いた文のなかでは、「どうやって死ぬのかわからなくとも気にしなくてよい。そのときが来たら、自然がわかりやすくたっぷり教えてくれる」と述べている。モンテーニュに関する秀逸な研究書を著したサラ・ベイクウェルは、次のように述べている。モンテーニュを読むと「二十一世紀の読者とモンテーニュの間にほとんど違いがないということにショックを受けてばかりだ」と。

だが、モンテーニュは彼の時代と当時の偏見についても教えてくれる――たとえば、古典世界の再発見やアメリカと極東の新世界の発見に夢中になったことである。おそらく、彼が生きた時代が騒然としていたことから、何が良い政府をつくり、また、何が悪い政府をつくるのかという問題に思いをめぐらせたのだ。モンテーニュの時代には、フランスはカトリックとプロテスタントとの戦争で分裂していたから、モンテーニュは宗教が悪につながるのではないかと考察した。モンテーニュは敬虔なカトリックだったが、カトリックとプロテスタントがともに不寛容であることに驚愕した。「どちらからのアプローチもある。片方は黒で、もう片方は白である。みんなが同じように、暴力的で野心的な計画のため宗教を利用する。それぞれが自分のためにやりすぎたり不当だったりするから、自分の行動を抑制するための重要な基盤は本当に異なっているのかどうかわからなくなるのだ」。モンテーニュは、フランス人が残虐で悪意ある行動に慣れてしまっていると嘆いている。

私がこれから論じようとしている人々は、自ら何かを為したか、自ら記録したか、あるいはどちらも行い、自らのやり方で歴史に自分の名を刻もうとした人々である。フランクリン・デラーノ・ルーズベルトやヨシフ・スターリンなどの指導者は、歴史の流れに乗って時代の方向を変えた人々として有名である。大胆な探検家や冒険家は、流れに逆らったために犠牲を払うことも多かった。そしてモンテーニュのような人々は、傍観者として有名になった。だが、記録をつけ、日記や手紙を書き、落書きを刻み、あるいは単なるメモ程度のものと思いながらもそれを書いてくれた人々がいなければ、歴史学者が過去を検証するのに必要な証拠は存在しなくなってしまうのだ。

第一〜三章で、私は歴史に自分の名前を刻み込んだと評価されている人々を取り上げる。彼らの資質と彼らが指導者となった、あるいは単に危機に対応する人物となった状況について述べる。なぜ彼らがこのような行動を取ったのか？　私が考察しようとする人々はみな、彼らが生きていた時代の雰囲気を直感的に理解していた。そのなかには、命令や力によって自分の意思を他人に課した人々もいれば、コンセンサスをつくり上げることによって前進した人々もいる。しかし、どちらのタイプの指導者も歴史をある方向にもっていこうという選択をしたし、そのための能力も備えていた。だから、私は一人の人間がリスクを覚悟で未知の世界に飛び込んだ、「勇気」という資質を特に見たいと思う。なぜそうしたのか？　リスクと安全の間にどんな違いがあったのか？　第四、五章では、歴史の流れを変えた人々ではなく、楽しいディナーをともにしたいと思うような人々に注目したい（多くの指導者のようにくどくどしゃべり続けるのではなく、話を聞きたいと思わせるような人々である）。インドの皇帝となったバーブルのように、権力をもつ地位に就いた人々もいる。中流階級のイギリス人女性で、世界に大きな好奇心をもっていた人々もいる。彼らはみな、その時代の偏見や常識から自由で、常に新鮮な気持ちをもっていた。不便な状況――むしろ、危険な状況といえる――下で旅をした人々もいる。行動はしないが、自分の周りで起こっていることを静かに観察した人々もいる。

私にとって歴史のなかの人物とは、〔一四～一六世紀の〕ルネサンス時代の絵画に描かれた聖母のような主役だったり、子ども向けの絵本の登場人物だったり、撮影機が群集を流し撮りしているときに焦点を当てる一つの顔であったりする。時代全体を描くのに、たった一人の人生をもって代表させることなどできないが、その時代を映し出すことはできるし、もっと知りたい、もっと知らなければならないと思わせることができる。エカテリーナ大帝〔一七二九～一七九六年〕は強い情熱と強い決断力をもち、女性としても魅力的だが、彼女のことを正しく理解するためには、彼女が生きた時代について知ろうとすることが必要である。十八世紀のロシアがどんな様子だったのか――特に、ドイツの小さな宮廷からやって来た若い女性にとってどう映ったのか？　彼女はどのような価値観を身につけていたのか？

新しい生活で手に入れたものは何だったのか？――を。エカテリーナはロシアの帝室という裏切りに満ちた危険な世界で生き延び、成功し、帝室に、ロシアに、そしてヨーロッパに名を残した。今日あるロシアの広大な領土は、エカテリーナの征服に負うところが多い。少なくとも部分的には、ヨーロッパ諸国との複雑な関係は彼女が行った領土拡大に端を発している。また、オットー・フォン・ビスマルク〔一八一五～一八九八年〕の個性はケタ違いで、及ぼしうるすべての社会に影響を与えたが、その際、運命がビスマルクに大きな舞台を用意してくれたことは幸運だった。もっとも、多くのヨーロッパ諸国にとっては幸運でなかったかもしれないが。ビスマルクの生涯をたどれば、独立国家としてのドイツの出現及び同時代と将来に与えた影響力を、私たちは学ぶことができる。

最初の主題であるリーダシップとは、いま流行りのテーマである。インターネットで検索すると、何百万というリーダシップ養成学校にリンクする。ビジネススクールからオプラ・ウィンフリー〔一九五四年〜。アメリカの俳優、司会者、プロデューサー〕に至るまで、いかにすればリーダーとして成功するかを教えるビジネスから、誰も無縁ではいられないように思える。それらはわずか数時間、もしくは数日のうちに、リーダーシップを身につけることができると約束する。リーダー以外の人々が残っているのか、と不思議に思えてくる。アメリカの歴史学者ゲリー・ウィルズが指摘しているように、リーダーになりたいと誰もが思っているわけではないし、なれるわけでもない。リーダシップで成功する鍵は、他の人々を動かしたりインスピレーションを与えたりするという先天的な資質に負うところもあるが、偉大な才能のもち主が天命を全うするまで生きられないこともよくあるということを、私たちは承知している。

何年もの間、アメリカの民主党員の多くは、アドレー・スティーヴンソン〔一九〇〇〜一九六五年〕にフランクリン・デラーノ・ルーズベルトの再来を期待していた。スティーヴンソンは社会的な係累、洗練度、魅力、そして改革への意思といった点で、ルーズベルトと同類だった。だが、スティーヴンソンには大統領に選ばれるため懸命に努力しようという気持ちがなかった。そんなに努力しなくとも、有権者は自分の才能を認めてくれると期待していたのだ。強い姿勢を打ち出そうという思いもなかった。スティーヴンソンはアメリカ合衆国国連大使として、キューバのフィデル・カストロ〔一九二六〜二〇一六年〕政権転覆を狙ったピッグス湾上陸計画の頓挫に関する米政府の不関与を主張し続けた。自分も欺かれていたことに気づいたとき、スティーブンソンはケネディー大統領〔一九一七〜一九六三年。

第三十五代大統領〕に激怒したが、それでも、友人たちにはケネディーに挑戦する気はないし、辞任する気もないと明言していた。「これで自分の船を焼いたことになる」とスティーヴンソンは述べたが、いずれにしても、国連という場で外交官としての社交生活にあまりに慣れきってしまい、それを甘受していたのだ。早世したスティーヴンソンに対する追悼文のなかには、彼が成就できなかったことに対する期待でいっぱいだった。

成功する指導者には、まず野望が、それも冷酷なほどの野望がなければならない。ウェールズ北部の人里離れた田舎の貧乏な若者だったデビット・ロイド・ジョージ〔一八六三～一九四五年〕は、愛していた女性に次のような手紙を送った。「私が最終的に求めているのは、成功することです。そのためには、すべてを犠牲にするつもりです。心からの言葉だと思ってください。この道を阻むものがあれば、愛でさえも犠牲にする覚悟です……」。現代の私たちには、このようなあからさまな物言いには拒否反応を起こしやすい。金融やＩＴ、スポーツの分野で成功したいと考えることは何の問題もないし、むしろ良いことだとさえ思われるが、政治家が野望をもつのは不埒に思える。大成功したテレビドラマ「野望の階段 *The House of Cards*」には、嘘をついて他人を騙し、権力を手にするために手段を選ばない政治家のいる街ロンドン〔アメリカ版ではワシントン〕が舞台だ。しかし、政治家が野望をもつのは良いことだと認めていた時代があったことを、私たちは忘れてはならない。トム・ホランド〔イギリスの歴史家〕が名著『ルビコン *Rubicon*』で指摘したように、〔古代の都市国家〕共和政ローマでは、政治に参加し、共和政に奉仕することが、市民である若者に期待されていたのだ。仲間の市民はどれだけうまくさばけるのかを判定する判事だった。いみじくも、「他のどの国民より、ローマ人は栄光を求め、賞賛を受けることに貪欲である」という表現がある。ラテン語のhonestasという言葉は、〝名声〟と同時に〝道徳的に優れている〟ことを意味していた。野望とは、自分の利益にのみ固執することではない。それは、汚辱と同じく非難の対象だった。

自分のことにこだわるだけでは、指導者として成功するには不十分である。忍耐力や弾力性がなければならない。ウィンストン・チャーチルは政治家としての経歴は長いが、その間、繰り返し起こる難局に苦しんだ。一九一五年、チャーチルは連合国のガリポリ上陸作戦に失敗し、第一海軍卿を辞任しなければならなかった。一九一七年に再入閣したが、その後、自由党から保守党に復党するという決断をしたため、どちらの側からも信頼されなくなった。一九三〇年代のチャーチルは、ぱっとしない存在となっていた。高い地位をあきらめていたわけではなかったが、チャーチルのキャリアは終ったと思われていた。第二次世界大戦が始まらなければ、議会の後ろの方で目立たぬ、この時代の専門家だけが記憶する政治家で終わっていたのかもしれない。

おそらく、逆風に晒され忘れられていく人々と、歴史の大きな舞台で成功を収める人々の違いは、タイミングと幸運なのだろう。ナポレオン・ボナパルト〔一七六九～一八二一年〕はコルシカ島の倹《つま》しい家庭の出身だった。一家の人間関係から（それなりの貴族にコネがあると主張した）、ナポレオンは士官学校であるエコール・ミリテールに入学した。そのうえで、古い統治機構を打ち壊すフランス革命がなければ、財産もコネも持たない田舎の若者が将軍になる望みなどまずなかったし、ましてやフランスの支配者になれるはずもなかった。革命によって、ナポレオンが権力の座に就くことが可能になった。ナポレオンの配下であった騎兵将軍ジョアシャン・ミュラ〔一七六七～一八一五年〕は、もともと旅籠屋の息子だった。一七八九年以前には、彼が士官として訓練を受けることの許可など下りなかっただろう。革命と自らの才覚のおかげで、ミュラはフランスの元帥となり、ナポリ王となった〔このときミュラは、「南シチリア王」の称号を公式に用いた〕。

ナポレオンは、ドイツの偉大な社会学者マックス・ウェーバー〔一八六四〜一九二〇年〕が言うところの「カリスマ的指導者」を実践した独裁者だった。ナポレオンはその地位にあったから人々を動かしたのではなく、ナポレオンがナポレオンであったから動かし得たのだ。抜群の記憶力、並外れた仕事を遂行する能力、戦闘において敵味方の状況を瞬時に判断する超人的な能力――ナポレオンのこうした魅力すべてが結びつき、一人の人間に集約し、人々を戦わせ、死ぬ覚悟を吹き込むことができたのだ。ナポレオンの好敵手であったイギリスの初代ウェリントン公爵アーサー・ウェルズリー〔一七六九〜一八五二年〕は大げさなことなど言わない人物だが、戦場でのナポレオンの存在は四万人の兵士に匹敵する、と述べている。

これから描写する三人の人物――オットー・フォン・ビスマルク、ウィリアム・ライアン・マッケンジー・キング、フランクリン・デラーノ・ルーズベルト――は、生きていた時代も、環境も、ナポレオンとは多くの点で異なっている。だが、ナポレオンと同じで、彼らも長期的な目的と短期的な戦術のなかで人々を動かすことができたし、時代の雰囲気と流れを感じ取る力があった。必要なときには失敗から学び、意に反して作戦を変えることができた。そして、同じく大切なことは、変動する歴史が与えたチャンスを、彼らは掴み取ったことだ。

ビスマルク（オットー・フォン）

私たちは、ドイツが国としては歴史が浅いということを忘れがちである。実際に［一八六七年に自治領となった］カナダよりも四年若い国なのだ。また、破壊的でひどく狂信的であっても、ドイツという国は必然的に歴史に出現すべきものだった、と私たちは想定している。十九世紀のヨーロッパではナショナリズムが強い力で人々の心を摑んだ。そして、最も強力にそれを主張したのがドイツだった。詩人や教師、政治家たちが考え抜いて、共通の言語と価値観によって結合したドイツ民族というイメージをつくりあげた。グリム兄弟は子どもたちを喜ばせたり怖がらせたりするためではなく、ドイツ文化の特殊性を主張するためにドイツ各地の民話を集めたのだ。ドイツ民族は卓越しており、何世紀も前から存在していたという本を書いた歴史学者もいた。だが、政治の上では、十九世紀半ばのドイツはいくつもの領法国家をひとまとめにしていかなければならない状況だった。一八四八年の革命のとき、ドイツの民族主義者は、ドイツ語を使う三十九の諸邦とその領域をまとめ（オーストリア帝国のドイツ部分を含む）、新しい自由主義的な憲法を制定して、おそらくはプロイセン王かオーストリア皇帝の統治の下で強力な連邦国家になることを望んだ。統一ドイツ国家の出現は、決して必然ではなかった。考えてみると、世界中の英語を使う人々が一つの国家の国民としてまとまったことは、昔も今もない。ドイツのナショナリズムは、ばらばらに分かれていたドイツ領域をいくつかまとめ、残りはドイツ諸邦が自治を継続するという、史実とは異なる道を歩む可能性もあった。たとえば、バイエルン、プロイセン、ザクセンがそれぞれ独立国家として残り、オーストリア帝国がそれ以外の諸邦（その多くは、後に小国オーストリアとなった地域）をまとめる、といった形である。

オットー・フォン・ビスマルクが存在しなければ、十九世紀から二十世紀にかけてのいわゆるドイツ帝国は存在しなかったかもしれない。近代ドイツ史の第一人者であったゴードン・クレイグ（一九一三～二〇〇五年。アメリカの歴史学者）は、著書の冒頭をビスマルクから、すなわち、「ビスマルクがプロイセンの首相に就かなければ、ドイツの統一が実現したとしても、同じタイミングでも、同じ形態でもなかったことは確実だ」と書き始めている。オーストリアには帝国として別の歴史があり、ドイツ諸邦のなかでは有力な存在だった。支配者のハプスブルク家は中世以来、神聖ローマ帝国の皇帝位を独占し、少なくとも理論上はドイツを含むヨーロッパの諸地域を統治していることになっていた。ハプスブルク家はドイツ諸邦の多く、特に同家と同じカトリックの一族が支配する南部と強力な歴史的、血族的紐帯があった。また、たとえばバイエルンのように、多くのドイツ諸邦はプロイセンに不信感をもつと同時に、恐れてもいた。

プロイセンの首相となったビスマルクこそ、実現したドイツの統一がオーストリア帝国ではなくプロイセンの保護下となったことに、大きく関与している。国内政治の危機に退位をも考えていたプロイセン王ヴィルヘルム一世（一七九七～一八八八年）は一八六二年、ビスマルクを首相に任命し、解決を託した。ヴィルヘルム一世には、ハプスブルク家の皇帝フランツ・ヨーゼフ（一八三〇～一九一六年）を向こうに回してドイツ連邦からオーストリアを排除しようという意図はまったくなかったし、そうやってできた一つの強力な統一国家ドイツの王座に自分が就くことなど考えもしなかった。しかし、ビスマルクは国王とは違うことを考えていた。ビスマルクはプロイセンが主導権をもち、プロイセン国王の名のもとにドイツを統一することだった。そのためにはドイツ連邦の盟主だったオーストリアを排除し、他のドイツ諸邦を従わせる必要があった。ビスマルクは、首相就任直後の議会演説で「鉄血政策」という有名な言葉を残し、国内外でこれを実現するための準備を整える覚悟を決めていた。ビスマルクは主戦論者ではなかった。むしろ、最も効果的な選択と思われる場合に限り、目的達成のため戦争を利用しようと考えていた。ビスマルクはその瞬間を掴むべき時期を理解していた。それから約百二十年後、ヘルムート・コール（一九三〇～二〇一七年）が冷戦終結の一幕として、ほんの束の間のチャンスを掴んで東西ドイツを再統一したのと同じである。ヴィルヘルム一世が任命し、その孫のヴィルヘルム二世が解雇する一八九〇年まで、ビスマルクはプロイセン及びドイツ政治の中枢に君臨し、ヨーロッパにおける国際関係の仕掛け人であり続けた。

ビスマルクの政治家としての頭の良さ、冷酷さ、シニシズムに引けをとらない指導者はドイツ国内には存在しなかった。ビスマルクは部下に厳しく、敵に無慈悲だった。何年もの間、政敵に囲まれていた。ビスマルクは嘘をつくのにためらいはなく、自分の過ちはいつも他人の責任であると非難した。彼の怒り方はすさまじかった。キリスト教徒ではあったが、寛大や忠誠など端から信じていないのは明らかだった。面倒を起こしたり、役に立たないと見限った人間は、ためらわず首にした。ビスマルクをよく知るイギリスの外交官は、「彼のなかにある悪魔的な力は、私が知っている誰よりも強力だ」と述べている。だが、やろうと思えば愛想よくできたし、愉快な人物になることもできた。ビスマルクはその個性だけで、多くのことを成し遂げた。ビスマルクは気力、能力、食欲を含めてすべてが規格外れの個性だった（ビスマルクの家を訪ねた二人の客が、彼のし瓶を前にして恐れおののいたことがある。通常のものに比べて、あまりにも大きかったからである)。

しかしながらビスマルクの出自は、このような人並み外れた個性にそぐわないものだった。プロイセンのユンカー(貴族地主)は、感情的にならず敬虔で伝統的、血統と一族のつながり、そしてプロイセン国家に対する奉仕に誇りを抱いていた。非常に保守的で、近代社会や自分たちとは異なる人々――自由主義者、資本家、ユダヤ人など――に対してユンカーは懐疑的だった。派手な人々や突飛な人々に対しても不信感をもっていた。ユンカーの価値観は、謙遜や敬虔、勤勉、自制に重きを置くものだった。

一方、生涯を通じてビスマルクには強い鬱の傾向があり、自己憐憫の発作に陥ることがよくあった。ユンカー出身の若者の多くは軍隊に進み、必要とあらば不満を漏らすことなくプロイセンのため命を懸けた。ところがビスマルクは、義務として課せられた軍務をなんとかして回避しようと努めた。後年、ビスマルクは自分の実績を臆面もなく誇張して、自分がいかに献身的な軍人で、士官の制服を身につけることに喜びを感じていたか主張した。これを聞いたプロイセンの上級将軍たちはひどく辟易した。

若い頃のビスマルクにはめぼしいところがなかった。子ども時代は特に、幸せだったとは思えない。両親は仲が悪かった。父親は人は良いが無力で、妻の尻に敷かれていた。母親は美人で知性があるが冷たかった。ビスマルクは母親を嫌い、母親と同じタイプだと考えた女性をすべて嫌うようになった。たとえばのことだが、国王ヴィルヘルム一世の妃を嫌っていた。全寮制学校時代のビスマルクは特別な才覚を発揮することはなく、大学時代は酒を飲み、賭け事をして過ごすことが多かった。卒業後は官僚になったが、とびきり怠惰のうえかなりの借金を抱えたこともあり、その仕事を辞め、一家の領地を経営することにした。以後は、取り憑かれたように馬に乗ったり、宿泊客を起こそうと窓に向かって銃を撃ったりするなどの行動で評判が悪かった。近隣からは「頭のおかしいユンカー」として有名だった。しかし、実はビスマルクは、父親宛ての手紙で述べているように「自分の首を吊ってしまいたいと思うくらい」退屈していた。だが、幸運にもそれが変化した（ビスマルクの生涯において幸運は、重要な役割を演じる）。一八四七年、ビスマルクの地区のプロイセン議会代表の一人が病に倒れたのだ。さらに驚いたことに、ビスマルクの仲間のユンカーたちが彼に対する疑念はともかくとして、ビスマルクを議員に選出したのだ。ビスマルクは政治に情熱を感じた。さらに重要なことだが、ビスマルクには政治の才があることが明らかになったのである。ビスマルクはたちまち注目を集める人物になった――政治信条をほとんど持たない人物だったとしても。ビスマルクは一度、こう言ったことがある。「原理原則に基づいて生きるというのは、森のなかの狭い道を歩くときに、目立つように口に長い旗竿を咥えて歩くといったことだ」。国内政治についてビスマルクに何らかの理念があるとすれば、プロイセン国家を、統一後はドイツ国家を強力にしておくこと、国王の名の下で強力な中央政府をつくることだった（国王の背後で権力を行使するのは通常ビスマルク自身だったのだが）。

一八六二年に首相に就任したビスマルクは支持者を掌中に収め、特殊権益に訴えたり、うまく懐柔したり、あるいは脅しによって、巧妙に敵を分断した。自由主義者たちはビスマルクのことを明らかに嫌っていたが、ドイツ統一戦争の一連の勝利によってナショナリズムの気運が高まったこともあって、うまく取り込まれた。［産業革命によって］労働者の数は増大し、社会主義運動も盛んになったが、新しい帝国議会で成人男子に普通選挙権が与えられたことと、ヨーロッパで最も進んだ包括的な社会福祉プログラムのおかげで、少なくともしばらくの間は平穏だった。だが、ビスマルクは長期間にわたり国家運営できる連立政権をつくることはできなかった。実際、ビスマルクの価値観と他人を動かす手法は、新たに台頭しつつある近代ドイツの政治風土と歩調を合わせることができなかった。代わりに、ビスマルクはプロイセンで真に重要な一人の人物、ヴィルヘルム一世の支持に頼ったのである。

プロイセン国王は因習にこだわる人間くさい人物で、特に頭が良いわけでも洞察力があるわけでもなかった——言い換えると、ビスマルクと正反対の人物だったのだ。ヴィルヘルム一世はビスマルクがやることと、そのやり方の多くを嫌った。そのため、対立し、大声で言い争うこともよくあった。たとえば、オーストリア帝国に続いてフランスを打倒することについて、ドイツとヨーロッパの世論の多くを無視することについて、などだ。ヴィルヘルム一世は一度、「ビスマルクの下で国王でいるのはつらい」と、そっと愚痴をこぼしたことがある。だが、国王は自分と王国はビスマルクを必要としていることをある程度認めていた。だから、ヴィルヘルム一世の名で、ビスマルクは国内外の問題を御することができた。プロイセン、そして後のドイツ帝国憲法では、外交防衛政策に関する最終決定権は皇帝がもち、政府が国王に回答する形になっていたのである。二人の関係は紛糾し、耳を塞ぎたくなるほどの激しい議論があり、ぴしゃりと閉ざされたドアの向こうから泣き声や叫び声が聞こえることもあったという。頭痛で動けない、吐き続けて死んでしまうとビスマルクは主張し、辞任すると何度も威嚇した。結局、最後にはいつもヴィルヘルム一世が屈した。ビスマルクの辞任などヴィルヘルム一世にとってはありえないことで、「君といるのが一番幸せなのだ（傍線が二本引かれている）。まったく君の言うとおりにする！」と記したメモも見つかっている。

国王が長生きしたこともプラスに作用した。ビスマルクは二十六年間、国王という後ろ盾をもつことができたのだ。もしヴィルヘルム一世が七十代で死んでいたら、跡継ぎのフリードリヒ三世（一八三一～一八八八年）はまずビスマルクを罷免し、ドイツをもっと自由な立憲国家にしようと力を尽くしていたにちがいない（フリードリヒ三世の妃ヴィクトリア（一八四〇～一九〇一年）はイギリスのヴィクトリア女王（一八一九～一九〇一年）の長女で気が強く、ビスマルクのことをひどく嫌っていた）。ヴィルヘルム一世が一八八八年に九十一歳で亡くなったとき、フリードリヒ三世の身体も癌に冒されており、即位後わずか九十九日間で逝去した。移り気で面倒な性質の息子ヴィルヘルム二世はビスマルクの影でいることに耐えられず、一八九〇年にビスマルクを首にした。「パンチ」誌の風刺画に付されたキャプション「パイロットを失う」は有名な話だ。

国内での支持が高かったことがビスマルクの成功の一因であるが、ヨーロッパが大きな変化の時代にあったこともまた、幸運だった。チェス盤の六十四のマスのうち十六をブロックされていたらチェスができない、とビスマルクは友人に述べたことがある。ビスマルクがドイツの統一を始めたとき、チェス盤は空いていた。ビスマルク率いるプロイセンは隆盛を誇り、強力な軍隊もすでにあった（プロイセンはたまたま軍をもっている国ではなく、たまたま国をもっている軍隊だ、という古い冗句がある）。一八五〇年代から経済は急速に発展した。それによって軍を拡大し装備を整える資金を得、他のドイツ諸邦を引き寄せた、とビスマルク自身も述べている。プロイセンのライバルで多民族国家のオーストリア帝国は、ナショナリズム運動の盛り上がりでますます困難な状況に陥っていた。ロシアという保守勢力がヨーロッパの突然の大変革を阻む可能性があったが、そのロシアは一八五三年から五六年にかけてクリミア戦争を行った。ロシアを攻撃する仇敵オスマン帝国に組みしたフランス、イギリス、オーストリア帝国といった他の列強と協力する道を、プロイセンは選ばなかった。一八四八年以後、虚栄心の強いナポレオン三世（一八〇八〜一八七三年）が統治するフランスは、プロイセンからの挑戦になかなか気づかなかった。フランス人は保守的な君主国オーストリアがプロイセンに敗北したことを歓迎したが、その後プロイセンとドイツ連邦内の同盟国が、その強い力の矛先をフランス国境に差し向ける可能性を認識することができなかった。イギリスは統一ドイツの成立に共感をもっていたが、イギリスの歴史のなかではよくあるように、ヨーロッパ大陸で起こっていることよりも、海外における自国の利益に関心があった。

ドイツのナショナリズムとプロイセンの力、そしてヨーロッパの国際状況の変化がなければ、ビスマルクは近代ドイツをつくることはできなかったし、ドイツがヨーロッパの中心となることもなかったにちがいない。自分の確かな才能を利用できる時代と状況に生まれたという大きな幸運が、ビスマルクにはあった（他のヨーロッパの国にとっては幸運ではなかったとしても）。もっと早い時代にユンカーの子どもとして生まれていれば、他の人々と同じように国王の軍隊のなかでも地味な将校、あるいは官僚になっていたことだろう。まだ十九歳のときに書いた手紙のなかでは、ビスマルクは田舎の領地で暮らし、小作人や犬や召使を怖がらせるものの、妻の尻に敷かれている将来を想像していた。この別の〝ビスマルク〟は、狩をし、大酒を飲んで酔っぱらい、農場を管理して過ごすのだ。「国王の誕生日に小便をし、国王を万歳とでも大声で叫ぶのだ。あとはいつも大声でしゃべり続けるのだが、言うのは『おお、なんていい馬だ！』くらいのものだろう」。

一八六二年、ビスマルクはシュレスヴィヒ＝ホルシュタイン公国を併合するため、オーストリアと組んで、デンマークに戦争を仕掛けた。翌年には、前年の同盟国〔オーストリア〕に急襲をかける機が熟したと考えるようになり、両公国の処理をめぐる問題を利用して、ビスマルクはオーストリアに次々と争いを仕掛けた。一八六六年の夏には、ビスマルクの準備は整っていた。ロシアとフランスは中立を約束し、デンマーク戦ではうまく戦うことができなかったプロイセン軍を再編成し、ヨーロッパで最も効果的な新しいライフルを歩兵に持たせた。だが、ヴィルヘルム一世はフランツ・ヨーゼフに対して戦争をしかけることを拒否し、激しく対立した。ヴィルヘルム一世はフランツ・ヨーゼフのことを自分よりも上位にある君主だと考えていたのだ。最終的に国王はビスマルクを部屋から追い出し、これ以上同じ話をすることを禁じた。ビスマルクはある親友のもとに駆けつけ、身も心もボロボロになった、「ドイツ帝国の確立に一生をかけているのに、その夢が今日頓挫した、まっすぐ家に帰って辞表を書く」と愚痴をこぼした。友人はビスマルクを落ち着かせ、もう一度ビスマルクに会ってくれるよう国王に頼んだ。ヴィルヘルム一世はすぐに折れ、喜んだビスマルクが再び現れてボトル半分のブランデーを一気にあおり、次のように述べた。「ありがとう。心から感謝する。戦争だ」。

七月三日、ケーニヒグレーツ（今日ではチェコのフラデツ・クラーロヴェー）でプロイセン軍はオーストリアの敗北を決定的にした。講和により、オーストリアはドイツ連邦の終焉を受け入れた。そこにはプロイセンの管理下にある北ドイツ連邦が新しく配置された。プロイセン自体も、たとえばオーストリアを支持したハノーヴァーといった諸邦の領土を加えて大きくなった。バイエルンを含む南部の四つのドイツ諸邦が独立した国として残ったが、プロイセンと個別に同盟を結ばなければならなかった。南ドイツの諸邦が独立国として存在できたのは数年だった。

一八七〇年、南部の反プロイセン感情を煽っているのはフランスだと気づいたビスマルクは、再び争いの種をつくりだした。スペインの王位継承者問題を利用したのだ。フランスはヴィルヘルム一世の遠縁にあたる候補者〔レオポルド〕が玉座に就くことに反対した。ヴィルヘルム一世はこれを受け入れた。しかし、将来にわたってフランスは、プロイセン王がこのような候補者を支持することがないように、という保証を得ようとした。そこで、バート・エムスの温泉保養地にいたヴィルヘルム一世のもとへ大使を派遣した。ヴィルヘルム一世はいつものように公平な立場でていねいに、事の経緯を説明する電報をビスマルクに送った。ビスマルクは後に、「なんと幸運なことか」と叙述している。ビスマルクは電報を編集し、国王がフランス大使に送ったものであるかのように改竄し、新聞にリークしたのだ。プロイセンに対する反感は、フランスではすでに高まっていた。この「エムス電報事件」が、現実に戦争を引き起こすことになった。

オーストリアとの戦争のときのように、国際情勢はプロイセンに有利だとビスマルクは確信していた。他の国々がフランス側に立って介入する可能性はなかった。また、このときプロイセンはフランスより優れた大砲と、はるかに一貫した指揮命令系統のある強力な軍を備えていた。一連の敗北のあと、フランス軍はベルギー国境に近いセダンという小さな町で九月二日に降伏した。丘の上から戦いを見ていた南ドイツ諸邦の代表は、独立勢力としての自分たちの立場が終わりつつあるのを悟った。一八七一年一月十八日、フランス王ルイ十四世〔一六三八～一七一五年〕が建てたヴェルサイユ宮殿の鏡の間で、新しいドイツ帝国の成立が宣言された。ドイツ皇帝となったヴィルヘルム一世の脇には、ビスマルクが立っていた。第二帝国はビスマルクの創造物に他ならなかった。ドイツ国内においては、ビスマルクは皇帝の、すなわち自分の手の内にある権力を掌握し、政党同士を巧みに反目させた。国外では、ビスマルクはフランスを孤立させ、他の国々はドイツと友好的に、あるいは少なくとも中立であるようにした。そうして、続く二十年間、ビスマルクは自国の発展を推進し、ヨーロッパにおいて軍事的、経済的に優位な国に仕立て上げた。ビスマルクのおかげで、ヨーロッパは一八七一年以来、国境線を変えながらも常にドイツを中心として動いたのである。

マッケンジー・キング（ウィリアム・ライアン）

カナダを中心にして世界が動くということはなかった。事実、国際社会は常に、カナダに関心を払うことがなかった。だが、カナダ史においてウィリアム・ライアン・マッケンジー・キングは、ドイツにとってのビスマルクと同じくらい重要である。ビスマルクは国をつくったが、キングは一九二〇年代以降、世界恐慌や第二次世界大戦という不穏な時代からその後の平和の時代を通じて、カナダを率いた。キングは右派や左派に対しても中道を守り続け、英語圏とフランス語圏の間、また地方の間にある深い相互不信と断絶をなんとか取りもち、国を分裂させなかった。首相の座にあった二十二年間――カナダ史上最長の首相である――キングは包括的な社会福祉体制の基礎を築いた。所属した自由党を与党として君臨し続ける政治力をもたせた、途轍もない政治家だった。世論調査がなかった時代、キングは国の雰囲気と世論がどの方向に向かっているのかを感じ取るコツを心得ていた。理想主義者で、より公正な社会をつくろうとしていたが、同時に現実的で、勝てない戦いは回避した。勤勉に働き、洞察力に優れるというすばらしい能力があった。重要人物であるかどうか関係なく、キングはたくさんの手紙を国中の人々に送った。お祝いの手紙やバースデーカード、お悔やみの手紙には細かい気配りをした。個人としての生活をしっかりと保ちつつ、さまざまな人々と協力して仕事をした。立派なことに、政治的には反対の立場を取る人々をも内閣に登用し、少なくとも味方に引き入れようと努力した。

だが、キングは他の政治家に比べて人を夢中にさせる魅力に欠けていた。どちらかというと、むしろ──カナダ人は特に強く感じたものだが──嫌悪感を生じさせることが多かった。曖昧で理解し難い人間、それがキングだった。問題をうやむやにしてしまうこともあった。「議会が決める」とはキングのお気に入りの決め台詞だったが、実際に、話し合いや議論を通して自ら解決するのを常に避けようとした。第二次世界大戦中は、徴兵制の問題──イギリス系カナダ人の多くは徴兵制を求めたのに対し、フランス系カナダ人は総じて反対していた──が両者を引き裂いてしまいかねなかった。そうなれば、おそらく後戻りはできなかったにちがいない。一九四二年、政争が頂点に達すると、キングは有名な（悪名の高い）基本原則をつくった。「徴兵は必ずしも必要でないが、必要ならば徴兵を行う」だ。

インテリの憲法学者で、急進派の詩人でもあるF・R・スコットは、「キングは私たちの感覚を鈍らせた」と述べている。一九五四年に彼が書いた詩は当時、そして今も、キングに関する多くのカナダ人の気持ちを代弁している。

われわれには形がない
どちらに立つこともないから
どちらでもない

形にすることを認めないから
間違うことを上手に避けて
正しいことを言うこともない
一方に組みすることはなく
反対側の様子を見る

この詩は、以下のような有名なくだりで結ばれている。

お寺を建てよう
凡庸の神に捧げる
なんでも半分にするのではなく
できることなら四つに分ける

キングがやったことは当時の人々の典型で、そして今なおそうなのではないかと現代のカナダ人が密かに恐れ、不安に思っていることだ。つまり、ピューリタン的で、性的に抑圧され、用心深く臆病で、他人の評価を気にするが、一方で決断が早く、勤勉でしまり屋、外国の重要な国や人々が認めてくれたときにはカナダ人であることを誇りに思って喜び、表立って対立することを特に嫌う、キングのスタイルだ。心霊主義に傾倒し、予言やお告げが好きな太った小難しい独身男のキングが、本当に私たちと同じなのだろうか？　重要な決定を行うのは時計の針が一直線になっているときにやった方がよいという迷信をキングは信じていたが、私たちもそうした迷信を共有しているだろうか？　私たちも、みまかりつつあるペットの犬——あるいは母親——の脇に座って、霊の世界への媒介物やこっくり板を使ってお祈りし、賛美歌を歌うだろうか？　うまくいったりしくじったりした一日の終わりに、心の記録をするだろうか？　軽んじられたり褒められたりしたことを、いちいち細かく日記に書くだろうか？

キングはそれをしたのだ。キングは一八九〇年代初頭から一九五〇年に亡くなるまで毎日、日記をつけていた。どんな近代の政治指導者もかなわない歴史記録である。死後は日記を焼くようにキングは命じていたが、遺言執行人が躊躇し、残してしまった。そのため、キングの欠点が公になった。キングに対するもう一つのイメージを、カナダ人の詩人デニス・リーが取り上げ、子ども向けの詩集に載せている。

ウィリアム・ライアン・マッケンジー・キング
真ん中に座って演奏している
お母さんのことを愛している
ウィリアム・ライアン・マッケンジー・キング

キングの祖父は大胆な急進主義者で、カナダ史のなかでは数少ない反逆者だった。キングはその孫として、祖父を彷彿させるような人間でありたかった。一八三〇年代、キングと同じ名前をもつ祖父ウィリアム・ライアン・マッケンジーは、当時の要職を世襲的に牛耳っていた特権層が統治していた——家族盟約として知られる——上カナダの政府を、力によって覆そうとしたが失敗した。反逆者への穏便な処置などはじめから望むべくもなく、マッケンジーはアメリカ合衆国に逃げ、一家は極貧の生活を送った。時が経ち、カナダ当局は反逆者に恩赦を与え、カナダに戻ることを赦した。帰国したマッケンジーはその後、議員に選ばれた。キングの母親となるマッケンジーの娘は、反逆者を鎮圧した職業軍人の息子である法律家と結婚し、小さなオンタリオの町の支配階級の一員となった。父親を英雄視していた彼女は、息子に強い影響を与えた。キングはいつも、自分は立派な父の意志を引き継いでいると考えていたかった。そのため、たとえば、敗者に味方して話をしたり、誠実で効率的で公正な政府をつくろうとしたりした。

不運な反逆者だった祖父よりキングは才能があり、もっと用心深かった。孫は失敗に終わることがわかりきっている「十字軍」に自分のエネルギーとチャンスを無駄に使おうとはしなかった。ある姿勢を貫こうとするときには、自分が絶対に勝てる状態にしておきたいと思っていた。一九二二年、イギリスの首相デヴィッド・ロイド・ジョージが大英帝国をオスマン帝国との戦争に引きこもうとすると、参戦の時機はカナダ自身が決める、とキングははっきり述べた。この件については、キングはカナダの世論に歩調を合わせた。カナダの人々は、第一次世界大戦とその後の講和会議でカナダの存在感が増したと感じ、独立に向けて誇りをもつようになっていたのだ。キングには状況をまとめて掌握し、反対方向に流れることなくどちらに進むべきかを掴む、目覚しい能力があった。死の直前にキングはつぶやいた。

「問題があるかないかは直感でわかる。すぐに理解できなければ、自分には関係がないと判断する……どうやって支持に回らせるか、その計画を立てるのには時間がかかるかもしれないが、やるべきこととやり方については初めから理解している」。

たたき上げの祖父と違って、キングは世界の一流大学で学んだ。トロント大学で学部生として学んだあと新設のシカゴ大学に行き、古い固定観念を破壊する偉大な経済学者ソースティン・ヴェブレン（一八五七～一九二九年）のもとで研究した。キングはトロントで社会悪（批判者たちが好んで指摘するのだが、売春を含めて）に関心を示すようになり、シカゴでは、規制のない資本主義がもたらす最悪の状態を減らそうと努める、草創期のセツルメント運動に関わった。それからキングはハーヴァード大学に移って博士課程に進み、修了する前にロンドン・スクール・オブ・エコノミクスに移った（ハーヴァード大学は最終的に一九〇九年、カナダ政府について行ったレポートにより博士号を与えた。カナダの首相でこの学位をもっているのはキングだけである）。一九〇〇年、キングはカナダに戻って公務に就くとすぐに、労働省副大臣になった。

八年後、キングは効果的に、また巧妙に紛争を収めることのできる人物として有名になっていた。当時は労働者と資本家が繰り返し衝突していたので、実力を発揮する機会に恵まれた。カナダの西海岸でアジア移民に抗議する暴動が何度か起こると、若いキングが派遣された。大英帝国の他の地域、特にインドからの移民がカナダで人種間の緊張を引き起こしていることをロンドンの帝国政府に警告する必要があるとカナダ政府が決定すると、またしてもキングが指名された。アジアから輸出されているアヘンに不安を感じていたカナダ政府は、キングに上海で開かれる国際アヘン委員会に出席するよう求めたのだ。途中、キングはインドと日本に立ち寄り、移民問題を話し合った。自由党所属の当時の首相サー・ウィルフレッド・ローリエ〔一八四一～一九一九年〕は、キングこそが議会を運営するのにふさわしいと、当然のように決断した。

一九〇八年、キングは予想どおり当選し、翌年には労働大臣として初めて内閣に加わった。そして、議会を通じて産業論争のもととなった「コンバイン」（カルテルのことをそう呼んでいた）を調査し、重要な政策をつくるという責任を担うことになった。一九一一年に自由党が野党になると、キングのキャリアは一時的に停滞したが、一九一四年にはアメリカ合衆国でロックフェラー家に雇われ、社外取締役として高い給料を得ることになった。それから数年間、キングはアメリカの別の関係からも収入を得た。ハーヴァード大学の教授職と、アンドリュー・カーネギー社の慈善部門の監督に責任を負う部長の地位に就いたのだ。いずれも金と権力の両方を手に入れることができる、誘惑の多い地位だった。

しかし、カナダで公の仕事をしたいと強く考えるようになった。一九一九年の日記に、次のように記している。「他国より自分の国に尽くすべきだ。どこで何をしていても、人類に貢献したいという気持ちが私から離れない……名誉があり尊敬されてカナダで生きることが、他のどんな欲求よりも私の心に訴える……私の願い、私の気質はすべて政治に向かう」。道徳的な生活を送り、社会のために全力を尽くせという母親の教え、プレスビテリアン（長老派）への強い信仰、自分には使命があり――キングの場合にはそれは政治なのだが――良い仕事をすることで神に仕えることができるという信念を支える巨大なエゴ。それらすべてが生涯を通じてキングに、がんばって良いことを成し遂げることができるように、と神に祈らせていた。

一九一九年、キングはカナダに戻り、自由党の党首を務めた。キングは自由貿易や予算の均衡といった大事なことについては曖昧にしておくことで、年長者の心を掴んだ。一九一七年に徴兵に反対していたことも有名で、ケベック代表の票の大半を獲得していた。キングはケベック票の重要性も、連邦を維持するうえでフランス系の人々をパートナーとして取り込むことの必要性も、決して忘れなかった。キングの優れた勘によって、ケベックの政治家のなかから当時最も有能で力があったアーネスト・ラポワントを副官に選び、彼の判断を信頼した。経験を重ね、自信をもつようになったキングは、他にも強力な人物を内閣に加えるようになった。政治指導者の多くが、自分の立場が弱まることを恐れて下せない決断だった。

一九二一年、キングは四十七歳という比較的若い年齢で首相を初めて務めた。ほとんどの人は、キングはすぐに終わると思っていた。経験もなく、少数派の政府を率いていたからだ。実際には、キングはこの仕事がどんなものかすぐに理解し、策を用いて反対派の批判の矛先をうまくそらすことができた。自分も一役買った憲法上の危機を利用して、キングは一九二六年、自由党が多数を占める形ですぐに返り咲いた。成功する政治家につきものの幸運があった。それは、一九三〇年の選挙で敗れたことだった。大恐慌の対応に失敗したという責めを、後継の保守党に負わせることができたのだ。一九三五年、三たび首相に返り咲くと（「国王か混乱か」というスローガンを掲げた）、事態は好転し始めた。

結婚願望がどれだけあったのかわからないが、キングはこの頃には結婚をあきらめ、独身者として生きていく気持ちを固めていた。使用人や部下に対するキングの扱いは、感傷と冷酷が入り混じったものだった。彼らの誕生日は覚えていたが、長時間労働を求めてもいた。孤独だと愚痴をこぼす一方で、社交は時間の無駄だとはっきり口にすることもあったのだ。しかし、日記ではむしろ、違う姿が浮かび上がってくる。友人たちと宴会をしてにぎやかに過ごすのが好きな人物像である。ダンスが上手なことでも有名だった。ローリエ邸でディナーパーティーを開くこともよくあり、キングは自分なりのやり方で客をもてなした。かわいがっている犬と戯れ、信心書を読み、心を許した数少ない人々とともに、霊を呼び出してリラックスすることもあった。六十歳の誕生日には、ウィリアム・グラッドストンやローリエ、ローズベリ卿らの霊がやって来たと喜んだことが日記にある。

政治家になって貧乏になったと主張していたが、それは事実ではない。給料をたくさんもらっていたばかりか、支持者からは贈り物を受け取っていた。ある使用人は、キングは「厚顔な守銭奴で、金額にかかわらず自分の交際費からは支出しまいといろいろな工夫をした。最悪なのは、自身の金を出し惜しんだことだった」と述べている。一方でキングは、キングズミアにある別荘を装飾するために時間と金をかけた。十八世紀の地主のように、キングは何かいわくのありそうな、絵画に描かれたような廃屋を好んでいた。オタワでは、ローリエがもっていた旧家に住んだ。どちらの家にもヴィクトリア朝の骨董品がぎっしりあり、ヨーロッパで収集した美しくない絵画、彫刻、浅浮き彫りが置かれていた。ローリエ邸の応接間には、「金の縁取りをしたえんじ色の毛羽立ったビロードが敷き詰められ、価値のない装飾品を入れる巨大な甕やガラスカバーがついた卓がいくつも置かれていた。高級骨董屋が品揃えしているような高価なジャンク品がいくつもあった」という。

キングは魅力に欠け、嫌悪感を感じさせるところがあると、多くの人々は感じた。ある代表的な自由党員は、キングにはどこか虫唾の走るところがあるが、それは息が臭いことだけが理由ではない、と述べている。キングには過剰なまでに媚びへつらうところがあった。一九三〇年代にオタワに滞在したイギリスの高等弁務官は、次のように報告している。「キングと会話したあとは、猫に嘗め回されたような気分になって、風呂に入らなくてはという気持ちになる、と妻は言っている」。だが、キングを嫌う人々でも、キングには確かに公人としての資質があると認めていた。キングの演説は雄弁ではないが、よく練られ、しっかりした内容だった。カナダとカナダ人のことを完璧に理解し、世界におけるカナダの位置づけについて、大英帝国とアメリカ合衆国という二つの大きな勢力の間でバランスを取ろうとする健全な理解があった。ロンドンでもワシントンでもキングは尊敬され、知り合いもたくさんいた。両市の代表的な政治家たちも、そのなかに含まれていた。第二次世界大戦中にワシントンを訪れたとき、キングはホワイトハウスに滞在してルーズベルトと長く、個人的に話をした（戦後間もなく大統領が亡くなると、キングは降霊会でルーズベルトの霊と接触した）。

キングには多くの短所があったがゆえに、私たちは彼がどれだけ頭が良く、洞察力のある熟練した政治家だったかを見過ごしてしまいがちである。キングは仮に、アメリカ合衆国にいたとしてもイギリスにいたとしても、際立ったまばゆいキャリアを歩んだにちがいないが、カナダで生きて仕事をすることを選んだのだ。キングはオブザーバーとして、またプレーヤーとして、歴史に参加した。キングは第一次世界大戦前にロンドンで、外相サー・エドワード・グレイをはじめとするイギリスの代表的な政治家たちと、帝国について話し合った。一九三〇年代にはベルリンで、ヒトラー自身をも含むナチスとヨーロッパの状態について議論した。第二次世界大戦中のワシントンでは、戦略について話をしたのである。キングはカナダが大英帝国の植民地から独立国へと移行していく時代にリーダシップを発揮し、国際問題で重要な役割を演じた。

一九三〇年代は独裁者の台頭に困惑したこともあったが、粘り強く取り組み、なんとか妥協しようとした。キングの頭のなかにいつもあったのは、国民として統合を保つことだった。たとえば、イタリアのエチオピア侵略〔第二次エチオピア戦争、一九三五～一九四一年〕やスペイン内戦〔一九三六～一九三九年〕といった外国の危機において、どちらかを支持することを避けるべく全力を尽くした。こうした問題では、カナダの世論がまっぷたつに分れることがわかっていたのだ。一九三七年にナチスの幹部と、それに続いてヒトラーと会ったとき、キングは自分の希望を強くもっていたために、日記に愚かしいことを書いている。「実際に会って話してみてヒトラーを評価した結果、ヒトラーは自分の国民と国家を心から愛しており、そのためには何でも犠牲にしようとする人物だということがわかった」。五つの大学の学位をもっていたこともあって、キングは上から目線にならざるを得なかった。「ヒトラーを理解するためには、彼が若い頃に牢獄に入るなど、学ぶ機会が限られていたということを頭に留めておかなければならない。ヒトラーが自ら学び頭角を現したのは、本当にすばらしいことだ」。だがキングは、ドイツがイギリスを攻撃した場合には、カナダはイギリスを支援する、とも述べた。

第二次世界大戦の開始時、首相であったキングはカナダの一体化を維持したまま、終戦を迎えた。他の政治家であれば、このようなことはできなかったかもしれない。それ以来、カナダが一つの国になるための議論が続いてきたことから、第二次世界大戦中いかにカナダが危険な、あるいは致命的といってもいいほどの分裂に直面していたのかを、私たちは実は認識できていない。キングは国内の対立を解決しなかったが、連邦を破壊することは回避した。そのこと自体が大きな業績だった。分裂の大きな問題は徴兵だった。一九一七年に徴兵制を導入したことはケベックの人々に受け入れられず、カナダ人同士が反目しあうことになった。カナダにとって、このような危機を抱える余地は微塵もなかった。一九四〇年、徴兵法をめぐる国民投票が行われ、賛成多数は明白だったが、カナダにある根深い対立も表面化した。英語圏はイエス、フランス語圏のケベックは多数がノーを投じたのだ。キングは法案を議会に提出したが、しばらくの間は強引に法制化できないと明言した。キングの「必ずしも必要ではないが、必要ならば」という徴兵に対する基本原則が、時間稼ぎに有意に働いた。一九四四年の後半には軍隊がマンパワーを必要とし、志願兵だけでは十分にその数を得られないことが明確になった。キングは閣内で徴兵を主張する主だった人物――防衛大臣のジェームズ・ロールストン――を容赦なく罷免したが、少なくとも限定的な徴兵は行わなければならないという結論を不承不承出した。反対したロールストンが政治の中枢を脅かすことなく、政府を忠実に支持し続けて戦争継続に尽力したのは、キングにとって身にあまる幸運だった。

その年の十一月、内閣は危機に陥り、解決までの長い間、キングは何年もかけて政界で研ぎ澄ましてきた技をすべて用いた（日記のなかでは自分のことを、最期に苦悶したキリストになぞらえている）。キングは同僚の愛国心に訴えかけ、国が分裂する可能性があると警告した――いや、おそらくは同じくらいに恐ろしいことだが、自由党が崩壊する可能性があると警告したのだ。キングは涙を流し、辞任すると脅しをかけ、政府が徴兵を拒否すれば軍部がクーデタを起こすかもしれないとさえ仄めかした。キングは苦労の末、同僚たちの多くを従わせた。そのなかにケベック出身の重要人物ルイス・セント・ローレントも含まれていたのには、大きな意味があった。辞任した大臣は一名だけだった。キングは日記に次のように書いている。「磔刑の日が終わり、復活の朝を迎えたと感じる」と。ケベックの議員の多くは反徴兵の動議に賛成票を投じたが、自由党は政権を維持し、徴兵に対するケベックの反対は消えていった。

一九四〇年、キングは保守党のリーダーに対し、多数派であることを盾にして徴兵を押しつける気はないと述べた。キングはかつて、人々が望んでいるものを探し、強制しない形でリーダシップが取れると信じていたと述べたことがある。ある意味、キングの実力は、彼が人々の願いを尊重し約束を守る人間だという信頼に基づいていたといえる。長い目で見ると、共通の善に必要なものとは何かを国民も理解するようになる、とキングは期待した。「真実を突き付けられたときにそれを理解し、リーダーが正しい道を選びさえすれば、国民を導くことができる」と。しかし、キングは言うほど国民を、特に徴兵に関しては信じていなかった。できることなら〝眠っている犬〟を起こしたくないが、必要なときに限り、回り道になっても慎重に動こうと考えていた。キングのために仕事をしたことがある政治科学者H・S・ファーンズは後に、「カナダの政治問題を理解し、カナダ国民が一般に受け入れる政策を理解するという点で、マッケンジー・キングは現職の政治家のなかで最も抜き出ている」と書いている。

今日、カナダは成功した国と見られている。これからもおそらく、ケベックの分離独立を恒久的に回避し、多文化国家であり続けることができるだろう。南にある乱暴な隣国〔アメリカ〕とは違って、カナダには強力な社会のセーフティーネットが存在する。政治の対立から両極化することはなかった私たちは、怨恨をもつことなく政治の議論ができる。カナダ人は銃の規制を好み、中絶と同性婚を受容して久しい。だが、未来永劫当たり前だと思っていることが過去にはそうでなかったことを、私たちは覚えておかなければならない。激怒すればそれで済んだことを、キングは和解と合意をつくるために奮闘した。「過激な人々は大なり小なり危険だが、そんな人がどこよりも大勢いるのが政治の世界だ」と思っていた。そして、「私たちのような国の政府は、違いを大げさにあげつらうより和解を求める方にその力を傾けるべきだ——できるだけ幸福な手段に訴えることだ」と。一九四八年に引退したとき、次のように日記に記した。「やり遂げたという実感がある。とても満足している。すべてがうまくいったことに、誇りを感じている」。

ルーズベルト（フランクリン・デラーノ）

アメリカ史におけるフランクリン・デラーノ・ルーズベルト（セオドア・ルーズベルト〔一八五八〜一九一九年〕と区別するために、通常はＦＤＲとして知られている）は、カナダにとってのキングと同じくらい重要人物である。世界恐慌によって大きな打撃を受けてアメリカ国内は分裂し、国際状況も悪化するなかで、孤高を保つのか、それとも世界に関与するべきかという問題にＦＤＲは取り組まなければならなかった。ＦＤＲはアメリカ人に自信を取り戻させ、未来へ希望をつなぎ、国内にある数多くの分断を封じ込んで、アメリカ社会を一つにまとめ直そうとした。ＦＤＲは、アメリカがより広い世界に関与しなければならなくなる可能性が生じた時代に、徐々に、国民に心の準備をさせた人でもあった。キングと同様、ＦＤＲは説得力に長け、世論を読み、自分が望む方向に引っ張っていく技量があった。とはいえ、敵と味方の両方の心を読んで、自分の一貫性のない曖昧な考えと食い違うことのないようにコントロールすることは、キングと同じで、必ずしも簡単な仕事ではなかった。

二人には他にも共通するところがあり、どちらも政治に強い関心をもっていた。ともにリベラルで社会的良心が強く、戦争を嫌っていた。また、二人とも献身的だが所有欲の強い母親の監視下で育てられた（とはいえ、キングの母親はＦＤＲの母親ほどではない。ＦＤＲの母親は、息子の具合が悪いと知り、寄宿学校の窓に梯子をかけ息子に話しかけようとしたのだ）。一方で、かなりの相違もあった。ＦＤＲは莫大な富に恵まれ、田舎に別荘を買うこともできたし、人脈も金で手に入れることができた。父親の一族はもともとオランダ移民で、ＦＤＲがイギリス人に好んで述べたように、先祖の一人は名誉革命〔一六八八～一六八九年にかけてジェームス二世を王位から追放し、その娘婿ウィレムと妻メアリを新しい王として迎えたイギリスの革命。大きな流血が起きなかったのでこう呼ばれる〕のとき革命軍で大尉を務め、第二十六代のセオドア・ルーズベルト大統領は遠縁だった。母方の先祖はピルグリム・ファザーズ〔アメリカに渡ったイギリスのピューリタン〕まで辿ることができた。デラーノ家はウィリアム征服王〔一〇二七～一〇八七年〕の子孫だとも主張していた。母親は、ＦＤＲはデラーノ家の一族から頭脳とエネルギーを受け継いでいる、といつも断言していた。

ＦＤＲは人間としての大きな魅力も受け継いだのだろう。キングとは違って――この点についてはビスマルクとも違って――ＦＤＲは一人ひとりに、あるいは社会に対しても、直接アピールする力をもっていた。親しみの持てる整った顔立ち。大きな口にシガレットを咥えている気取った姿の写真はよく目にする。写真はどれも、人好きのする楽天的な人物、という印象だ。女性はＦＤＲに魅力を感じ、ＦＤＲも女性が好きだった。頭が良く、まじめで飾らない縁者にあたるエリノアと結婚したが、彼女の元秘書の女性とＦＤＲとの不倫にエリノアが気づいたときには大騒ぎになった。ＦＤＲは話をするのがとても上手だった。当時の新しいメディアであるラジオを使って放送した番組「炉辺談話の時間」を、大統領は大いに利用した。わずかに貴族的な訛りのある言葉で、穏やかで安心感を与える語調は、人々を魅了した。アメリカ人が安心感を求めている時代にあって、ＦＤＲは明るい展望を人々に示した。それは、ポーズだけではなかった。ＦＤＲは最も暗い時代にあっても、自分自身にとってもアメリカ合衆国にとっても、事態は良くなるはずだという希望をもち続けた。

若い頃のＦＤＲは金もちの若者らしく、快活で自由に暮らしていた。セーリングでは次々に大きなヨットに乗り換え、狩をし、鳥の巣箱をつくり、切手を集め、名門クラブに参加した。ＦＤＲは最高学府――グロートン校からハーヴァード大学へと進んだ。成績は良かったが、特に優秀というほどではなかった。教会にも通ったが、どちらかというとそれは、形式を重んじてのことだった。キングのように、思いに耽り、悩んで祈るタイプではなかった。ＦＤＲのキリスト教観は明快で、複雑なものではなかった。エリノアはかつて、こう述べたことがある。「神のお導きを心から願っていて、それを受け止めているのだと思う」。一族のなかで、ＦＤＲの一家は民主党支持だったが、ＦＤＲは共和党のセオドアに敬意を抱いていた。国内の社会改革と、海外に影響を行使できる強力な海軍を組織することに対する情熱は、二人に共通していた。ＦＤＲがセオドアの演説のやり方をまねしようとしていたのを、友人たちは滑稽に思っていた。ＦＤＲはセオドアのあとを追って政界に入る決意をし、一九一一年にニューヨークの上院議員に当選した。一九一三年、民主党の新大統領ウッドロー・ウィルソンが支持者のなかで期待の若手ＦＤＲを海軍の長官補佐に任命したことから、ＦＤＲは戦争中、その職に就くことになった。冷酷な力が求められるときも有能に務めを果たしたが、多くの人々はＦＤＲのことを愛嬌のある甘やかされた若者と捉えていた。

一九二一年、ＦＤＲはポリオに罹り、身体に麻痺が残った――これによってＦＤＲは成長したのかもしれない。他の人々がそう思ったように、エリノアもそう考えた。ＦＤＲは自分の障がいを克服しようと、不屈の精神と決意をもって取り組んだ。時間をかけて上半身を鍛え、自力で体を動かせるようにした。その結果、少なくとも短い間は歩ける印象を与えた。憐れみ、いや、共感でさえ、受け入れようとはしなかった。倒れても冗談のふりをした。愛想のよいおふざけは、自分の状態に対する他人の関心をそらす方法となった。ＦＤＲは車椅子に乗っている写真を撮られないようにした。一九二一年以後のＦＤＲの写真は座っているか、介助者に頼れるときには立ち姿である。ＦＤＲは献身的で才能のあるチームをつくり、そばに置いた。チームが彼の眼や耳となり、彼に代わって各地をめぐり、報告するようになった。

愛想がよく社交が好きだったが、ＦＤＲが胸襟を開くことはなく、親しい人々にさえ自分の心の一部しか見せなかった。ＦＤＲの最後の副大統領ハリー・トルーマンを含めて、彼のことを冷淡で非人間的だと思う人々もいた。一九三九年十二月のホワイトハウス年次記者晩餐会では、シガレットホルダーを咥えた二・五メートルくらいの高さのある、眼鏡をかけたスフィンクスの模型が、部屋のなかに納まっていた。冗談が好きなＦＤＲは後に、この模型を自分の大統領図書館に飾った。ＦＤＲは同時代人にとって不可思議なところがあり、歴史学者にとってもそうなのだ。ＦＤＲは自分の考えを紙に書くことをめったにせず、信頼している人々に対しても、自分の考えや計画のほんの一部を仄めかすだけだった。図書館の開館時、どうしてそんなに元気なのかと質問を受けたＦＤＲは、こう答えた。「ここにやってきた歴史学者が、彼らの疑問に答えを見つけることができると思うのだろうな、と考えています」。

ＦＤＲの仕事のやり方はめちゃくちゃだった。省と局に同じ責任のある仕事を割り振ったり、ある人々には、前に指示したのとは違う、ときには矛盾する仕事を与えたりしていた。たとえば国務省では、互いに嫌い対立している人物を長官と副長官に任命した。外交政策に関する重要事項は、信頼する側近のハリー・ホプキンスにやらせたものだ。権力が大統領に集中することを確保するためにそうしたのだ。構想を完全に理解しているのはＦＤＲ自身だけだったが、彼自身も把握していないことがあった。ＦＤＲはかつて、こう述べている。「私はジャグラー（曲芸師）だ。左手と右手はまったく別に動く」。あるいは、戦時中の大将軍ダグラス・マッカーサーが言ったように、ＦＤＲは「嘘を使えるときには、絶対に本当のことを言わない」のだった。大統領として四期務めるなかで、ＦＤＲはわがままで、一貫性を持たず、愚かしくさえ思えるような行動をした。大統領となって間もない頃、ＦＤＲはロンドン会議を事実上ぶち壊した。世界恐慌を抑える手段として為替相場をどう安定させるか、合意に近づいていたところだったのだ（自分が間違いをしたかもしれない、とＦＤＲは後に回顧している）。

本能にのみ頼ることもよくあったようだ。労働長官だったフランシス・パーキンスはこう述べている。「彼には千里眼ともいえるひらめきがあり、特に、それぞれ無関係にみえる途方もなく多様な問題を理解する力がある」。しかし、こうした洞察力を実践に移すことができるかというと、それはまた別問題だった。ある施策を試したあと、最初の施策の結果が表れないうちに逆のことをすることもよくあった。ＦＤＲがアメリカ合衆国を本当に変えたのか、国は徐々に立ち直ったのかということは、経済史学者の間で今なお議論の対象である。確実にいえるのは、FDRがアメリカ人に対して、良い時代が本当に来るという信頼を与えたことである。FDRの偉大な能力はおそらく、大きな危機――世界恐慌と、世界を引き裂こうとする嵐〔第二次世界大戦〕――のなかにあって平静であり続けたことなのだろう。

キングと同じように、FDRは剛腕な人物に取り囲まれることを恐れなかった。エイブラハム・リンカーン〔一八〇九～一八六五年。第十六代アメリカ大統領〕のように敵に打ち克ち、うまく機能する組み合わせをつくる才能もあった。南部のポピュリストであるヒューイ・ロング〔一八九三～一九三五年〕が、「FDRの苦しむ姿を見たいと思って出かけても、時間を無駄にして帰ってくるだけだ」と述べたことがある。一九四〇年にフランスが降伏したあと、FDRはヘンリー・スティムソン〔一八六七～一九五〇年〕とフランク・ノックス〔一八七四～一九四四年〕という共和党のリーダーの二人を取り込み、前者を国防相に、後者を海軍長官にした。

他の任命はといえば、好意的にみても奇妙な印象が残る――たとえば、反英感情の強いジョゼフ・ケネディー〔一八八八～一九六九年。ジョン・F・ケネディーの父〕をロンドン駐在大使に任命したり、ナチスがドイツを掌握したときに、外交経験のないウィリアム・ドッド〔アメリカ南部を専門にする著名な歴史学者だった〕を任命したことなどだ。一九三三年にアメリカ合衆国がソ連との関係を樹立すると、FDRは虚栄心の強いウィリアム・ブリットを大使に選んだ。ブリットは一九一九年に一週間、建国後まもないソビエトに滞在した。ボリシェヴィキの指導者とキャビアを食べながら会合をもって以来、新興国ソビエトの体制を擁護している人物だった。ブリットは自らの力で両国の友好関係をつくることができると信じていた。いろいろな外交手管を使うなかで、ブリットはソ連の党幹部に野球のやり方を教えたり、赤軍騎兵隊のメンバーに「ポロ」（馬に乗って行う競技）を紹介した。どちらのスポーツも散々だった。野球では、投手の暴投した球に当たったロシア人がノックアウトし、ポロでは騎兵隊がボールを追って競技場を早駆けするばかりだった。ブリットはソ連の外交政策に責任をもつマクシム・リトヴィノフ（一八七六～一九五一年）と接触したが、ブリットが結論を出したように、リトヴィノフがユダヤ人であったためにスポーツと同様、結果はなにも得られなかった。一九三六年、ブリットはかつてもっていた情熱を失い、強烈な反共主義者となった。

何よりもまず国内問題に取り組まなければならなかったことから、FDRは当初、外交問題にあまり関心を払うことができなかった。FDRの一般的なやり方は、かつての上司であるウッドロー・ウィルソン（一八五六～一九二四年。第二十八代大統領）の流れを汲んでいた。アメリカ合衆国と民主主義国家がもっている価値観は、ソビエトの共産主義やヨーロッパの古い帝国主義勢力よりも、より良い例を世界に体現している、とするものだった。FDRのイギリスに対する姿勢は曖昧であり続けた。FDRはイギリスの支配階級を信用せず、帝国に対して強い不快感を抱いていた。ウィルソンのように、民主主義の拡大と自由貿易が諸国を緊密に結びつけ、世界をより良い平和なものにすると信じていた。FDRは一九二〇年代の時点で国際連盟を支持していたが、一九三〇年代の初めになるとそれに批判的になった。国際連盟に反対する多くのアメリカ人に訴えるようにしつらえた演説で、FDRは国際連盟が現在はヨーロッパ諸国の道具になっているにすぎず、いつもの冷笑的なゲームに興じているだけだ、と述べた（一九四五年以後の世界を形成するときになると、FDRは、新しい国際連合はアメリカ合衆国とソ連の両方を含めた適切な土台に立って出発したと力強く述べた）。

ウィルソンのように、深刻な国内問題が焦点となった選挙で自分が選出されたということもあり、ＦＤＲはまず国内問題に集中し、必要になった時点で近隣の国々の問題に対処した。しかし、一九三〇年代に世界で起こった大きく不吉な変化のために、国外の問題にも大きな関心を持たざるを得なくなった。

とはいえ、この十年間は、ＦＤＲの外交政策は後追いの対応だったことは否めない。たとえば一九三三年［のロンドン世界通貨経済会議において］国際為替相場の安定に反対する決定をしたのは、どう見ても気まぐれとしか言いようがなく、批判できる行動はたくさんある。アメリカ合衆国が賛同しなかったために協定は潰れ、世界経済はさらに悪化したのだ。当時も今も、ＦＤＲを批判する人々の多くに、勃興する独裁勢力に対し民主主義諸国が結集すべく、一九三〇年代の彼はもっと多くのことができたはずだ、という強い思いがある。だが、ＦＤＲがその構想を強引に進めていたら、アメリカ国民の孤立主義に向かう気持ちを刺激した可能性もあるし、重要なことだが、議会で孤立主義者の票を失った可能性もある。アメリカ経済を立ち直らせる政策を遂行するためには、彼らの賛同が必要だったのだ。かつて船を操っていたときのように、荒れ狂う海で難破する可能性があることをＦＤＲは理解していた。大恐慌から第二次世界大戦を通して、なんとかうまく危機を切り抜け、国の統一を保ち信頼を回復したのは、ＦＤＲの技量と決断によるところである。

一九三二年から三六年にかけての大統領第一期、ＦＤＲは国内問題とニューディール政策にかかりきりだった。かつてジョージ・ワシントン〔一七三二～一七九九年。初代大統領〕が「ごたごた」と呼んだ介入に強く反対するアメリカの世論に合わせて、ＦＤＲは外交政策をとろうとしていたようだ。「孤立主義」とは第一次世界大戦中にアメリカの政治を表す言葉の一つになったが、アメリカ人の思考に強力に根付いていた流れをも表している。アメリカは完全に優位にあるという想定——豊富な資源があることと、二つの大洋〔太平洋と大西洋〕によって世界から守られていること——に基づき、他の地域で起こった出来事（おそらくアメリカの南北に位置する隣国を除いて）は無関係だというのが孤立主義者の見方だった。他国で国民同士のライバル関係から対立が生じたとしても、アメリカ合衆国が警察官として行動することはない。一九三〇年代の孤立主義者は、第一次世界大戦にアメリカが関与したことに対し不満をもっていた。アメリカ人の命と資源が使われたが、それは何のためだったのか？　ヨーロッパ人がアメリカ合衆国をたらしこんで血なまぐさい闘争に引き込み、ウィルソンは国民を操り、騙して宣戦した、というのが孤立主義者の見方だ。歴史学者が書いた本に焚きつけられ、ヘンリー・フォード〔一八六三～一九四七年。自動車会社フォード・モーターの創設者〕や大飛行家チャールズ・リンドバーグ〔一九〇九～一九七四年。大西洋横断飛行に初めて成功〕などの著名なアメリカ人の後押しもあり、孤立主義は国民の間に、また議会のなかでも、広く支持された。一九三〇年代に国際情勢が厳しくなればなるほど——日本の満州侵略とその後の一九三七年の中国侵略、ムッソリーニのエチオピア併合、ヨーロッパにおけるヒトラーの攻撃的な外交政策——アメリカ人は中立でいたいと強く思うようになった。一九三七年初頭に行われた世論調査によると、九十五パーセントのアメリカ人が、戦争が起きても関与すべきでないと考えていた。

大統領が地位を利用してアメリカ合衆国を戦争へと導くことがないように、一九三五年以後、議会は一連の中立法を通過させた。もっと重要なのは、これらの法が交戦国に対する財政上の支援や武器の輸送禁止などを課し、戦争状態が存在するということを大統領が認めないまま物資を支給できないようにしたことだった。防衛費の増加に反対する人々の気持ちも、議会は反映していた。FDRが一九三五年、（予算総額八百十一億ドルのうち）十一億ドルの防衛予算を求めると、人々の抗議が拡がった。「われわれは戦争の神の前に屈服して、ヒトラーとムッソリーニのレベルまで落ちぶれてしまった」とは、有力週刊誌「ネーション」にある表現だ。

それでもFDRは大統領第一期の間に、アメリカが世界に関与する方向に舵を切るよう、重要な二つの手続きをとった。第一に、ソ連の承認である。これは明らかに不穏なものではあったが、これによって未来の同盟国と関係を結ぶことが可能になった。第二に、ラテンアメリカ諸国と新たな関係を切り開いたことだ。「善隣外交」と名づけられたこの政策によって、この地域におけるアメリカの軍事力行使を放棄し、西半球のすべての国々に恩恵がある協力関係を推進した。一九三六年のブエノスアイレス会議で、FDRは集まった各国代表だけでなく、国内にも向けて演説を行った。FDRは欧州諸国に対し、もし西半球に介入するのであれば強力な抵抗を受けることになると警告したが、世界の他の地域で起こる戦争は必ずしも新世界を「さまざまな形で」脅かすものではない、ということも強調した。

一九三六年、二期目が始まる頃には世界の状況はますます険悪なものになっていたが、FDRはいつも、アメリカの世論と完結していない大恐慌の処理に気を配っていた。また、ニューディール政策に好意的な判事で最高裁を占めようという無理な試みを行い、一九三七年には自らの立場を悪くしていた。それにもかかわらず、国内外でFDRを批判する人々は、民主主義国家として先頭に立って独裁者たちに抵抗すべきだった、と後々までも述べている。一九三七年に日本が中国に侵略すると、FDRはイギリス首相ネヴィル・チェンバレン（一八六九〜一九四〇年）をアメリカ合衆国に招いて話し合おうとした。チェンバレンは「アメリカには言葉以外はなにも期待しないのが一番いいし、安全だ」と同僚に述べて断った。

FDRが最も恐れたのは、自分が大統領でいられる連立の枠組を壊すような行動をされたり、そういう立場をとられたりすることだった。イギリス及びフランスと共謀していると映れば、多くのアメリカ人の反対を受けるという事実を勘定に入れておかなければならなかった。

ドイツとオーストリアから脱出しようとしていた絶望的なユダヤ人亡命者が多くいることを、FDRは認識していた。しかし「受け入れてしまえば」、〝多くの国民が失業しているときに、なぜ、多くの移民をアメリカ合衆国は受け入れなければならないのか〟と、南部の民主党員及び国民の支持を一気に失ってしまう可能性もあった。どうすべきか、確かに簡単なことではない。しかし、必ずしも弁護できる選択でもなかった。カナダのキングのように、FDRは国民が一つでいることを指針としていた。だが、FDRに共感をもつ伝記作者でさえ論じているように、政治的な資本をもっと生かし、増大する脅威に対してもっと強力に立ち向かい、ドイツに脅かされた国々により具体的な支援をすることについて議会と論戦するにあたって、国民の支持を集める試みができたはずである。また、ヨーロッパとアジアの状況が悪化するなか、アメリカの世論は一九三九年には明確な動きを表していたのだ。ある調査が示しているように、アメリカ人の三十七パーセントがイギリス、フランス、ポーランドを支援する気持ちでいたのに対し、態度を決めていなかった人々は三十パーセントだった。FDRがやったのは、用心深く大統領の地位を使って、世界が直面している危機に際して、国民としてやれることとは何かを、アメリカ国民に教える準備をしたくらいのことだった。リスクを最小限にして、ＦＤＲは大きな準備に向けてアメリカ合衆国を動かそうとしたのだ。

演説で、「炉辺談話」で、記者会見で、ＦＤＲは先生風を吹かせながら考えを伝えた。アメリカ国民に、地理的な条件があるから安全だった時代は終わったと強調した。航空力が進歩したことにより大洋は安全なバリアではなくなり、早晩、長距離爆撃機がヨーロッパや極東からこの大陸に来ることができるようになるに違いないと述べたのだ。反応があまり大きくなりすぎると、巧みに修正した。強硬な孤立主義者の拠点であるシカゴで行われた演説は有名である。ＦＤＲはそのなかで、世界の平和を脅かし、罪のない市民を虐殺する攻撃的な国々に対し警告を行った。中国の大きな部分〔満州〕を占領している国〔日本〕や、急激に再軍備を進めている国〔ドイツ〕、エチオピアを侵略した国〔イタリア〕など、国名を挙げることはなかったが、聴衆は彼が言っていることを完璧に理解することができた。感染拡大を防ぐために病人を隔離するように、世界は危険な国々に対して同じことをすべきだ、とＦＤＲは述べた。だが、記者たちから具体的な行動を質問されたＦＤＲは、単にある種の「姿勢」について述べているだけで、「使うのも恐ろしい」言葉、制裁を用いるということではない、と軽く述べるにとどめた。

一九三七年に日本が中国を侵略すると、ＦＤＲはうまく立ち回り、中立法に抵触することなく、アメリカ合衆国が両国に武器を売れるようにした。とはいえ実際には、政府は中国側に傾いていた。一九三八年十二月、アメリカ合衆国はまず二千五百万ドルの借款を、抗戦している中国の民族主義者に与えた。同時期、多くのアメリカ人と同じように、ＦＤＲもヒトラーとその同盟国イタリアに対して態度を硬化させた。一九三八年十一月のナチス支配下の国家で起きたユダヤ人迫害の事件「水晶の夜《クリスタル・ナハト》（ガラスが粉々に割られ、きらきらと光ったことからその名がつけられた）」――ユダヤ人の事業を破壊し、彼らの暴行を加えることを奨励した――によって、ヒトラーは偏執病に駆られた「狂人」だと確信したＦＤＲは、切り抜ける方法を模索し、中立法を修正した。一九三七年にはすでに、交戦国に武器を禁輸する代わりに、「現金取引と自国船による輸送 cash and carry」政策の大統領令にサインしていた。これにより、アメリカ合衆国が武器を売る相手について大統領がかなりの裁量をもつことになった。ＦＤＲはドイツや日本より、イギリスとフランスを支援する政策を構想した。一九三八年、政府は新しい海軍拡張法を議会で通過させることに成功し、陸海軍はやがて訪れる日本との戦争に向けて計画を更新した。

ヨーロッパとアジアで起こっているのは自由な民主主義と全体主義の衝突だと捉えていること、国民の生活が世界で起きている出来事によって脅威に晒されていることを、ＦＤＲは正式に発表した。一九三九年の一般教書で、ＦＤＲは次のように述べている。「国外から吹きすさぶ嵐が、アメリカ人が大事にしている三つのことを脅威に陥れようとしている。第一に、宗教である。宗教は第二、第三のこと――すなわち、民主主義と国際社会を信頼することへの源泉となるものだ」。一九三九年四月、ムッソリーニがナチス・ドイツに影響されてアルバニアを併合した。実は、そのわずか六ヵ月前には、チェコスロヴァキアの残部と言われた地域の統合を尊重するとしていた約束を、ヒトラーが破っていた。ＦＤＲは彼らの行動を、フン族〔ゲルマン民族大移動の引き金となり、西ローマ帝国崩壊の遠因にもなったといわれる、北アジアの遊牧騎馬民族〕とヴァンダル族〔民族大移動のなかでイベリア半島から北アフリカに移り、王国を建設した〕のようだと表現した。ベルリンとローマで高笑いしているのを感じたＦＤＲは、ドイツとイタリアに対し、ヨーロッパと中東の三十一ヵ国を攻撃しないという約束を求めた。しかし、ＦＤＲは両国がこの要求を受け入れるという幻想をほとんど抱いていなかった。事実、キングにこう述べている。「拒絶された場合には問題が明確になるし、カナダとアメリカの世論が役に立つことになる」と。

九月一日、ドイツが正当な理由なくポーランドに侵入し、ヨーロッパで第二次世界大戦が始まった。ポーランドと相互援助条約を結び、同盟国であったイギリスとフランスが、ドイツに宣戦した。二日後、ＦＤＲは「炉辺談話」に出演した。「戦争を経験した私は戦争を憎んでいると、一度ならず述べてきました。このことを繰り返し言い続けています。アメリカ合衆国がこの戦争に巻き込まれないことを願っています。それを信じています。政府は戦争の終結に向けてあらゆる努力をすることを強く、改めて約束します」。最後の方の一節を除くと、連合国を激励するような内容はほとんどなかった。「わが国は中立にとどまりますが、アメリカ人すべてにそう考えよ、ということはできません。中立であっても、事実を勘案する権利があります。中立であっても、自分の思いと良心を閉ざしておくよう求められるわけではありません」。

事実、ＦＤＲは数週間後に素早く行動した。〝平和法案〟と巧みに名付けたもの〔中立法〕を改正したのだ。その中で、ＦＤＲは交戦国への武器禁輸を撤廃し、「現金取引と自国船による輸送」を要求した。ＦＤＲ政権としては初めて、外交問題に全力で着手した。世論が連合国支持へと速やかに向かっていったことが役に立った。ある調査では、アメリカ人の八十四パーセントが連合国の勝利を望んでいた。ＦＤＲは背後で、下院・上院の議員を説得して回った。必要なときには、地位に就けて丸め込んだり、地方の経済的な便宜を図ったりした。政府は国民に意見を表明するよう促した。ベテランのスクープ記者ウィリアム・アレン・ホワイトは紙面でキャンペーンを行い、議会に圧力を加えた。法案は大多数をもって通過した。だが、あとに続く日々を考えると、大した力にはならなかった。

一九四〇年五月、ドイツ軍による電撃的なフランス侵攻を受け、ＦＤＲは新たな「炉辺談話」を放送した。フランスとベルギーの市民が経験した恐怖をアメリカ国民も共有し、赤十字に寄付をするよう、ＦＤＲは求めた。また、次第にその数を減らしつつある孤立主義者に対して、最後通牒を突きつけた。「何らかの理由があって目を閉ざしている人々、嵐が近づきつつあるのにそれを認めようとしない人々、こうした人々にとってこの二週間は、多くの幻想を打ち砕くものでした。私たちは遠く離れたところにいて孤立しているので、自由を奪われたところから押し寄せてくる危険に対して安全だ、という幻想は消えたのです」と。

ＦＤＲはアメリカ合衆国の再軍備のため、さらに百五億ドルの予算を議会に求め、大統領を三期務めるという前例のないことを引き受けた。また、イギリスにさらに多くの装備を売ることができるよう、強い意思をもって調整した。しかしながら、この不安な日々が始まったとき、精力的な新リーダーであるウィンストン・チャーチルのもとであっても、イギリスが戦争を続ける意志があるのか――あるいはそれが可能か――まったく明らかではなかった。八月中には、イギリス国民と世界に対し、絶対に降伏しないことをチャーチルは明らかにしていた。加えて、ドイツ空軍はイギリスの航空防衛を破壊しようという試みを断念したように思われた。ＦＤＲは権力を用い、できる限りのことを行った。アメリカとイギリスが秘密裏に軍に関する話し合いをすることを認め、大統領の権限を用いて、アメリカにあるイギリスの基地を長期で借りる代わりに、イギリスにアメリカの駆逐艦を提供するという密約に調印した（ＦＤＲは海軍に提供する駆逐艦は時代遅れになったものだと言って国内を説得し、政治的な批判が出ないようにした）。また、西半球を保護するためにも行動し、カナダとの国境近くでキングと会い、相互防衛協定を結んだ。翌年、ハイド・パークにあるＦＤＲの別荘でさらなる協定を結び、カナダとアメリカで軍事物品の製造を統合しようとした。

選挙運動で、ＦＤＲは選挙民に対し、「あなた方の子どもたちを外国の戦争には送らない」と約束し、共和党を抑えこんだ。熟慮のうえで、民主党の演壇に立つときには入れていた「外国からの攻撃がある場合を除いて」というフレーズを、周到に取り除いておいた。演説原稿を書く人物がその意図を尋ねると、ＦＤＲはこう答えた。「もちろん、攻撃されれば戦う」。選挙は無事に終わり、ＦＤＲはイギリスに対するアメリカの支援を拡大した。資金が不足していたイギリスにとって、「現金取引と自国船での輸送」はもはや不可能となっていた。一九四〇年十二月の記者会見でＦＤＲは、イギリスの自己防衛を支援することがアメリカ合衆国を防衛する最良の方法だと断言した。大西洋を越えてこそ役に立つのに、国内に物資を貯めこんでおいて何の意味があるのか、とＦＤＲは疑問を呈した。イギリスに支払い能力があるのかどうかを、今は思い悩む時ではない、最終的にはイギリスは返済することになるのだし、貸したことで良くなるのだ、と。記者会見に出席している記者の多くが自分に賛同してくれているのかどうか、ＦＤＲは心配した。今は金のことをとやかく言うべきときではないと考えた彼は、「愚かでばかばかしい、古いドルのサインをやめよう」と表現した。巧みに、月並みなたとえ話をしたこともある。「隣の家が火事になったとしよう。自分は百メートルくらいの長さの庭用ホースをもっている。隣家がその庭用ホースを使って消火栓に繋ぐことができれば、消火を手伝ったことになる。今、私たちは何をすべきか？　ホースを使う前に、『お隣さん、庭用ホースは十五ドルした。だから十五ドルくれなくてはいけないよ』とは言わないだろう。火が消えたら返してほしいと言うのではないか」。

二週間後の「炉辺談話」で、ＦＤＲは自分の考えに肉付けした。ＦＤＲは当時のアメリカ人とその子ども、その孫の安全のことから話し始めた。ＦＤＲは忍び寄ってくる危険について絶えず警告した。アメリカ人の生活がナチスと同盟国によって脅かされている。イギリスが倒れれば、アメリカ合衆国はその脅威から守るバリアとしての大西洋をあてにできなくなる。新しい長距離爆撃機ができたことで、それはもう間違いない。「大西洋の広さは快走帆船が航行していた時代とは違っている」。ドイツの手に落ちてしまう可能性があるアゾレス諸島は、ハワイよりアメリカ合衆国に近いところにある。アメリカ合衆国が自国の防衛だけでなく、イギリスの面倒も見なくてはならない。「われわれは民主主義の兵廠でなければならない」。

議会に上程した法案には、もっともらしいタイトルがついていた。「アメリカ合衆国の防衛を促進する法」だ。議論は紛糾したが、ＦＤＲはがんばって、法案は一九四一年三月に賛成多数で議会を通過した。これによって大統領には、アメリカ合衆国の死活に関わる国であればいかなる国にも防衛のための軍事物資を与え、貸与し、売却する圧倒的な権限が与えられた。その春、ＦＤＲは西半球の防衛範囲を徐々に拡大し、アゾレス諸島、グリーンランドの大半、アイスランドを含めた大西洋まで広げた。

六月、ドイツがソ連に侵攻すると、アメリカ合衆国はさらにイギリスの支援に向かった。ＦＤＲはアメリカ海軍に前進の許可を与え、イギリスに対する物資供給の鍵を握る大西洋護送についてイギリスと協議を始めた。八月、ニューファンドランドの海岸沖で、ＦＤＲとチャーチルは一九一八年以来初めて会合をもち、主にＦＤＲの主張で、戦後の基本原則として知られることになる大西洋憲章に合意した。翌月、ドイツの潜水艦がアメリカの駆逐艦グリーア号をアイスランド沖で砲撃した。ＦＤＲはこの出来事を引き合いに出し、アメリカ合衆国軍は防衛範囲として考えている大西洋の自己防衛だけでなく、商業船もすべて保護する、と「炉辺談話」で述べた。ＦＤＲは特に触れなかったが、これがイギリスおよびカナダの護送船団に対しても責任を共有する契機となった。グリーア号はイギリスの哨戒機とともに追跡中のＵボート〔ドイツの潜水艦の総称〕に先制攻撃を加えたということも伏せなかった。ＦＤＲは翌年、あっけらかんと述べた。「私には一貫性というものがまったくないのかもしれない。さらに言うと、戦争に勝つためなら、欺くことも嘘をつくことも平気だ」と。

このような逃げ口上は、一九四一年十二月に日本がアメリカの太平洋基地である真珠湾を奇襲攻撃したことで終わった。これによってアメリカ国民は戦争に向かって一丸となった。数日後、ヒトラーは迷いを一蹴した。アメリカがヨーロッパの戦争に加わるのかどうかとぐずぐず考えるのをやめ、アメリカに宣戦した。ヒトラーはアメリカを、「雑種」を抱えた国みなし、軽蔑していたのだ。アメリカは心理的にも物質的にも、これから直面する大きな戦闘の準備がすでにできていた。これは、ＦＤＲによるところが大きい。何のために戦うのかを、アメリカ人は五年前よりも明確に捉えていた。

その後、ＦＤＲはアメリカのために、強力で機転の利いたリーダシップを果敢に発揮し、戦後世界の形成についても多くの業績を残した。一九三六年と一九四〇年の大統領選挙で共和党の対抗馬として立ったアルフ・ランドンとウェンデル・ウィルキーが、FDRと同じことができたかどうかは想像しにくい。もっと悩ましい対抗馬を考えたいと思うなら、フィリップ・ロスの小説『アメリカに対する陰謀 *The Plot Against America*』を読むとよい。その本では、反ユダヤ主義者でドイツ支持者のチャールズ・リンドバーグが一九四〇年に大統領となるのだ。FDRはアメリカ合衆国の暗い時代に大統領となった――それがどのくらい暗かったのか、現代の私たちでは忘れがちだ。どんなに冷静な者でも、広範に広がった暴力的な対立による内乱の可能性さえ話題にしたのだ。恐慌によってアメリカ人の四人に一人が職を失い、資本主義と民主主義はもはや機能せず、経済あるいは政治組織の新たな形態が必要だという声が大きくなった。当時の世界は崩壊する社会と、新興する権威主義があまりにも入り乱れていた。FDRがいなければ、アメリカ合衆国も第二次世界大戦も、違う形をとっていただろう。今の私たちの世界は、FDRが立ち上げに重要な役割を演じた一九四五年以後の制度によって形づくられたものだが、彼がいなければ、きっと違ったものになっていただろう。

ビスマルクはプロイセンのユンカーであったがゆえに、その階級と時代の価値観、ふるまいが染みついていた。キングとFDRはともに自由で民主的な世界に生まれた。キングは大英帝国の中流階級出身、FDRは世界で最も強力な国の上流階級出身だった。出自はそれぞれ異なっているが、三人はそれぞれ、時代と環境に必要とされ、与えられた機会を掴む土台があり、優れたリーダーになるだけの基本的な素質があった。達成したいと思う大きな目的、才能と技量、なにものにもひるむことなく自分の国を統べる決意が彼らにはあった。だからといって、彼らが過ちを犯さなかったわけではない。三人とも過ちを犯したが、過ちから学ぶことができた。そして、最も重要なことは、妥協のタイミングを心得ていたことだ。強い力をもったリーダーが簡単に陥りがちな罠――自分こそが正義であると思い込む――にはまらないよう、彼らは常に気をつけていた。

第二章　傲慢

私は幼少期をカナダで過ごしたが、友人や隣近所の人々について話をしているとき、誰かが咎めたてるように「でも、噂話はいけない」と口を挟む瞬間があった。理由は違うだろうが、歴史のなかでも同じことが起こる。歴史上の人物が生きていた時代の発言や行動に関心をもつことを何か不適切で、余計なことを口走ってしまったかのように感じてしまうことがある。しかし、私は噂話をしたくなる。また、噂話の対象となるテーマは驚くほど幅広く存在するのだ。どうすればエカテリーナ大帝や則天武后〔六二四〜七〇五年。中国史上唯一の女帝〕のような人物になるのか？　大陸を歩いて横断したデビッド・リヴィングストン〔一八一三〜一八七三年〕やアレグザンダー・マッケンジー〔一七六四〜一八二〇年。スコットランド〕のような探検家は？　過去の人々、過去の人々の個性と物語が、私を歴史へとたぐり寄せたのだ。私たちがみな、物語を好きであることは間違いない。

多くの人々と同じように私も、歴史の表舞台に立った人々の声と観客側にいた人々の声のどちらも、聞くのを楽しみにしている。はるか以前にこの世を去った人々の詳細を知ることが好きだ。何を着て、何を食べたのか。誰を愛し、誰を憎んだのか。それを知りたいと思う。子どもの頃、両親や祖父母がしてくれる昔話に心を躍らせた。カナダ人の父方の祖父は、オンタリオ州のロンドン市近くにある学校まで、五キロの道を歩いて通ったという。ウェールズの母方の祖父はイングランドの言葉を一言もわからないのに、イングランドの寄宿学校に入れられたという。母はロンドンの公園でフラフープを使って遊んだというし、父は第二次世界大戦中、カナダ海軍でいろいろな危険に遭ったという。私は、知らない人々の話を聞くのも好きだ。サミュエル・ピープス〔一六三三～一七〇三年。イギリスの官僚〕が妻の友人たちについて、ひどく退屈だと愚痴をこぼしたり、ミシェル・ド・モンテーニュが心情を吐露したりするのをおもしろいと感じる。自分とはまったく違うような人々や、まったく異なる価値観と世界観をもっていた人々が、倦怠感や好奇心、情熱に至るまで、実は私たちと同じ感情をもっていることに思いを馳せる。

おそらく歴史も、他の社会科学や人文科学と同様、経済学の影響を受けているだろう。したがって、個人の役割と事象に関わる感情を扱っている歴史学者は、それでよいのかと不安に思うこともある。両方を計算に入れなければならない、というのが私の考えである。一九三〇年代にヒトラー以外の人物がドイツの政権の座にあったとしたら、あらゆる危険を冒してイギリスとフランス、そしてソ連やアメリカ合衆国と戦争しただろうか？　取り憑かれたようになっていた日本の軍国主義者たちは、アメリカ合衆国が力をつければ勝てなくなるという見通しに固執していたからこそ、まだ勝算があると思っていた一九四一年に戦争に打って出たのではなかったか？　こうした感情はおそらく、合理的な計算以上に、行動と意思決定の要因となるのである。

こうした仮定は、次のような考えにつながる。第一次世界大戦のときにヒトラーが塹壕のなかで死んでいたらどうだったのか？　一九三一年、ニューヨークの五番街で交通事故に遭ったウィンストン・

チャーチルが致命傷を負っていたらどうだったのか？　あるいは、スターリンが一九二一年に盲腸の手術で死んでいたら――。歴史に現われたこうした人物が仮に存在しなかった場合、二十世紀の歴史はどうなっていたか？　ナチスやソビエト社会を研究したイアン・カーショーやスティーヴン・コトキンらの歴史学者が、それぞれの社会の頂点に立っていた二人の人物の伝記にのめり込んでいったのは印象的である。政治科学者はかつて、個人が果たした役割に切り込もうとしなかったが、今日ではたとえば、「偉人を讃えよう。政治家を取り戻す」といった題のついた記事が政治誌に現れるようになっている。

一人の個人や一つの出来事が歴史に与える影響を調べようとすると、それに気づくかどうか別にして、その人がいなければ、あるいはそのことが起きなかったら、過去がどうなっていたのかと考えることになる。サラエヴォで一九一四年六月のあの夏の日に起こった出来事が実際には違った展開となっていたら、歴史はどうなっていたか想像してみよう。オーストリア皇帝の継承者フランツ・フェルディナント大公は愚かしくもボスニアの町を訪問した。ボスニアで生活していた多くのセルビアの民族主義者は、わずか六ヵ月前にオーストリア＝ハンガリーがオスマン帝国からボスニアをもぎ取り併合したことに、今なお反発していた。ボスニアはセルビアのものだ、と彼らは考えていた。六月二十八日は、大公が訪問するには特に具合の悪い日だった。セルビアの国民の休日で、一三六八年の「コソヴォの戦い」における敗北を記念する日だったのだ。潜伏していたテロ組織の陰謀の情報を得ていたのに、オーストリアの警備が緩かったことも良くなかった。その朝、覚悟を決めた若者たちが拳銃と爆弾を携え、大公を待って町中に潜伏していた。大公到着のとき、そのうちの一人が爆弾を投げようとしたが失敗した。警察が暗殺に加担した者を何人か検挙したため、怖気づいてしまった者もいた。ただ一人、ガブリロ・プリンチプは捕まらず、実行する意思をもっていた。プリンチプは川べりの大通りをぶらぶらしながら、使命を成し遂げるチャンスにめぐり合うことを望んでいた。地元の有名なカフェの脇で休もうと考えたそのときだ。チャンスは一瞬だった。突然、大公を乗せたオープンカーが現れたのだ。運転手が誤って小さな通りを右に曲がり、プリンチプの真ん前に来た。運転手が方向転換しようとしたとき、プリンチプはステップに上り、大公夫妻を至近距離から直射した。大公の死はオーストリア政府にとって、セルビアを支配下に置くか、宣戦布告をする大義名分となった。この事件によって、ドイツは大慌てでオーストリア＝ハンガリーを支援する決定を下し、一方のセルビアはロシアが支援することになった。この暗殺が行われなければ、ヨーロッパが一九一四年に戦争に突入しなかった可能性もある。全面戦争は起こらなかったかもしれない。結局のところはわからないが、その可能性は否定できないだろう。

史実ではないことを想定して考えることは、歴史を研究するうえで有効な手段である。そうすることによって、一つの行為や決定からどのような結果が起こりうるのか、理解するのに役立つからである。ユリウス・カエサル〔紀元前一〇〇～紀元前四四年〕は元老院の命令に公然と背き、紀元前四九年に軍を率いてルビコン川を渡り、ローマに向かう決定をした。ルビコン川はカエサルが治めていた地方と、ローマが直接支配するイタリア本土との境界線だった。カエサルの行為は反逆にあたり、死罪か追放の刑に相当するものだった。カエサルの成功は共和政ローマの死と、ローマ帝国の始まりを意味した。一五一九年、エルナン・コルテス〔一四八五～一五四七年。スペインの冒険家〕は想像を絶するような賭けをし、メキシコ内部に行進した。組織の整った強力な地元の王国を相手にしたコルテスが率いたのは、六百人の兵士と十五人の騎手、そして十五門の大砲だった。住民同士の対立が征服を許してしまったが、もし彼らが、この小さな侵略者の一団に団結して立ち向かっていたらどうなったのだろうか？日本では一八六〇年代の明治維新の時代に、同じような外部からの危機に晒された。日本が変容して外国人に立ち向かい独立国として生き延びたように、メキシコが独立国として生き残った可能性もある。メキシコが強力な独立国として存在していたら、北米の歴史は違ったものになっていただろう。

史実とは違うことを想定することによって、私たちは歴史においては偶然性と出来事が重要だということを思い起こすことができる。とはいえ、扱いには注意しなければならない。過去のことをあまりにも変えて考えてしまうと、歴史の新たな視点を主張しても、もっともらしさを失ってしまう。考えられないこと、あるいは、およそ起こりそうにもないことに期待を託すのもよくない。古代のギリシャ劇は「デウスエクスマキナ〔機械仕掛けからでてくる神の意〕」を導入することで、不可能な状況を解決しようとしたのかもしれないが、私たちは歴史のなかでそれを行うことはできない。過去の人物がその人自身の性格や、その時代にはあり得ないような形で考えたり行動した、と考えるのもよくないのだ。たとえば、イングランド王国のエリザベス一世〔十六世紀後半のテューダー朝絶対王政時代の女王。在位一五五八〜一六〇三年〕が、二十一世紀の女性活動家のように行動すると考えるのでは駄目なのだ。歴史上の人物がなぜ史実にある行動をしたのかを理解しようとするならば、彼らが実際にもっていた選択肢のなかから考えなければならない。

これから私は、歴史を変えたと考えられる四人の人物を取り上げたい。マーガレット・サッチャー、ウッドロー・ウィルソン、ヨシフ・スターリン、アドルフ・ヒトラーである。彼らは、それぞれまったく違う状況で歴史に影響を及ぼした。先の二人は民主的なリーダーで、残る二人は大きな権力だけでなく被支配者の心も体も支配したいと考えた二十世紀特有の独裁者である。単なる服従を望んだ古いタイプの独裁者と区別するために、加えて、熱狂的に支持されることを望んだ彼らを表現するために、新しい言葉――全体主義――が生み出された。

だが、この四人全員に共通するものがある。それは、私がすでに述べたことだ。すなわち、強烈な野望である。同じく重要なのは、変革期の時代のなかでチャンスを掴むことができたという運が、彼らにあったことだ。ウィルソンは進歩主義運動の波に乗って一九一二年にホワイトハウスに入ったが、当時は何百万というアメリカ人の気持ちが変化と改革に向かっていた時代だった。サッチャーは一九七〇年代のイギリスに広がっていた不満に乗じて保守党の党首となり、首相となった。当時のイギリスは、高い失業率と経済的な停滞、一九七八年から七九年にかけての冬に起こっていたストライキでどうにもならない社会・経済状況だった。スターリンとヒトラーは、第一次世界大戦と世界恐慌によって生じた旧秩序の崩壊と体制に対する不信感を利用して、急進的変化を担う人物として台頭した。

四人とも自分が正しいと信じ、国民や民族、あるいは歴史の流れといった大きな力のために訴える、という強い信念をもっていた。ビスマルクやマッケンジー・キング、フランクリン・デラーノ・ルーズベルトのように、自らが望む社会と世界のあり方について、明確なビジョンをもっていた。ところが、彼らには目的達成のために妥協をするという選択肢はなかった。それどころか、最善とは何か、自分だけが知っていると思い込むようになった。もちろん、サッチャー、ウィルソン、スターリン、ヒトラーを同列に並べるつもりはない。サッチャーとウィルソンは憲法をはじめとした法の支配のもと、自由な報道を尊重し、加えて、強力な市民組織が根づいた民主的な社会という枠のなかで仕事をしなければならなかった。ウィルソンとサッチャーは、情熱と自らの正しさに信念をもち、手中にある権力を振るっていたが、それでもこうした「枠」を尊重していたし、その限界に縛られてもいた。逆に、ヒトラーとスターリンは無限の権力と近代の科学技術のおかげで、過去の独裁者よりもはるかに完全に手段を行使することができた。私がこの四人に共通する特徴と考えるのは、成功と権力に慢心してしまったことである。それぞれがそれぞれの形で、古代ギリシャ人が「ヒューブリス（傲慢）」――人間が自分は不可謬だと思い込んでしまう究極の傲慢さ――と呼んだものの餌食となり、彼らは、あるいは彼らの下にあった不幸な、人々はそのために罰せられたのである。

ウッドロー・ウィルソン

一九一二年にアメリカ大統領となったウッドロー・ウィルソンについて、ワシントン駐在フランス大使はこう述べたことがある。ウィルソンは「何世紀も前に生きていたとしたら、世界最大の暴君となっていただろう。なぜなら、自分が間違ったことをしているかもしれないとは少しも考えていないように見えたからだ」。ウィルソンはサッチャーと違い、世界の強国となりつつある国の大統領を務めた。第一次世界大戦の直前に政界に入ったときにはすでに、アメリカ合衆国の経済は急速に拡大し、人口も増加し、セオドア・ルーズベルト大統領の下で、強力な海軍の構築に向けて歩み始めていた。戦争によってアメリカ合衆国はまたたく間に外交及び軍事大国へと登りつめた。一九一九年のパリ講和会議で、ウィルソンは国際連盟の設立を提唱したが、国内では上院に否決され、アメリカ合衆国は参加できなかった。失意のウィルソンは執務ができなくなって退陣し、最期を迎えることになった。失敗の大部分は、あまりにも簡単に妥協の道を閉ざしてしまう頑迷さと、自分が絶対に正しく反対する人々は断じて間違っていると固く信じていた、ウィルソン自身の性格によるものだったのだ。

ウィルソンはヴァージニアのプレスビテリアン〔長老派〕牧師の家庭に生まれた。ウィルソンの幼少期の記憶といえば、南北戦争〔一八六一〜一八六五年〕だった。アメリカの統一を維持しなければならない、とウィルソンはいつも信じていたが、自身は人種に対する姿勢も含めて南部人そのものだった。家庭環境もあり、ウィルソンは人間の罪と厳格な神を信じるカルヴァン主義の濃いキリスト教〔長老派〕を深く信仰していた。それにもかかわらず、子ども時代は幸せではなかった。愛情深い両親は無理やりではないが、勉強するよう奨励した。「僕は頭が良くて、心が立派だ」——両親は、ウィルソンがこう述べたときに喜んだという。ウィルソンには高い志があった。それは富に対するものではなく、名を残すこと、善行を積むことだった。

ウィルソンは優秀な学生で、まずプリンストン大学、それからジョンズ・ホプキンス大学で学び、博士号を取得した。一時的に法曹界に関わったが、自然にアカデミックな世界に魅かれたウィルソンは、そこでも目立つ存在となった。四十六歳になる頃にはプリンストン大学の学長となり、同大学を学生にあまり多くを求めず最終学歴だけ与える〝ふつうの大学〟から、アメリカを代表するアカデミックな研究機関に変容させた。ウィルソンは名声を得、政治学者、歴史学者としても尊敬され、弁も立つがゆえに強い印象を人々に与えた。一九一〇年には、民主党幹部の重鎮の間で、ウィルソンをニュージャージー州の知事候補にしてはどうかという話が出た。おそらくはその延長で、大統領候補にしようと考えてのことだったのだと思われる。

　ウィルソンには良いタイミングだった。世紀の変わり目にはかなり大きな政治的、社会的な動きがあり、それが進歩主義運動としてまとまり、熟していく時代だった——民主党の政治家だけでなく、セオドア・ルーズベルトのような共和党の政治家もこの運動に共鳴していた。運動は政府の腐敗、産業界における独占とカルテル、アメリカ社会の内部にある不平等と貧困を糾弾した。国民は古い秩序に染まっていない新しいリーダーを求めており、廉直で有能な理想主義者と評判のウィルソンは、その要求にうってつけの人物だった。

　五十歳を過ぎたウィルソンの見た目も話し方も、リーダーそのものだった。ウィルソンはハンサムで（葬儀屋のようだと感じる者もいたが）威厳があり、控えめだった。ウィルソンにもルーズベルトにも、大統領らしく、知らない人々に対して話かけるような気さくさはなかった。抑制的だったが愛情深く、繊細でありながら情熱的な人物だった。ウィルソンは家族や信頼する仲間と、二人の妻を含め生涯のうちに愛した女性に対して、温かく大切に接した。夜に大きな声で朗読したりや、あまり上手ではないと自認していたが、冗談を言うのが好きだった。

　ウィルソンには辛気くさい側面や失敗もあった。ウィルソンには闘う勇気がなかったわけではないが、あまりにも厳格すぎることから目的を達成できないこともあった。ウィルソンがしばらくの間、最も信頼した助言者のエドワード・ハウス大佐〔一八五八〜一九三八年〕は彼を賞賛し、こう述べている。「なされた質問にはいつも、心をすべて開いて傾聴するように努め、正しい決定につながる提案や助言をすべて歓迎した。だが、受け入れるのは、質問を吟味し自ら決定を下すまでの間に限られていた。

いったん決定をすると、あらゆる助言も提案も、一切拒絶する。そのあとはてこでも動かない」。プリンストン大学の学長任期も終わろうとする頃、新しい学生寮に関するウィルソンの計画について、同僚及び大勢の卒業生との複雑で無駄な論争に巻き込まれていた。ウィルソンがもっと広く意見を聞き、妥協する姿勢を示していれば、少なくとも部分的にはうまくいっていたかもしれない。だが、そうではなかったから、ウィルソンは予期せぬ敗北を喫して不愉快になり、少しの間だが、辞任も考えた。

当時も、そして後になっても、ウィルソンは力のある同僚たちと協力することが得意ではなかった。反対する人々の扱いも下手だった。うまく立ち回り彼らと協力するのではなく、外の暗闇に放り投げるようなやり方をした。自分の大義が正しいと思い込むと、自分に賛成しない人々のことを間違っているだけでなく、悪意があると考える傾向があった。ウィルソンの来歴を見ると、〝裏切られた〟と感じているエピソードがあちこちにある。プリンストン論争のときのことだ。親友だった同僚のジャック・ヒベンが反対派に味方したとき、ウィルソンはこう尋ねた。「なぜ私が眼を閉じて馬鹿になって、偽者だとわかっている人々のことを愛さなければならないのか……」。その後、ウィルソンはヒベンを許さず、口をきくことは二度となかった。一九一九年、ハウスに対しても同じことをしようとした。ウィルソンの公正で平和な世界の新秩序に対する夢に、ハウスは協力していないと思ったのだ。一九一九年にも同じようなことが繰り返されたのだが、ウィルソンはプリンストン大学で発作を起こして倒れた。その後は繰り返す頭痛に悩まされ、一時的に片方の目が見えなくなり、感情のバランスが取れなくなった。

プリンストン大学での敗北により、ウィルソンは政界に打って出る踏ん切りがついた。ニュージャージー州知事の候補に指名されると、ウィルソンはすぐに受諾した。管理された会社のように、強力な組織を備え、進歩的で清潔かつ効率的な行政を公約に掲げた。五十四パーセントの得票を得て、ウィルソンは知事に就任した。ウィルソンは知事としての二年間に一連の改革を実行し、一九一二年には地元の南部だけでなく北部でも多くの支持を集め、民主党の大統領候補と見なされるようになった。選挙運動中に幸運が降ってきた。セオドア・ルーズベルトが新しい進歩党の党首として打って出たために、共和党が内部分裂したのだ。ウィルソンは投票の四十三パーセントしか獲得しなかったが、選挙人内で多数派を確保するのに十分だった。

大統領として、ウィルソンは知事のときと同じエネルギーと決意を示した。恐ろしいほどの執務をこなし、任期一年目にもかかわらず、六十回以上の記者会見を行った。一期目、ウィルソンは国内問題に焦点を絞り、関税の引き下げや連邦準備制度及び連邦貿易委員会の立ち上げを含めて、一連の進歩的な政策を実現した。一九一三年、ウィルソンはある友人にこう述べている。「私の政府が主に外交問題を扱わなければならなくなるとしたら運命の皮肉だ」。だが、外の世界を、特にアメリカ合衆国に近い地域をまったく無視しているわけにはいかなかった。

ウィルソンの外交政策は道徳的で明瞭だった。アメリカ合衆国は民主主義の大国として、他の国の模範となるべきである、というものだった。選挙運動中に言ったことがあるように、「アメリカは思想であり、理想であり、ビジョン」だと考えた。必要なときには、アメリカの近隣国の問題に強制的に介入することによってその理想を推進する（また、必ずしも認めていたわけではないが、アメリカの利益を守る）覚悟があった。あるイギリスの外交官にこう述べたことがある。「南アメリカの各共和国に良い人物を選べと教えてやろうと思う！」。取るに足らないことを言い訳に、メキシコ革命（一九一〇年に始まった、ラテンアメリカで最初の民主主義革命〕にアメリカ軍を派遣して介入したとき、ウィルソンは人類に奉仕するためだと弁解した。

ヨーロッパで第一次世界大戦が起こると、ウィルソンは多くのアメリカ人のように、戦争は愚行であり野蛮への転落だと思い、驚愕した。ウィルソンはこのとき、最初の妻を看取っていたが、仲介者として仕事をしようとした。当初、ウィルソンはアメリカがこの戦争に関わっても何の利益もないし、その必要もないと確信していた。一九一四年の議会宛てのメッセージで、次のように述べている。アメリカ合衆国は「真実を見極める間、口先だけでなく、実際に中立でなければならない。われわれは行動だけでなく、思考においても偏ってはいけない……」。しかし、戦争が継続するなかで、アメリカ合衆国は次第に連合国へと傾き、ウィルソンはそれを止めようとはしなかった。ウィルソンをはじめ、多くのアメリカ国民の気持ちは連合国に、特に同じ民主主義の国であるイギリスとフランスにあった。アメリカの銀行は多くの資金を連合国に貸しつけるようになり、アメリカの工場は連合国からの注文で潤った。一九一七年二月、最初のロシア革命が起こり帝政が倒されたことで、連合国に与する一番の障害が取り除かれた。最終的に、ウィルソンの心を動かしてアメリカ合衆国が戦争に入ることになった原因はドイツの愚行だった。〔一九一五年に〕ドイツの潜水艦がアメリカの船舶を撃沈し、アメリカの市民を殺害した。また、一九一七年初め、ドイツ政府はメキシコを動かしてアメリカ合衆国を攻撃させせようとした。これで最後の綱が切れ、ウィルソンは議会に出向き、四月六日に宣戦した。

ウィルソンは最初から、アメリカ合衆国が他の交戦国とは違う条件で、違う目的のために参戦したということを明確にしていた。ヨーロッパの帝国主義勢力とは違い、アメリカ合衆国は領土の獲得も賠償金も求めない、と（多くのアメリカ人のように、ウィルソンはアメリカの貿易と投資が世界中で伸びていることには心から喜んでいたが）。その筋を通すために、アメリカ合衆国は「同盟国」とは名のらず、「提携国」とした。多くの人々のようにウィルソンも、戦争の責任はドイツ軍国主義にあると考え、アメリカの力を使ってこれを破壊し、戦闘を終結させようとした。「勝利なき平和」が実現するのでなければならなかった。信頼を失った古い勢力に代わり、新しい「力のコミュニティー」に諸国が結集する国際社会を構築するチャンスを掴み取らなければならない。ウィルソンは一九一八年一月に議会で発表した有名な「十四か条」に、自分のビジョンを練りこんでいた。十四か条には新しい世界秩序――開かれた外交、自由貿易、軍縮、諸国民の主権と統一の尊重、そして民族自決――が盛り込まれていた。これらを維持・強化する要石は「諸国民がそろって手を結ぶこと」――すなわち、国際連盟の設立だった。

ウィルソンの言葉は、戦争に疲れていた世界中の人々に響きわたった。一九一八年十一月に戦争が終わり、ウィルソンはパリ講和会議に出席しようと決意した。ヨーロッパでは、大勢の熱狂的な民衆に出迎えられた。船旅が終わろうとする頃、ウィルソンは同行したアメリカ代表団に、「われわれがこれから対処する人々は、彼らが自国の国民を代表しているわけではない」と述べていた、との記録がある。大勢の人々に迎えられたことによって、ウィルソンは自分こそが世界の大衆の気持ちを理解し、大衆のリーダーではなし得ない方法［つまり、アメリカ大統領だからこそできる方法］で語りかけることができる、という信念を固めた。民主主義者としては奇妙な想定だったし、少なくとも一部は間違っていた。迎えた人々の多くは、ウィルソンが提唱した理想的な世界秩序のビジョンを共有していたが、彼が自分たちの国の苦しみに報い、敵を罰してくれることを望んでいたからこそ集まった人々もいたのだ。だがウィルソンは、パリに集まった自国を含む各国の政治家のなかで、自分だけが世界が望み求めているものを理解していると思い込み続けた。この信念のために、上院の反対で国際連盟を主導するチャンスがなくなってしまったのだ。

一九一九年一月にパリに到着したウィルソンは、会議の前に行う最初の仕事は国際連盟の設立だと主張した。国境や補償といった問題で会議が躓くと、国際連盟がないがしろになるのはまちがいなく、新しい国際連盟ができれば、こうした問題は解決できるはずだとウィルソンは考えた。残念なことだが、ウィルソンには先行きに対する不安があった。一九一八年十一月の選挙で、ウィルソンは戦争とその後の平和の問題を、党の問題に矮小化してしまっていたのだ。時期が来たら民主党大会で投票を行って自分のリーダシップに賛同するかどうかを問うという提案は、当然ながら、忠実に戦争を支持してきた共和党を激怒させることになった。さらにウィルソンは、講和会議に出席するアメリカ代表団を両党から選ぶことも拒否した。それをしなければ、たとえば元大統領〔第二十七代〕のウィリアム・タフト〔一八五七～一九三〇年〕や共和党政府で二度重要な地位に就いたことのあるエリフ・ルート〔一八四五～一九三七年。セオドア・ルーズベルト大統領のもと、陸軍長官、国務長官を務めた〕を任命することができたのだ。条約には上院の賛成が必要なので、外務関係委員会の座長にヘンリー・カボット・ロッジ〔一八五〇～一九二四年。上院の外交委員長〕を任命することもできたはずである。それをせずに、ウィルソンは民主党員とキャリアの浅い人々を代表団に任命した。ロッジが考えたように、こうした軽視がすでにウィルソンを嫌い、あるいは彼に不信感をもっていた実力のある政治家の遺恨を募らせることになった（FDRは賢明にもここから教訓を学び、自分の平和の目的のためには共和党の支持が必要と確信した)。

国際連盟への参加を望まない強硬派の共和党員もいたが、多くは、参戦によるアメリカ合衆国の権利を留保してでも、モンロー主義によって定義したような、西半球の国々との関係における特別な地位を認める組織ならば、受け入れてもよいと思っていた。世論調査が行われる前の時代のことで、正確さには多少欠けるかもしれないが、アメリカの世論は何らかの形で国際連盟が設立されることに賛成していた。ある著名なアメリカのジャーナリストが読者に意見を求めたところ、三分の二以上が支持したという。しかし、ウィルソンは反対派を押さえようとするどころか、穏健派を取り込もうとさえしなかった。一九一九年二月から三月にかけて、パリから大急ぎでアメリカ合衆国に戻ったウィルソンは、わざわざロッジの怒りをさらにかきたてた。「モンロー主義を唱える上院の中心人物であった」ロッジの地盤であるボストンで、国際連盟の設立を訴える刺激的な演説を行ったのだ。同じく愚かだったのは、ふだんは威厳を重んじ、国際連盟にも共感をもっていた上院議員に、彼らが目にするチャンスなどなかった国際連盟規約の草案のコピーを配付し、苛立たせたことだった。ワシントンでは、ウィルソンは民主党内でも気持ちが揺れ動いていた人々と和解しようとしなかった。軽蔑していた、南部のある民主党員には話しかけようとさえしなかった。ハウスの勧めで、ウィルソンはロッジと外国関係委員会のメンバーを含む重要人物をディナーパーティーに招いたが、とんでもない失敗に終わった。「ウィルソンはゲストを『日曜学校で授業を聞かず、堅苦しい先生が叱るような』やり方で扱った」とある人物が述べている。生まれたばかりの孫に初めて会ったときにウィルソンが言ったお寒い「冗談」もそんな調子だった。「口を開け、目を閉じている。上院議員と同じだ。大きくなったらそうなるのではないか」。上院を完全に無視してアメリカ合衆国を国際連盟に関与させることはできないか、ウィルソンは考え始めた。

パリに戻ったウィルソンは、国際連盟に対する支持が生ぬるいと感じていたハウスに矛先を向けた。しかし四月、ウィルソンはまた体調を崩した。当時流行していたインフルエンザか、四ヵ月後にはもっと深刻なものとなる、脳梗塞の前兆の小さな発作だったのかもしれない。原因はさておき、このあとウィルソンは顔にチック症状が現れるようになった。そして、ますます感情的になり、不安定ですぐに苛立つようになった。そのうえ、ますます自分は正しいと思い込み、頑固になった。

第一篇に国際連盟規約を置いたドイツとのヴェルサイユ条約は、最終的に六月二十八日に調印された。上院による批准を獲得するため、ウィルソンはすぐに帰国した。条項についてウィルソンは一切妥協しないと決意していた。上院が修正もしくは「留保」する——条文を緩めようという——権利を行使しようとした場合、いずれも受け付けないつもりだった。民主党員と、少し修正するだけでかまわないと思っていた条約に共感的な共和党員をまとめて、ウィルソンは連立を組める可能性があったが、それすらまったく考えようとしなかった。七月に上院に条約を提示したウィルソンの演説はけんか腰だった。国際連盟は「人類の唯一の希望」だ、「あえてこれを拒絶し、世界を悲嘆に追い込むのか?」と、上院議員に挑戦を突き付けたのだ。八月、条約のヒアリングをするロッジの委員会にウィルソンが現れたときには怒濤の応酬があった。ロッジ自身はそれでも、ある種の形の国際連盟を支持していたが、それはドイツとの講和条約に盛り込むべきではなく、事態がもっと落ち着いてから別に話し合うべきだと論じた。動機はどうあれ、また、ウィルソンに対する憎悪がある程度影響していたとはいえ、ロッジの反対は合理性を欠いたものではなかった。

ウィルソンは国民が自分についてくると自信をもっていた。そこで、彼らに条約論争を委ねることにした。九月三日、ウィルソンはワシントンを離れ、「非妥協的な人々」の拠点である西部に三週間滞在した。まだ暑い時期で、ウィルソンは疲れ、具合が悪そうだった。再婚した妻や友人、医師は、負担の大きい旅はやめた方がよいと勧めたが、「条約を救うためにはいくらでも犠牲を払うつもりだ」とウィルソンは述べた。一日に二度か三度、演説をしながら西部を移動していくなかで、ウィルソンの言葉を聞く群衆の数は増えつつあった。条約に対する支持が増え、ウィルソンがある程度緩やかな譲歩さえすれば上院を通過するかもしれない、と同僚は期待をもち始めた。九月二十五日の夜、ウィルソンは大きな発作を起こし、完全な回復には至らなかった。プリンストン大学やパリのときと同じように、ウィルソンは感情が脆くなり、どうしようもなく頑固になった。ホワイトハウスの病床から、条約については一切妥協してはならないとウィルソンは指示した。

委員会から出された修正付きの条約を批准する動議をロッジが出すと、共和党の強硬派と、今なおウィルソンの指示に従っている民主党員が一緒になって反対し、動議は敗れた。一九二〇年三月、両党の穏健派はわずかな修正をして条約の賛同を得ようと最後の試みを行った。民主党員二十三人がウィルソンの指示に逆らい賛成に回ったが、共和党の穏健派と合わせても通過には不足していた。アメリカ合衆国は後にドイツと別だての条約を結んだが、国際連盟には参加しなかった。

ウィルソンが違うタイプの人物だったら、事態は別の方向に動いていただろう。もしヒトラーのドイツ、ムッソリーニのイタリア、軍国主義の日本に立ち向かう強力な国際組織が設立されていたら、次の二十年間がどんな世界になっていたのか、私たちは想像することができる。ウィルソンは世界に大きなビジョンを提示したが、彼自身の欠点のために、生涯のうちに現実化できなかったのは残念である。

マーガレット・サッチャー

ウィルソンのように、マーガレット・サッチャーも、自分は他の誰よりはっきりとものが見えているという自信をもっており、一連の成功によって自信は確信へと、理屈を超えて変わっていった。ウィルソンのように、サッチャーも思いがけず党首となり、首相に就任した。社会を変容させる一連の大胆な改革を行い、首相として軍事的な勝利も勝ち取った。だがサッチャーにとって、一九八二年のフォークランド紛争は本領を発揮した瞬間であるとともに、転落の種を内包するものでもあった。どんな闘いにおいても自分は勝てるし、勝たなければならないという信念から、引き返すべきだとする数多くの警告の合図を聞かず、破滅につながる政策を採用し、それに固執した。争点は明らかに些細なことだった――地方政府の財政基盤として世帯ごとの課税をやめ、支払い可能なすべての成人一人ひとりに課税する〝人頭税〟を導入すること――が、これから見ていくように、これによってサッチャーの政治家としての経歴は閉じられることになったのだ。

サッチャーが保守党の首相となる可能性は極めて薄かった。首相経験者や保守党の国会議員の圧倒的多数と違い、サッチャーはアウトサイダーだった。男性優位の党にあって、サッチャーは女性だった。サッチャーは馬鹿にされないよう、党内でも政敵と闘わなければならなかった。首相として最初に演説を行うために立ち上がったとき、野党の労働党席からは「女」を馬鹿にする野次《やじ》が飛んだ。サッチャーは他の誰よりも熱心に仕事をすることによって、「女」であることを埋め合わせなければならなかった。

後年、事態の詳細を掌握するサッチャーの才覚は驚異的なものとなり、他の人々をよく怖気づかせた。加えて、保守党の議員はほとんどが上流階級だったが、サッチャーは中流階級出身だった。父親は食品雑貨店を経営し、サッチャーの幼少期、一家は店の二階で生活していた。サッチャーは公立学校に通ったが、たいていの保守党議員は私立のエリート学校で教育を受けていた。サッチャーはオックスフォード大学に進み、化学を専攻した。旅行や外国人を嫌っていた。他の保守党の人々は、休暇を外国で過ごして育った。キャリアを積んでいったサッチャーは上品な物言いを身につけ、裕福な実業家と結婚したが、上流階級に入ろうとはしなかった。事実、サッチャーはアウトサイダーでいることで反逆したのだ。そのために、すでに侮りがたいものとなっていた芯がさらに堅固なものとなった。サッチャーはこう述べている。「決心をすることです。何かしなくてもいいし、何か求めなくてもいいのです。友だちがやってくれるからです」。

イギリス政治を専門に研究しているカナダの著名な政治学者アンソニー・キングはこう述べている。「サッチャーには、嫌いな人々が行うパーティーに、招待されていないのに入り込むような雰囲気がある」。他の「アウトサイダー」の政治家――たとえば、リチャード・ニクソン〔一九一三〜一九九四年。第三十七代アメリカ大統領〕やスティーヴン・ハーパー〔一九五九年〜。第二十八代カナダ首相〕――のように、サッチャーはその立ち位置が心理的にも満足が得られるし、良い戦術でもあることを理解していた、とキングは論じている。サッチャーは周囲の人々よりも自分の方が道徳的に優れていると思うことができたし、一方では同時に、保守党の因襲やしきたりを無視できたのだ。事実、アウトサイダーの対決姿勢こそ、成功を勝ち取る最良の方法だと計算していた可能性がある、とキングは述べている。サッチャーはいつでも愛想良くふるまうことができたが、必要とあらば、欧州議会の会合であれ同僚に対してであれ、荒々しい声を上げてテーブルを叩くことも躊躇わなかった。サッチャーは、「私は何度も人を怒らせた」と自慢している。

サッチャーはさしたる理由もなく政治の道に進んだが、強い信念はいくつももっていた。サッチャーにはコンセンサスや妥協のための政治に時間をかけなかった。そういうやり方がイギリスをだめにしたと感じていた。保守党議員が占める政府ですら、たとえば労働組合のように選挙で選ばれたのではない組織にあまりにも譲歩しすぎていると考え、次のように述べたことがある。「旧約聖書の預言者は『兄弟よ、私には合意が要る』などと言ったりしない。彼らはこう言うのだ。『これが私の信仰だ。これこそ私が情熱をもって信じていることだ』」。一九七九年、保守党の党首として初めて行った選挙運動のとき、サッチャーはある新聞のインタビューに、自分が選ばれたら、功利的な合意に基づく内閣は求めない、と述べた。「信念をもった政府でなくてはならない」。

「思想がある女性ではなかった。信念がある女性で、信念の方が思想に勝っていた」とサッチャーの側近の助言者の一人は述べている。あまり本を読まなかったサッチャーは、シンクタンクにも関心を持たなかった。自分の背景と経験、信頼する少数の同僚の意見を基にした。サッチャーは倹約、勤勉、独立独行といった資質を高く評価し、強い愛国心をもっていた。やむを得ず引退したあと、歴史学者のアンドリュー・ロバーツと昼食を摂っていたときのことだ。ウェイターが間違えて、サッチャーにイギリスのマスタードにするかフランスのマスタードにするのか尋ねた。サッチャーは〝そんなこと当たり前〟と言わんばかりに、「イギリスの！」と大声で答えたのだ。

若い頃、サッチャーは社会主義がかつての誇り高き国民の活力を失わせたと考えていた。国家権力は個人を犠牲にして大きくなった。代々の政府は経済に介入し、無謀に支出を増やし、勤勉な中流階級に税の負担を課した。サッチャーは自身の背景から、小規模の実業家や自営業者、年金生活者たちが抱えていた恨みを本能的に理解した。こうした層は、ハロルド・マクミラン〔一八九四～一九八六年〕第六十五代イギリス首相で、保守党党首〕のような穏健派の影響の下で、保守党は自分たちを見捨て、一方の労働党は敵だと思っていたのだ。保守党の党首に立候補した一九七五年に自賛したように、サッチャーの「イギリスに関する考えはすべて、十七歳か十八歳になる前に形成されていた」のだ。一九六〇年代後半から一九七〇年代初頭にかけて、イギリスは良い時代ではなかったし、保守党の右派の人々と同じようにサッチャーも、国家が経済的破綻に直面していると思っていた。だが、一九七六年にサッチャーとじっくり話をしたある実業家が述べたように、サッチャーは現在の状況が恥ずべきものであり、なんとかしなければならないと思っていた以外には、何ら明確な政策をもち合わせていなかった。

運とタイミングがサッチャーにはあった。下院のわずかな女性議員の一人であるのは不利なことが多かったが、当時の首相エドワード・ヒース〔一九一六～二〇〇五年〕は女性の入閣を計画し、サッチャーに白羽の矢が立ったのだ。ヒースが党首として不人気だったこともプラスした。保守党の多くの人々の目には、ヒースが労働組合、特に戦闘的な炭鉱組合に対して弱腰だと映っていた。そのために保守党は一九七四年の選挙で敗れることになったのだ。党内には急進的な市場主義を掲げるグループが出現し、社会に対する政府の力を取り戻そうとした。サッチャーはそのグループに合流した。グループの中心的人物だったキース・ジョゼフ〔一九一八〜一九九四年〕は党首選に立候補したが、結局、サッチャーにその道が開かれることになった。ヒースが党首の座を去るにあたって一騒ぎを起こし、穏健派がそれを継承する可能性を打ち砕いたことも役立った。一九七五年、サッチャーは党首に選ばれた。

サッチャーはこのときまでに、後のトレードマークとなる格好をするようになっていた。滑らかでヘルメットのようなブロンドの髪。仕立てのよいスーツとドレス。パールのネックレス。威圧感のあるハンドバッグである。あるテレビのプロデューサーが、金切り声にならないよう声を低くしたほうが良いとアドバイスした。驚くほどさまざまな男性——百戦錬磨のジャーナリスト、政府の政務官、政敵——が彼女のことをセクシーだと考えた。フランス大統領フランソワ・ミッテランの言葉が有名である。サッチャーには「カリグラ〔一二〜四一年。ローマ皇帝（在三七〜四一年）。誇大妄想を抱き、奇行で知られた暴君とされる〕の目とマリリン・モンローの口が備わっている」。サッチャーは演説のアドバイスも受けていた。話が長すぎて散漫だと言われていたのが、短く話すことを覚えた。サッチャーはユーモアのセンスをもっていない人に対して、自然に出てくる挑戦的な冗談を身につけた。サッチャーのスタッフは紙に書けない両義語を怖がらないようになった。若い見習いには「こんなに大きな『一物』は見たことないわ！」と言ってみたり、野砲を撃ってみてはと勧められたときに「こんなに大きいので『やられる』の？」と言ったりした。

次の幸運は、一九七八年から七九年にかけての不満に満ちた嵐のような冬にやってきた。公共部門で一連のストライキが起こり、暴力的に発展するものもあった。サッチャーは、労働組合を管理下に置くときがきた、と国民を説得したのだ。労働党の明らかな失政に対し、サッチャーは新しいスタートを切ることを約束した。一九七九年の総選挙で保守党が三百三十九議席を獲得したのに対し、労働党は二百六十九議席だった。ダウニング街十番地に立ったサッチャーは、このときのために周到に用意しておいた祈りの一説を引用した。「不協和音があるところに、われわれは調和をもたらす」。皮肉はユーモアと同様、サッチャーが本来得意とするものではなかったが。

首相としての最初の数年は生易しい日々ではなかった。野党はひどい分裂状況で、一九八一年に労働党と袂を分かった反対派が新しく社会民主党を立ち上げた。労働組合は政府に反対し続け、イギリス経済はますます悪化し、保守党も手探り状態だった。閣内にいた人物も含む影響力のある保守党のグループが、サッチャーの公共部門への思い切った支出削減に強力に反対した。彼らが反対したことによって――サッチャーは彼らのことを軽蔑して「ウェット（弱い人たち）」と呼んだ――彼女の決意はますます強いものとなった。サッチャーはイギリスにとって何が正しいか自分は理解していると確信し、方針を変えようとしなかった。一九八〇年秋の党大会で、氷のように冷静に、次のように述べている。「出て行きたいならそうしなさい。私は姿勢を変えません」。一般党員は喜んだが、失業率が急激に上昇し続け――一九八一年には百万人に達した――いくつもの事業が破綻すると、国内ではサッチャー人気が急降下した。この年の終わりに行われた調査では、サッチャーの政策を良いと考えている国民は、わずか二十三パーセントだった。

サッチャーを救ったのは、そして安定多数を得て再選されることを可能にしたのは、またしても運だった――今度は、イギリスから遠いところで起こった紛争だった。一九八二年四月初め、アルゼンチン軍が、同国がかねて領有権を主張してきたフォークランド諸島に侵入した。アルゼンチンの将軍たちは、女性の首相だからイギリスを与し易いと考えていた。サッチャーは端から覚悟を決めて一切動じず、フォークランド諸島を取り戻そうとした。大西洋を越えて慌てて派遣したイギリス遠征軍が失敗したらどうするのか、というテレビのインタビューで、サッチャーはこう答えている。「失敗?……失敗——そんな可能性は存在しません」。本当のところは失敗する可能性はあったが、またしても幸運に助けられたのだ。アルゼンチンには強い指導者がおらず互いに対立しており、軍事政権のレオポルド・ガルチェリ大統領はいつも酔っぱらっていた。アルゼンチン軍には戦う強い意思があったわけではなく、装備も貧弱だった。イギリス船に放った銃弾のなかには爆発しないものもあった。サッチャーは冷静で、決意を揺るがすことなく、アルゼンチンがフォークランド諸島を返還するまで平和は来ないと断言した。六月四日、イギリスの勝利によって紛争が終わる頃には、サッチャーの支持率は五十一パーセントに回復していた。六ヵ月前の二倍以上だった。

フォークランド紛争はサッチャーにとって、キャリアのなかで最も重要な出来事であり続けるとともに、近代イギリス史の転換点となった。イギリスとアルゼンチンのフォークランド諸島の所有をめぐる長く決着のつかない争いが突然、アルゼンチンの侵入という行為にエスカレートしたのだ。サッチャーの顧問の多くは、はるか遠方への反攻など不可能だと述べていたが、サッチャーは彼らの意見を却下した。恐ろしい賭けだったが、サッチャーは紛争に勝つとともに、政治的な勝利も得た。国民にとってサッチャーは「われらのマギー」となり、今なおイギリスが重んじるべきものであり、ライオンの尻尾を引っ張るのは危険だということを示す証となった。アルゼンチンに勝ったあと、サッチャーはチェルトナム競馬場で演説を行った。党の忠実な支持者を前にして、サッチャーは国民が生まれ変わったのがわかる、と述べた。「われわれの凋落は止まりました。われわれは新たな、しっかりとした自信を得たのです――国内の経済闘争で甦り、一万三千キロ離れたところで力を試し、それを見つけたのです」。フォークランド紛争はサッチャーにとって他人を判断する試金石となり、以来、自分を支持しなかった人々を絶対に許さなかった。また、勝利によってサッチャーは批判することさえ許されない存在になったように思われた。サッチャーを心から支持していた、魅力的だが無節操な人物アラン・クラーク〔雇用省や国防省の閣外相を務めた〕は紛争直後、親しい仲間に「首相は今や完全な行動の自由を得た」と述べ、さらに続けた。「チャーチル以来、こんなに自由だった党首は他にいないし、チャーチルだってこんなに長く続かなかった」と。翌年の総選挙では、保守党はさらに大多数の議席を得た。

サッチャーの自信は揺るぎないものとなった。この紛争を通して彼女は、信念に基づいて行動したときに一番うまくいくのだと結論づけた。サッチャーはすでに自分を正当化する傾向を強くもつようになっていたが、今やそれが鉄のように強いものとなったのだ。勝利によって、彼女は「どんなことについても正しいという信念を固めた」と、ある大臣は述べている。サッチャーは内閣の声を聞くより、自分の考えを押し付けるようになった。彼女がすでに決めていた政策を提示して賛同を求めるようになった。内閣改造後、残ったのはサッチャーが選んだイエスマンだけだった。『スター・トレック *Star Trek*』〔一九七九年のアメリカ映画〕で「ボーグ」〔映画に登場する、人間をも〝同化〟に取り込もうとする奇怪生命体の集合体〕が言うように、いつも「抵抗は無意味」だった。サッチャーは、「私は必ず勝つ」と財務大臣のナイジェル・ローソンに言ったことがある。サッチャーに賛成しない人々は「ウェット」とレッテルが貼られた――あるいはもっと露骨に、「裏切り者」と言われた。サッチャーのニックネームは、直言されることはなかったが、「フン族のアッティラ」だった。

三度目の選挙のとき、「サッチャリズム」に対してというよりはむしろ、サッチャーその人に対する国民の熱狂が失せ始めている兆しがあった。ある調査によれば、サッチャーは「過酷」で「冷たい」人と見られ、政府はサッチャーのリーダシップに流されていると受け止められていた。しかし、この調査はむしろサッチャーを後押しし、イギリス社会を再建する任務――いや、彼女の回想録の章題にあるように「世界を正す」任務――を継続する覚悟を固めただけだった。サッチャーは一九八七年の選挙で三たび勝利し〔党は二十一議席を失ったが〕、新たな決意と活力をもって仕事に取りかかった――加えて、自分は正しいという信念をもって。サッチャーの標的の一つは教育だった。おざなりでほとんど役に立たないカリキュラムを進めている左翼の教員組合が牛耳っている――サッチャーは長年、そう感じていたのだ。歴史は事実を教えるものであり、サッチャーが切り捨てた流れや世界の他の地域を教えるのではなく、イギリスに焦点を絞るべきだと、サッチャーは好んで述べた。サッチャーは自分が信用していない労働組合と地方の政治家の管理下にはない公立学校を押した。

さらに野心的に、サッチャーは地方自治体の改革に取りかかり、地方議会の権限を縮小し中央の管理下に強くつなぎとめようとした。これは地方自治体の支出を抑制することにつながった。自治体の支出は放漫だと考えていたのだ。効率を高め、権力をウェストミンスター〔官邸〕に集中する――そのためにサッチャーが導入しようとした重要な道具の一つが、新しい形での地方税だった。家の評価額をベースにした課税〔固定資産税の一種〕ではなく――イギリスでは「レート rate」と呼ばれる――成人一人ひとりが地方のサービスを等しく受けることを土台にした均一の額の税を支払うとするものだった。サッチャー政府はこれを「コミュニティー・チャージ」と呼んだが、人々はみな、かつて国王が課しながらいつもひどく不人気だった「ポール・タックス（人頭税）」と呼んだ。サッチャーは一九八七年以前からこの税の導入にこだわっていた。サッチャーにとって、この税には二つの利点があった。第一に、シンプルであるということ。第二に、家の評価額が上がって税率が上がったと不満でいっぱいになっていた多くの保守党員の家主を宥めることになる、ということだった。たとえば保守党がなかなか勝てないスコットランドのような辺境の選挙区では、税に上限をつける動きには人気があるだろうし、票が得られるとサッチャーは考えた。いま思うと、何年かかけて段階的に実施する方向を政府が選べば、ポール・タックスがなくともすむはずだったし、金もちが貧しい人々よりも多く支払うような仕組みも、おそらくいくつもできたはずだ。しかし、サッチャーは慎重に進めなかった。一九八七年の保守党大会の頃には、税を整理することに対する伝統的な深い信頼と熱狂があり、それも、すぐに導入するよう求めている雰囲気があった。仰々しく劇的な意思表示を常に好むサッチャーはその声に満足していた。

しかし、非難と反対の声が強くなり始めた。ポール・タックスは税の徴収に費用がかかる方法だった。貧しい人々により負担感が大きいことから、逆進的で公正でなかった。自分を追い出したサッチャーを絶対に許さないと思っていたヒースは公開質問状を出した。「過去一世紀、わが党が維持してきた哲学を変えようというのか？」と。保守党自体が動揺した。一九八八年から一九九〇年初頭にかけて行われた数多くの研究によれば、重要な選挙区の保守党支持者を含めて、住居所有者が新たに負担する税は以前より大きくなった。ポール・タックスが早い段階で導入されたスコットランドでは、保守党支持者は急速に減っていった。それは今日に至るまで回復していない。一九九〇年にポール・タックスがイングランドとウェールズに導入されると、広範囲な抗議運動が行われた。イングランドだけで約七百万人が支払いを拒否し、ロンドンでは大衆デモが行われ、これまで見たこともないような暴力的な事態も発生した。

一九三九年に調査が始まって以来、最低の支持率であることが一九八九年の調査で示されたが、サッチャーは引き下がろうとしなかった。原理原則に立つこと、リーダシップを示すこと、強くあること——こうしたことが過去には役立っていた。大きな過ちを犯している、闘う価値のない問題だと言って諌めてくれる人々を、サッチャーは追い出してしまっていた。結局、辞表を提出することによって問題を提起したのは、長い間サッチャーの下でつらく当たられながら忍耐し続けた外相サー・ジェフリー・ホーだった。辞表の中でホーは、ヨーロッパ議会と敵対する非生産的な関係に焦点を当てていたが、保守党員の感情に訴えたのは、下院でのサッチャーの演説だった。すなわち、彼女がEUに対してもっている「悪夢のイメージ」だった。ホーは絶望し、党は破滅を免れないと考えていた。首相は誰の声も聞こうとしないし、首相がよくやる重要問題に対する行き当たりばったりのアプローチは国をリスクに晒している——ホーの批判は効いた。その年の十一月、マーガレット・サッチャーの時は尽きた。保守党がサッチャーを党首として望んでいないことが明らかになり、辞任しなければならなくなった。一九九一年、「ヴァニティー・フェア *Vanity Fair*」誌のインタビューで、サッチャーは選挙で、すなわち、国民の信任投票で敗れたわけではないと抗弁し、自らを壊れたグラスにたとえた。側近の一人が次のように述べている。「首相を辞めたあと、サッチャーが幸せに感じる日はなかった」。だが、サッチャーは自分の失脚の原因が自らにあることを理解している素振りは一切見せなかった。

ヨシフ・スターリン、アドルフ・ヒトラー

ウィルソンとサッチャーは選挙で選ばれたリーダーで、手にした権力は大きかったが任期があり、憲法のもと民主主義の価値観と制度によって制限されていた。しかし、二十世紀には強大な権力を生涯もち続ける独裁者も存在した。近代トルコ〔トルコ共和国〕の創設者ケマル・アタチュルク〔一八八一～一九三八年〕を別にすると、自らに制限を課したり、自分が間違っているかもしれないと考える独裁者が大勢いたとは考え難い。二十世紀（おそらく二十一世紀も）は、それを支持する者の魂も肉体も盲目的にしたイデオロギーの時代だった。マルクス主義、ファシズム、エスニックなナショナリズム――これらのイデオロギーは、信じる人々にとって唯一の真実だった。いずれも勝利のために犠牲を求め、個人を凌駕し、重要で永続する力の源とされた。二十世紀の恐怖は、このようなイデオロギーと産業化、科学、テクノロジー、マスメディアが結合した結果もたらされた。これらが人間の社会と魂を操作することを可能にしたのだ――加えて、〝障壁〟となっている人々や階級、エスニシティ――を取り除くことも可能にした。だが、恐怖はイデオロギーそのものが引き起こしたわけではなかった。イデオロギーを推進する個人、あるいは複数の人々が必要だった。そこで私たちは、リーダー個人が果たした役割を追究することになる。

たとえば、中国を例にとってみよう。一九四九年に共産党が勝利を収め、中国の支配権を確立した。そのとき、毛沢東ではなく鄧小平〔一九〇四～一九九七年〕が共産党のトップだったとしても、間違い

なく一党体制を立ち上げたにちがいない。しかし、それに続く何年か中国が支払った多大な代価を鄧小平が強要したとは思えない。毛沢東は性急な土地改革と集団化を推進し、何百万という人々を意図的に殺害し、あるいは餓死に追い込んだ。「大躍進」は中国経済の多くを破壊した。文化大革命では狂ったように破壊が行われた。毛沢東の死後、指導者となった鄧小平は、経済発展を目指して改革解放路線を打ち出し、平和的に中国を変える大変革を推進したのだ。

ウィルソンとサッチャーのように、スターリンとヒトラーにも社会に対するビジョンがあり、それを実現する野望と意思があった。彼らも運と環境に恵まれた。ヒトラーは第一次世界のときドイツの塹壕で負傷したが、生き残ることができた。スターリンは帝政ロシアで処刑を免れ、内戦を生き長らえた。ヒトラーのキャリアは一九二三年のミュンヘン一揆で権力を掌握しようとして失敗したときに終わっていた可能性もあった。この失敗によりヒトラーは、英雄というより犯罪者になった可能性がある。ウラジーミル・レーニン〔一八七〇〜一九二四年〕が遺書のなかでスターリンについて述べた言葉を、後に共産党と呼ばれることになる幹部たちがしっかり認識していれば、スターリンのキャリアは終わっていたかもしれない。スターリンは無限の権力を手中に収めつつある、とレーニンは死の床で述べた。「彼が常に必要な注意を払って権力を行使できるとは思えない」。更に恐ろしいことには、レーニンは党に対し、スターリンを解任し「もっと寛容な」人物を書記長に就けよ、と促していたのだ。スターリンはレーニンの見解を公にしないようにした。

ヒトラーは大きな困難のなかにあったドイツで権力の座に上った。第一次世界大戦で多くを失ったことで自信も崩壊し、社会が右と左に、ワイマール共和国を受け入れる者と受け入れない者の間で分裂していた。それでも、ドイツに特に深刻な打撃を与え、多くのドイツ人が自分たちが求めているのは急進的な新しい方策と決断力のある強いリーダーだという気持ちにさせた世界恐慌がなければ、ヒトラーは権力の座に到達しなかったにちがいない。スターリンは、第一次世界大戦中に起きたロシアの旧体制の崩壊、そしてそれに続いた一九一七年秋のボリシェヴィキ（後に「共産党」を名乗った）による権力掌握を出発点とした。無名の革命家だったスターリンはすぐに、大国を支配するグループの中枢に入り込んだ。党首ウラジーミル・レーニンが五十四歳で突然死去すると、同僚たちは後継者をめぐって対立した。スターリンは自分が最高位に就くまで、忍耐強く策をめぐらした。

うまく権力基盤を固めると、ヒトラーもスターリンも、次第に批判や意見の不一致などどこ吹く風になり、自分こそ歴史の流れを他者より明確に理解していて、間違いを犯さないと思い込むようになった。彼らの周りは、偉大な指導者が賛成しないことや聞きたくないことを進言して命を危険に晒すよりも、賛美し、こびへつらう下僕たちで取り囲まれた。ヒトラー政権で軍需大臣も務めた建築家のアルベルト・シュペーア〔一九〇五～一九八一年。ヒトラーが寵愛した建築家のアルベルト・シュ〕が戦後、こう述べている。「確かなことがある。ヒトラーの近くで長い間仕事をした仲間はすべて、完全に依存し、従属するようになった」。一九三〇年代の大粛清で、スターリンに最も近い同僚の多くは家族を失った。不平を言った者は誰一人いなかった。ヴャチェスラフ・モロトフ〔一八九〇～一九八六年。首相などを歴任〕は忠誠を示すため、ユダヤ人の妻を離縁した。妻は後に逮捕されたが、スターリンの死によりなんとか生き延びることができた（彼女はその後、モロトフと再婚した）。

破滅につながる結果がわかりきっているときでも、両者とも自分の目的に固執した。だが、ウィルソンやサッチャーとは違い、スターリンとヒトラーは社会を変革しようとしただけではなかった。人類そのものを別のものに変えることができる――そう思い込んでいたのだ。彼らは自分の信念のため、必要ならば何度でも他人の命を犠牲にする決意だった。世界でドイツ民族が最も優れているという「夢」を成就するため、増大する敵に対してヒトラーは戦争を仕掛け、何百万人もの命が失われた。スターリンが完璧な社会主義社会を実現しようとしたときにも、何百万という人々が死んだ。共産党と敵の間で行われた一九二〇年代初頭の内戦中、ある重要な街を包囲しているときに述べたように、スターリンは残りの五十一パーセントを救うことができるなら、すなわち「革命を守る」ため、住民の四十九パーセントを犠牲にするつもりだった。ヒトラーもスターリンも、こうした計画が自国民だけでなく他国にも、どういう意味を与えるのか考えようとはしなかった。スターリンが一九三〇年代、ソ連内の飢餓状態にある地域に行くことはなかったし、ヒトラーは第二次世界大戦中、空爆を受けたドイツの都市を見ようとはしなかった。

私がこれから取り上げるのは、第一に、ドイツと世界の破壊につながった戦争をヒトラーが決意したこと、第二に、スターリンが農業の集団化の強制と、増長するドイツと日本の勢力に対して一九三〇年代に大粛清を決意したこと――結局は、ソビエトの経済と社会に打撃を与え弱めることになったが――だ。ヒトラーがいなければ、ヴェルサイユ条約の条項修正を含めて、ドイツの力と地位の再建を望む保守的でナショナリズムに立脚する政府がドイツに成立した可能性があるが、その手段は戦争ではなく、平和的に実現しようとしたかもしれない。ヘルマン・ゲーリング〔一八九三～一九四六年〕やハインリヒ・ヒムラー〔一九〇〇～一九四五年〕のようなナチスの指導者でさえ、平和のうちに目的を実現しようと、部分的な勝利でとどめた可能性もある。ソ連では、別の指導者がついていたら、限定的に資本主義を継続することを認め、徐々に社会主義に向かおうとするレーニンの新経済政策を継承した可能性がある。しかし、ヒトラーもスターリンも、こうした妥協をする気がまったくなかったのだ。

それゆえ、彼ら自身の生い立ちや信念、資質が、歴史上の事象を理解するうえでの鍵となる。彼らの半生記には似たところもあるが、違いも大きい。どちらも権威主義的な父親のもと、子ども時代は不幸で、母親になついていた。スターリンは肉を食べ、酒も嗜んだ。ヒトラーはベジタリアンで、煙草を吸わず、酒はほとんど飲まなかった。スターリンは複数の女性と親密な関係を築いた。ヒトラーの性的な関係は、愛人エヴァ・ブラウンとの間でも謎だった。両者ともに、自分が所属したいと思う世界にあってアウトサイダーだった。スターリンはジョージア〔グルジア〕出身で、いつもジョージア訛りのロシア語を話した。ヒトラーはドイツの庇護の下にありたいと願うオーストリア人だった。二人とも、少なくとも最初は社会的に不器用で、俗悪でさえあった。ヒトラーはボーイ長のように見えるし、実際にそう振る舞っている、と一九二〇年に上流階級のあるドイツ人が述べている。スターリンはといえば、農民のように誓いを立てることが好きだった。二人とも残虐なまでに野蛮な行動をとることができたが、必要であれば愛嬌よくふるまえた。ヒトラーの大きな青い目、スターリンの琥珀色の目――虎のようだと述べた者がいる――は、人を動かさずにはおかなかった。ヒトラーは大上段に構えることが好きで、社交の場面でも威張った歩き方をし、長講釈を行い、興奮すると一段と声が大きくなった。一方、スターリンは演説が下手で、隅の方に静かに座っていることを好み、簡素な服を着て遠慮がちで、影が薄かった。スターリンはコツコツと仕事をする能力があったが、ヒトラーは怠惰で、行き当たりばったりだった。

二人の行動は同じ衝動――支配欲、復讐心、憎悪――を基にしていたが、考えることはまったく違っていた。若い頃、ヒトラーは第一次世界大戦前のウィーンで目的を持たずぶらぶらしながら、人種差別と当時ヨーロッパに拡がっていた社会進化論を胸に抱いていた。人類はもっている資質によって別の種に分けることができ、そもそも異なる人種や民族は生存競争を行う運命にあるのだという信念が、強い思いとなって根底にあった。ヒトラーにとってドイツ民族とは、進化の樹の頂点にあり、その意思を下位にある他民族に課すべき存在だった。一九三〇年にエアランゲン大学で行った演説で述べたように、ドイツ民族は戦い、世界を支配する権利を他の民族より多くもっている、という考えだった。ヒトラーのこの見解と熱狂的なドイツナショナリズムは、その後も揺らぐことがなかった。

スターリンの幻想には別の源泉があった。それは社会主義思想、特に、社会のすべての諸悪の根源は資本主義であるとするマルクス主義だった。スターリンは社会主義――さまざまに定義されるが、いずれも財産の共有と階級の廃止を含んでいる――が新しい、より良い社会を創造するばかりか、人類の性質を新しくつくりだす、という説に一切疑問を持たなかった。また、スターリンは歴史が一定の方向、すなわちユートピアに向かって動くのは不可避だと思っていた。環境が変化すれば人類は社会主義者となり、そのように考え、感じ、集団的に労働するのだ。そのために必要なら、社会主義の敵、あるいは社会主義を受け入れようとしない上流階級や中流階級、古く有害な考えや価値観に固執する田舎の農民を抹殺しなければならないと考えた。ヒトラーは、違う人種に分類された人々の特徴は変化することなどありえないと考えた。だが、人種は不適者と劣等者を抹殺することによって選別していけば、純化し、強化することができるとも考えた。どちらも、若い頃に自分の指針を決め、自分がすべてを説明し正当化できるという確信を変えることがなかった。

どちらも自分の党を支配し、党を通じて国の制度の上に君臨していたが、さらに社会全体を統制することを目指した。彼らはそのために、昔の独裁者が行った古くてありきたりの方法――検閲、抑圧、暴力――を厖大な規模で、産業化した形で行った。フランス革命中に行われたテロは一年間続き、四万二千人が殺されたが、ソビエトの人民に対する共産党の弾圧はロシア革命から始まり、一九五三年にスターリンが死ぬまで続いた。特に、一九三四年から一九四〇年にかけてスターリンが行った大粛清では、百万人近い人々が殺された。何百万という人々が牢獄や強制労働収容所――グラーグ――に送られ、彼らの多くは戻ることがなかった。正確な数を知ることはできないが、大粛清を研究する代表的な歴史学者ロバート・コンクエストは、この時期に一千万人が死んだと見積もっている。ナチスは一九三三年から一九三九年にかけて市民一万人を殺害した。そのあと行った戦争で、ヒトラーはヨーロッパ中でさらに大規模に殺人を行った。

二十世紀の独裁者たち――ヒトラーとスターリンだけでなく、中国の毛沢東やアルバニアのエンヴェル・ホッジャ〔一九〇八～一九八五年〕など一連の「スターリンの」模倣者たち――は大衆の動向を探り、大衆を説得し、大衆を騙す近代のテクニックに頼った。一九三九年に締結した不可侵条約によってナチスドイツとソ連が同じ側に立ったあとの一九四〇年、ソビエトのある通訳者がベルリンで働くよう派遣された。ベルリンで彼は、まるで自分の国にいるように感じることが多いと気づいた。「同じように『指導者』を偶像崇拝し、大衆の集会とパレードもある……似たような仰々しい建築物があり、芸術で描かれる英雄崇拝は私たちの社会主義リアリズムによく似ている……大衆をイデオロギー的に洗脳している」。両体制ともキリスト教に敵対的だったが、自己を犠牲にして人々に尽くし、奇跡を行うことができるキリストのような人物として指導者を仕立て上げ、偶像をつくった。

ヒトラーとスターリンはともに、自らを個人崇拝させることを許し、それに頼った。ヒトラーの研究で著名な伝記作者イアン・カーショーが論じているように、ヒトラーには政治の世界以外には一切、現実の生活が存在しなかった。ヒトラーを敬愛する聴衆を前にして偉大な指導者――フューラー〔総統〕――の役割を演じることによって、ヒトラーは自分自身を振り返ることができ、その役割こそがヒトラーの本質となった。スターリンの側近モロトフは、時が経つにつれてスターリンはへつらわれることを喜ぶようになっていったと感じていたが、少なくとも権力掌握をした初めの頃は、自分が崇拝の中心にいることにひどく戸惑っていたように思える。スターリンは、マルクス主義が個人崇拝へと進むことを正当化できた。党は真理を独占しているがゆえに革命の前衛となるが、危機のときにはすべての糸が一点に――あるいは少数のまとまりの一点に――集中しなければならないのだから、と。

だが、ドイツやソ連の大衆がトップに立つ巧みな発信機に無力にも統治された、と考えるのは間違いである。どちらの国の個人崇拝も、世界を再び正しい方向に導く、強力で断固とした指導者を心から待望する気持ちを反映していた。ドイツとソ連の人々は、ヨーロッパの他の国のように、自分の社会も周りから崩壊し始めていると考えていた。第一次世界大戦、革命、国内に拡がる暴力的な闘争――ロシアの場合には全面的な内戦と経済社会の崩壊――によって、人々は目標を失っていた。君主から国家に至るまで、古くからある強固な制度が突然消滅し、どうしてよいかわからない不穏な新しい世界が残された。ドイツとソビエトの何百万もの人々は心理的に、強力で独裁的でさえある指導者を受け入れる用意があった。腐りきって何の効果もない解決策しかもち合わせていないこれまでのお定まりの指導者とは違い、ヒトラーとスターリンは安心感とインスピレーションを提示し、新しい世界の夜明けを約束した。彼らに従う人々は、子どもたちが両親を敬慕するように、彼らのことを無批判に崇めた。スターリンの側近の一人は、彼を「父」と呼んだ。バイエルンのベルヒテスガーデンにあるヒトラーの山荘にいる女性たちは、彼が踏みしめて歩いた砂を口にすることさえしたのだ。一九五三年にスターリンが死ぬと、ソ連中の人々が純粋に悲嘆に暮れ、涙した。

指導者には地位ではなく個性が重要だとするマックス・ウェーバーのカリスマ的支配の定義は、二人の権力を説明するうえで役に立つ。特にヒトラーはこのことを本能的に掌握しており、一九二〇年初めには次のように述べている。「われわれには天才的指導者が必要だ」と。ヒトラーの著作や演説に一貫するテーマは、社会が壊れたことによって自分のような「高い人格をもった人物」が権力を獲得する方法だった。ヒトラーは〝首相〟や〝大統領〟ではなく、〝フューラー〟と呼ばれることだけを望んでいた。首相や大統領では、その地位にある者の権力を限定してしまうからだ。ヒトラーもスターリンもテロを好きなだけ行ったが、決してテロにのみ頼ったのではなかった。彼らに進んで協力する者たちが大勢存在したのだ。カーショーは、ドイツにいるすべての者が「フューラーが望む方向に沿って協力する義務がある」と述べた党員のことを引き合いに出している。命令を待つだけではなく、それを予め自分で考えておかなければならないのだ。スターリンが乗り気でない農民に集団化を強制したとき、熱心な若い共産党員は、スターリンを喜ばせるためには殺人を含めて何でもやる覚悟で都市を出発し、農村に向かった。

ソビエトの集団化は経済的には何の意味もなく、むしろソビエトの農業にダメージを与え、それは今日まで回復していない。だが、スターリン及びスターリンと同じように考えた人々にとって、この政策は新しい社会を創造するためには、喫緊の問題だったのだ。マルクス理論が述べているとおりであり、マルクス理論は絶対的に正しいと揺るがなかった。［マルクス理論に立脚した］共産党がソ連を支配する以上、他の方法は根本的に認められなかった。新経済政策が限定的に資本主義を導入したことによって、一九二〇年代に経済の回復が見られ、商人と農民は恩恵を受けた。しかし、スターリン及びスターリンに従う人々にとっては呪いであり、社会主義へ移行の過程での後退であり、社会主義の達成を永遠に先送りする可能性があるものだった。さらに、世界革命の希望がなくなり、ソ連は一国で独自の社会主義を建設しなければならなくなっていた。そのために必要な、産業労働者階級という形態の社会主義建設にかかわる大きな集団はいまだ存在していなかった。だから、現実を理論と一致させるために、ソ連は産業化を進めなければならず、それには資本と労働力が必要だった。農村は穀物輸出及び土地からはがされた農民という形で、両方を供給することが可能だった。集団化が、障害となっている階級を取り除き社会をつくり直すことになるだけでなく、食糧生産も劇的に増加させる、とスターリンは考えていたように思われる。またスターリンは、敵対的な資本主義の世界が内部から、あるいは外部からソ連に侵入して、革命を打ち壊すのに力を貸し、革命を成し遂げられないのではないかという恐怖に駆られていた。集団化と産業化は、少なくともスターリンの心中では、多くの敵に対してソ連を強化するという今後の目的に役立つものだった。

一九二八年、共産党内の反対者を抑え込むと、スターリンは国家発展のための電撃的プランを発表した。第一次五ヵ年計画である。農民は意思にかかわらず土地の権利を放棄し、集団農場に入り工場労働者のような労働者となるか、都市に移住することになった。スターリンには農民――特に裕福なクラーク〔富農〕――に対して特殊な悪意が存在していた。おそらく、スターリン自身が農民出身だったからだろう。家畜から用具に至るまですべてが国家所有となり、農産物も国家のものになると保証した。スターリンはコストが上昇し続けても、自分が描いた未来を修正しようとしなかった。スターリンに敗れた反対者たちが〔仮に、彼の地位にあったら〕彼と同じことをしただろうか？　私たちにはわかりようもないが、彼らならやり方を緩めた可能性が高そうである。スターリンほどの強い意思をもっていた者はいなかった。レオン・トロツキー〔一八七九～一九四〇年。レーニンとともにロシア革命を指導〕は党から追放されるがままとなり、〔メキシコに〕亡命しなければならなかった。かつてレーニンの後継者とみなされたこともあったニコライ・ブハーリン〔一八八八～一九三八年〕は策略に敗れ、スターリンの権力掌握を黙認した。

一九二八年から一九三二年にかけて、スターリンは農村の革命を強行した。農民は二～三世代前の先祖が農奴から解放されてようやく得た土地を手放し、新たな集団農場に縛りつけられた。多くの人々が抵抗しようとしたが、手した武器は国のそれとは雲泥の差だった。多くの人々が集団農場に手渡すよりは、と考え、収穫物を焼き、家畜を殺した。全土で七千万頭いた家畜のうち、三千二百万頭が殺された。羊と山羊の三分の二、馬の約半分が死んだのだ。スターリンは都市部から党員と軍隊を派遣し、自らの意思を強制した。スターリンは農民に共感を抱きやすい地方党組織の下っ端の人々を粛清し、スターリンの未来のビジョンに動かされ、今は真の敵と戦っているのだという強い信念を抱いていた都市部の人々を新たに党に加えた。それぞれの地域では、選別の基準はクラークであるかないか（その違いは、牛を一頭飼っているかどうかというくらいの取るに足らないことだった）で決められた。クラークと宣告されるのは死刑判決に等しかった。男女を問わず、子どもも含めて五百万人ほどの人々が強制収容所に送られ、奴隷労働者となった。結果的に、国内においては八百万人の農民と敵国の捕虜が強制移住させられた。

農業生産は激減したが、スターリンは穀物及びその他の食糧の割り当ては満たされていると主張した。農産物は「輸出に不可欠のもの」だったのだ。一九三一年になると、国家は種用の穀物をも取り上げるようになり、翌年に蒔く種がなくなった。一九三二年までに、カザフスタンでは百万人を超える人々が餓死した。肥沃な黒土に恵まれ、いつもロシアに「パン」を供給していたウクライナは、同じくひどい打撃を受けた。村々は見捨てられ、死体は埋葬されないまま放置され、親を亡くした子どもたちが鉄道沿いで物乞いをした。人肉が食べられているという報告書が出回った。スターリンは、ウクライナに特に憎悪を抱いていたように思われる。ウクライナの〝面倒〟は、農民と組んで計画を頓挫させようとするウクライナ共産党の不忠の結果だと決めてかかっていた。スターリンは飢えたウクライナの農民が「泣きごとを言って」他の人々を困らせている、と憤慨した。ウクライナの農民は国境地帯を弱体化させることで、ソ連の敵国ポーランドに加担しようとしている、とスターリンは固く信じていた。したがって、スターリンにとって彼らは反逆者でもあったのだ（国内で事態を悪化させるようなことが起こると、それを外国勢力と国内の反革命分子に責任転嫁するスターリンの考え方は、生涯変わらなかった）。

一九三二年、スターリンはポーランドと不可侵条約を結び、隣国から攻撃されるかもしれないという恐怖から一時的にでも免れた。これによって手が空いたスターリンは、農民を服従させることができるようになった。政府は食糧すべてが国家の所有だと断言するようになった。畑で腐りかけたジャガイモを拾ったり、ごみの中から麦粒をかき集めようとした人々は銃殺された。

知られる限り、スターリンは自分の行為について一切疑問を持たなかったようだ。変化があるとすれば一九三二年秋、スターリンが心から愛していた二度目の妻が自殺してから、ますます他者に厳しくなり、内にこもるようになったことである。スターリンは飢餓の報告を「おとぎ話」として切り捨て、飢えている人々は革命を貶めようとしていると主張した。一九三四年〔の第十七回党大会で〕、スターリンは衝撃的な勝利宣言を行った。スターリンに忠実な腹心の部下の一人は、スターリンが「史上最大の革命」をもたらした、と述べている。

農業集団化を貫徹すると、スターリンは依然としていくらかの自治を有していた機関に関心を向けるようになった。共産党そのもの、軍部、国家警察、ＮＫＶＤ〔内務人員委員部。ＫＧＢの前身〕。スターリンは、当時のレニングラード——現在のサンクトペテルブルク——で人気のあった党の指導者〔キーロフ〕が殺害された事件を利用して、国家の中枢部にいながら反逆及びサボタージュを行っているとして、何万、いや、おそらく何百万という人々に対する粛清を開始した。スターリンはＮＫＶＤの長を小柄で忠実な殺人者ニコライ・エジョフ〔一八九五～一九四〇年〕に代えて、膨大な数の公務員と一般市民を逮捕する一連の「調査」を実施した。一九三六年には、レーニンの信頼が厚かった中心的な共産党員の部下及び革命で重要な役割を果たした人々は、ばかげた意味のない訴追を受け、一連の公開裁判にかけられた。彼らは常に反逆者であり、スターリン殺害の陰謀をたくらんだと言われた。一九三七年になると告発の内容はますます現実離れしたものとなり、その範囲も拡大した。エジョフは、国家機関とソ連中に大きな広がりをもって企まれた陰謀を発見したと主張した。そのたくらみとは、資本主義を復活することであり、すでに、まじめに記録されていることだが、賞を取った羊の去勢を含む大規模なサボタージュが行われていると、いうのだ。

スターリンは革命が国内外から脅かされていると純粋に信じていたように思われる。というのは、イデオロギー上の立場から、スターリンは階級闘争は不可避で継続するという見方を完全に受け入れ、歴史の法則により資本主義と資本主義諸国は必然的に社会主義を破壊しようとするはずだ、と信じていたからである。スターリンは共産党中央委員会〔ソ連共産党の最高意思決定機関〕の演説で問いかけている。「資本主義に包囲されている限り、われわれは外国の諜報員によって国内に送り込まれた破壊工作を行う者、スパイ、裏切りを呼びかける者、殺人者を抱えるのはわかりきっているのではないか?」。だから、エジョフの積極的な支援のもと、スターリンは「反革命分子を物理的に直接抹殺する」政策を発表した。ボリシェヴィキ革命〔一九一七年の十月革命〕の二十年記念を祝う乾杯で、スターリンは述べている。「われわれは行動や指導で――そうだ、まさに思想で!――社会主義国家の統一を脅かすものは誰でも、容赦なく破壊する。すべての敵と、その一味すべてを完全に破壊するのだ!」。

そのあとに続いた粛清は、エリートであろうが一般の市民であろうが、容赦なかった。中央委員会とその候補者百三十九人のうち九十八人が銃殺され、特定の階級あるいは民族集団に所属する反ソ分子だと密告された何十万というソビエト市民も殺された。ポーランド人、ウクライナ人、クラーク、クラークの子どもたち、宗教を信じる人々――こうした人々はすべて、「階級の敵」となった。結果的には、エジョフ自身も敵とされた。地方のＮＫＶＤ事務所には、逮捕・処刑人数の割り当てまで指示されていたと言われている。数が足りなければサボタージュの嫌疑がかけられ、その代価を支払うことになった。ソビエトの市民は隣人によって、あるいは、いたるところに存在する犯罪情報を提供する者たちによって、スターリンにかかわる冗談話をした――あるいは冗談話をした者を報告し損ねた――として密告された。一九三八年の一年だけで、熱狂的に仕事をするＮＫＶＤは三十八万六千人を処刑した。

軍隊の主導力も壊滅した。防衛担当のミハイル・トゥハチェフスキー元帥〔一八九三～一九三七年〕〝赤いナポレオン〟と呼ばれた〕は当時、軍の頭脳を代表する人物だったが、ヒトラー率いるドイツと手を組み、母国に陰謀を企てた、との訴追を受けた。トゥハチェフスキーは一九三七年、他のトップの将軍たちとともに銃殺された。続いて行われた粛清で、三万四千人の将校が逮捕され、そのうち三分の二が死亡したが、そのなかには元帥が三人、将軍が十六人、海軍大将が十五人、大佐が二百六十四人含まれていた。一九三八年、スターリンは新しく国防人民委員〔国防相〕になった人物に、次のように述べている。「クリム〔クリメント・ヴォロシーロフ、一八八一～一九六九年〕、君のところには師団の指揮を執ることができる副官が何人か残っているか？」。第二次世界大戦でソ連を代表する将軍となった元帥ゲオルギー・ジューコフ〔一八九六～一九七四年〕は後に、スターリンについてこう述べている。「彼は陸軍のトップ集団全体を徹底的に破壊した。われわれは軍のトップ集団が不在のなか、戦争に突入した。誰もいなかったのだ」。

スターリンは国内の農業を破壊し、技術力・生産力のある人々の多くを殺害し、あるいは投獄した。

一方で、ソ連の敵は力をつけた。日本では断固として共産主義に反対した軍国主義者が権力を握り、一九三九年には極東でソ連と日本の間に短い、宣戦布告のない戦争〔ノモンハン事件〕が行われた。相互不可侵を約束してこの戦争は終わったが、スターリンはこの約束が永遠に続くという確信を持てなかった。西では、ドイツがめまぐるしい勢いで軍備を進め、隣国を支配しようと動き始めていた。共産主義はユダヤ人の陰謀であるとヒトラーは信じ、それを公言していた。一九三九年八月にドイツとソ連は不可侵条約を調印したが、これも永続するかどうか疑わしかった。スターリンの次の、最後のともいえる愚行は、ヒトラーを信頼したことだ。ドイツが一九四一年夏に攻撃する計画があるという、いくつもの前兆を信じようとしなかった。スターリン体制は崩壊しそうになったが、その原因の多くはスターリンが、自らが信じる革命を継続するために、一九三〇年代に頑迷に、断固たる決定を下したことにあるとも言える。

スターリンを抜きにしてソ連の歴史を考えることができないように、ヒトラーからナチ体制の施策を切り分けて考えることは不可能である。それぞれが体制を自分の思うように完璧に組織し、主導できたことで、彼らの願望と思想を国の指針とした。共産党内の同僚はあまりにも長く、スターリンを過小評価していた。同様に、一九三三年にヒトラーを首相にした保守派の人々は、彼が、たとえ自らが破滅するとしても、権力を無限に行使しようという人物であることを理解できなかった。一九四〇年にヒトラーに会ったことのある人物は、こう表現している。「自殺する可能性がある人物だ。自分の『エゴ』以外には何の縛りももっていない……自分以外にはなにものも、誰一人愛するものを持たない特異な立場にある……だから、自分の権力をうまく温存し、巨大化できる……それがあるからこそ、彼は死に急がないのだ」。

　いったん権力を握ったあとのヒトラーの行動は早かった。反対者を抹殺し、ドイツ国家とドイツ社会を支配下に置いた。就任から一ヵ月後、ヒトラーは国会議事堂放火事件を利用して、憲法に拘束されない全権委任法を勝ち取った。ヒトラーとナチスは素早く、容赦なく行動して、他の諸政党、労働組合など、彼らの前に立ちはだかる可能性のあるあらゆる機関を破壊した。一九三四年、「長いナイフの夜」に、ヒトラーは秘密警察であるゲシュタポと自分に忠実な親衛隊（SS）を、主だった反ナチスと、頭に血を上らせたリーダーが独立しようという姿勢を見せていたナチス内の準軍事組織である突撃隊に差し向けた。何百という人々が死に、何千もの人々が逮捕された。最後には、一九三八年に二つの偶然のスキャンダルを利用し、陸軍の元帥〔ブロンベルク〕と総司令官〔フリッチェ〕の二人を取り除いた。スキャンダルの一つは、国防相が疑わしい過去のある、ひどく年の離れた若い女性と結婚したことだ。数日のうちに、ベルリンの売春婦たちが、仲間がうまいことをやったわね――本当のことなのだが――と噂し始めた。もう一つは、軍の司令官がホモセクシャルだという――この場合は偽りなのだが――噂も広がった。こうなると、二人とも降格させなければならない。ヒトラーは突撃隊を自分の管理下に置くと発表した。続いて行われた改造人事で、隊の指導者の多くが失脚した。ヒトラーを簡単に操れる成り上がり者と見ていた軍部は沈黙した。軍部はヒトラーの向こう見ずな外交政策を不安に思い続けた――ヒトラーを取り除こうと思うことも何度かあった――が、結局彼らはヒトラーに従い、大きな犯罪の道を突き進んだ。ドイツの究極のカタストロフィーまで、ともに歩み続けることになったのだ。

　社会の歴史は階級闘争の歴史であるとスターリンが受け止めていたように、ヒトラーはそれを、人種の闘争と捉えていた。スターリンは、資本家は社会主義に対し陰謀を企てるという世界観をもっていた。ヒトラーは劣等人種、特にユダヤ人がドイツ民族を破壊しようと努めていると考えていた。ヒトラーの見方はスターリンのように恐ろしいほど単純で、ありとあらゆることをユダヤ人の責任にして説明し、正当化した。一九二〇年の演説で、こう述べている。「ユダヤの衝撃は決して消えることがなく、不用意に現れるユダヤ人をわれわれのいる場所から取り除かない限り、ユダヤの害毒は終わらない」。ヒトラーは絶対に考えを変えなかった。ヒトラーのもう一つの重要な着想とその到達点、すなわち、ドイツ民族のなかにいる弱者――身体的、精神的に障がいのある人々を取り除く必要がある、ということは、同じく早い時期から示されていた。ヒトラーにとって喫緊の課題は、ドイツ民族が永遠に優秀であり続けることを保証することだった。そのためには、適切な時期に、ポーランド人やウクライナ人、ロシア人といった〝価値のない〟民族から取り上げた土地を、ドイツ人にふさわしい生活の場――レーベンスラウム〔生存圏〕――として与える必要があった。第二次世界大戦によって、すべてが可能となった。ヨーロッパのユダヤ人をすべて殺す「最終解決」が、他国を征服することで可能になった。東方に最終形態である強制収容所を立ち上げたのだ。戦争によって負傷した人々を含む市民に対し、ドイツ国家として安楽死を用いるチャンスも生まれた。ポーランドとソ連の征服地から土着の住民を一掃することによって、ドイツ人の入植者に道を開くことも可能になった。

ヒトラーにとって戦争は、ドイツ民族が用いる道具に過ぎず、生存競争の最も高貴な表現だった。第一次世界大戦でヒトラーはドイツのために喜び勇んで戦ったが、ドイツの敗北とヴェルサイユ条約の調印で戦争が終わると、苦い屈辱を味わった。ヒトラーは権力を獲得した瞬間から、大規模な再軍備計画とヴェルサイユ条約による軛だと考えられるものを打開することを最優先した。そこで、条約の条項に公然と背いて空軍を創設し、徴兵制を導入してドイツ軍の規模を著しく拡大した。一九三六年、ヒトラーはヴェルサイユ条約のもとで非軍事化されていたラインラントに軍隊を進めた。国内で支持が広まる一方、他国は何の行動も起こさなかった。この時点で、ヒトラーは自分に対する個人崇拝を強く信じ込むようになった、とイアン・カーショーは示している。ミュンヘンで行った演説でヒトラーはこう述べている。「私は天が示してくれた道を、自信をもって目を閉じたまま歩むだけだ」。傲慢がヒトラーを捉えていた。

成功も続いた。一九三八年三月、ヒトラーはオーストリアをドイツに併合した。またしてもドイツ人は歓喜し、世界はなにもしなかった。同年夏には、ヒトラーの関心は隣国チェコスロヴァキアに向かい、ドイツ人が多数を占めるズデーテンラント（ズデーテン地方）を割譲するよう要求した。チェコ人はイギリスとフランスに支援を求めた。ヒトラーには、将軍たちにその気がなくとも戦争をする覚悟があったが、その年の九月にミュンヘンでイギリスとフランスがチェコ政府を抑えて、ズデーテンラントを割譲させた。無血で勝利を手にしたものの、戦争の機会が奪われたことにヒトラーは激怒し、以後、ミュンヘン協定を最大の失敗だと考えるようになった。ヒトラーが残念に思ったのは、ドイツ人が好戦的な精神と情熱を示さなかったことだった。ドイツのメディア関係者を前にした集会でヒトラーは、ドイツ民族に心の準備をさせて「人々の内なる声がゆっくり武力の行使を求めるように」する必要がある、と述べた。

この段階になると、ヒトラーの計画はかなり準備が整っていた。ヒトラーはこれから続く一連の戦争を予見し、それぞれ次の戦争のためのステップを用意した。ヒトラーはイギリス、フランスと戦争を始め、次にソ連に侵攻し、その後、ドイツの世界支配に対する最大の地政学的脅威だと考えていたアメリカ合衆国に駒を進め、最終的には残った世界に打って出るつもりだった。ヒトラーはそれぞれの勝利がもたらす利益を考えつくしていた。ヨーロッパでは、ドイツはドイツ民族に支配された領土――アルザスとロレーヌ、ベルギーとオランダ、そしておそらくは、フランス北部とスカンジナビア諸国――を併合する。南ヨーロッパ諸国はドイツ、もしくは同盟国イタリアの衛星国となる。東部では、ウラル山脈がドイツ帝国ともう一つの同盟国である大日本帝国の間の境界線となる。しばらくの間、大日本帝国がアジアを支配する。アフリカは三つの部分に分割する。イタリアが北部を支配し、ドイツがサブ・サハラ〔アフリカのサハラ砂漠より南の地域〕の多くを支配する。友好的な南アフリカが南部を管理する。アメリカ合衆国が敗れたあとのさらに遠い未来のことは、ヒトラーは詳細について明確に捉えていなかった。だが、ヒトラーは、ドイツ民族は結果的に日本と戦わなければならなくなると予想していた。

東部に新たに獲得した土地はドイツ人のものとなり、農場を経営する。これまでいた住民は殺されるか、追放される。彼らは安価な労働者、あるいは奴隷となって、労働力として使用される可能性もあるが、その場合には不妊の手術を受ける。一九三九年十月、第二次世界大戦勃発の直後、ヒトラーはヒムラーをドイツ民族強化担当国家総督に任命し、これらの計画を実行に移した。

当初、戦争そのものはヒトラーが望んだように展開した。夏の終わりに、ヒトラーとスターリンはドイツとソ連の間にある国々を分け合う秘密条項を含む不可侵条約を結んだ。ソ連をうまく中立国とし、ヒトラーは九月初め迅速にポーランドに侵攻した。イギリスとフランスはドイツに宣戦したが、ポーランドがまずドイツに、それからソ連に蹂躙されるのを見ているしかなかった。ポーランドで素早く勝利を得たことによってヒトラーは、自分は将軍たちよりはるかにものがわかっているという見方が――固める必要があったのかどうかは別にして――固まった。その十一月、約二百人の高級将校を前にした演説でヒトラーはこう述べている。「どれだけ控えめに言ったところで、私に代わる者はいない。軍人も文民もそうだ……私は攻撃する、降伏はしない。帝国の運命は私にのみかかっている」。

翌春、ヒトラーはフランス侵攻命令を出し、六週間後にフランスは降伏した。チャーチル率いるイギリスは講和を拒否したので、ヒトラーは中途半端な命令を出して侵攻を準備した。空軍総司令官ヘルマン・ゲーリングが前振りとして、あるいは服従させるためイギリスを爆撃するよう提案すると、ヒトラーは積極的に受け入れた。ヒトラーの関心はすでに、次の大敵ソ連に向かい始めていた。いずれにしても、ヒトラーはイギリスへの空爆は海上からの侵攻より容易だと考えていた。将軍たちは二正面戦争を行うことに異議を唱えたが、ヒトラーは反対を一蹴した。ソ連が負ければイギリスは降伏するしかなくなる。ヒトラーは、フランクリン・デラーノ・ルーズベルト大統領がイギリスを支援する方向へと徐々にアメリカ合衆国を向かわせていること、イギリスには講和を望む兆しがまったくないことが明らかなのに、それを無視した。

一九四一年六月二十二日、ヒトラーはソ連に侵攻した。ドイツ軍は準備が不十分のソ連軍を一掃し、何千キロも東方に前進したが、雪が降る前にレニングラード及びモスクワを含む目的地には到達しなかった。ドイツの将軍の何人かがベルリンの書店に手紙を送り、フランス軍がロシアで苦しんだ一八一二年以後のナポレオンの将軍たちの回想録を取り寄せようとしたと言われている。ソ連軍は後退しながらも一つにまとまって粘り強く戦い、パルチザンがどこまでも長く伸びたドイツの物資補給ラインを攻撃した。当時ははっきりしていなかったが、ソ連侵入はヒトラー没落の道を固めたのだ。

この年の十二月、同盟国の日本が真珠湾でアメリカ合衆国を攻撃したとき、ヒトラーは第二の間違いを犯した。これによって大きなマンパワーと資源をもつアメリカ合衆国がアジアでの戦争に突入したのだ。だが、アメリカ合衆国はヨーロッパ戦線には軍事的に関っていなかったし、ヒトラーが歓喜の声を上げてアメリカ合衆国に宣戦しなければ、ヨーロッパ戦線に関与しなかった可能性もある。

一九四三年後半になると、ヒトラーは思い描いていた大勝利をドイツが得られないかもしれないと認識するようになっていた。だが少なくとも、今がその時ではなかった。それゆえ、ヒトラーはソ連あるいはアメリカ合衆国及びイギリスと、個別に講和を結ぶ期待を抱いた。そうすれば、一つの敵とだけ戦う余地があった。一九四五年春、連合国軍が東西からベルリンに迫ってきても、ヒトラーは奇跡が起こることを望み続けた。ヒトラーは連合国の進行の速度を緩めるために、残っていたドイツの経済、社会生活のインフラすべてを破壊する命令を発した。それはドイツ国民にとって恐ろしいほど有害だとシュペーアが指摘すると、戦争に負ければいずれにせよ国民は路頭に迷うのだし、生き長らえる必要などない、とヒトラーは述べた。一九四五年四月、ドイツの全面的な敗北という現実に対峙したヒトラーはようやく、地下室に向かった。そして四月三十日、ヒトラーは自殺した。最後の遺言で、この戦争は「国民の存在の意思を最も雄々しく輝かしく宣言したもの」として記憶されるだろう、とヒトラーは述べている。

本章で考察した四人のリーダー――ウィルソン、サッチャー、ヒトラー、スターリン――は、時代から大きなチャンスを与えられ、強力な推進力とチャンスを掴もうとする強い信念を秘めていた。成功によって信念は揺るぎないものとなり、そこから片意地になって突き進んだ。古代ギリシャ人は、未来が劇的に逆転することで傲慢は罰を受けると信じていた。ウィルソンとサッチャーは政治的敗北という屈辱で罰を受けた。ヒトラーは世界を支配する夢がかなわないことがわかり自殺した。四人のなかではただ一人、スターリンは生きている間に傲慢の代価を払うことがなかった。だが、スターリンに後世というものがあったとしたら、彼は世界中の共産主義の崩壊、ソ連の終焉、東欧における帝国の解体とともに、自分が尽くしたすべてが終わっていくのを目にしたことだろう。

第三章　勇気

チャーチル、マロリー、マーシャル、リブッサ

一七八三年十二月一日、フランスの有力貴族四人が、パリの中心に位置するチュイルリー公園で行われたガス気球飛行のエスコートをした。気球は大きく、赤と黄色の派手な縞模様が施されていた。五十万人近い観衆が集まり、アレクサンドル・シャルル（ジャック・シャルル）博士〔一七四六～一八二三年〕とアシスタントのニコラ＝ルイ・ロベール〔一七六〇～一八二〇年〕が錘、毛皮のコート、それに軽食としてコールドチキンとシャンペンを積み込んで柳の駕籠に乗り込むのをじっと見つめていた。彼らはこの気球を見るために観覧料を払っていた。ロープが切られ、気球が空に舞い上がった。「気球は何の役に立つの？」――観衆のなかにいた誰かが、同じく観衆の一人のベンジャミン・フランクリン〔一七〇六～一七九〇年。アメリカの政治家、気象学者〕に尋ねた。「生まれたばかりの赤ん坊が何の役に立つかはわからないさ」。フランクリンはそう答えた。

その半年前、〔フランスの〕モンゴルフィエ兄弟が係留した熱気球で〔有人飛行の〕実験を行っていたが、今回は、より効果的な水素ガスを使った初めての有人飛行だった。気球は北西に向かって飛行し、パリからおよそ四十キロ離れたところに着陸した。ロベールが降りて荷を軽くし、再び飛行したシャル

ルは、高度約三千メートルに達したところで、その日二度目の日没を眺めることができた。耳が痛くなり始めたので気球を操作し、着陸することにした。シャルルは後にこう述べている。「離陸した瞬間に全身で高揚感を感じた。これに匹敵するものはないだろうと思いました。大地から離れ、困難や迫害などすべて消え失せてしまったように感じたのです。うれしかっただけではありません。全身で恍惚感といったものを感じました……ロベールにこう叫びました。『地球とはおさらばだ。これからは空中で生きるのだ！』」。

次の十年、有人飛行する気球が何十回もヨーロッパと北米の空を行き来した。一七八五年には、初めてイギリス海峡横断に成功した（別の試みでは最初の死者が出た）。四年後、ジャンヌ＝ジュヌヴィエーヴ・ガルヌランが、女性として初めて気球からパラシュートで降下した。二十年後、王政復古下のフランスで、ソフィー・ブランシャール（一七七八〜一八一九年）が職業気球飛行士となった。ナポレオンお気に入りの小柄で恐れ知らずのソフィーは、羽飾りのついたおしゃれな帽子とタイトな白い衣装を身にまとってアクロバットを演じ、そこから花火を放つ単独飛行を何度も行った。ソフィーは一八一九年、目が眩むような気球ショーをしているときに積み込んだ花火が気嚢の水素に引火し、墜落して亡くなった。気球飛行士の危険は今日でもなくなってはいない。

勇気は時に命を脅かすこともあるが、賭ける価値は大きい。一九四〇年、ウィンストン・チャーチルはイギリス国民の存亡がかかっているときにイギリスの指導者となった。五月十日、チャーチルはバッキンガム宮殿で首相としての誓いを立てたあと、自動車に乗って帰るとき、ボディーガードにこう述べている。「遅きに失していなければよいが。それが怖い。全力を尽くすだけだ」。実際、状況は厳しかった。ドイツ軍がフランス中を席巻し、連合国軍の間に楔を打ち込んでいた。ベルギー軍は崩壊し、フランスが戦う意欲を失いつつあった。英仏軍の一部が崩れ落ちるように海岸の港ダンケルク〔フランス本土の最北端〕に押し寄せた。五月二十日には、イギリス軍三十万人余りが港に集まり、撤退する計画を立て始めていた。彼らを救出できるかどうかわからなかった。国内では、イギリスが講和の条件について ヒトラーへ働きかけるかどうかをめぐって内閣が対立していた。チャーチル自身は、弱い立場で交渉しても得るものはなにもない、という立場だった。「戦い続ければ、敗れたとしても今以上に悪い条件になることはない」。

チャーチルは今日の私たちと同じようにヒトラーのことを理解していた。そして正しい選択をし、戦い続けた。新しい首相として知り得ないにしても、彼は、ヒトラーが完全にイギリスを打倒し従属させる決意をもっている、ということは想像できた。だが、閣内では二日間、決定が揺れ動いた。チャーチルの前任者ネヴィル・チェンバレンと外相のハリファックス卿〔一八八一～一九五九年〕はイタリアを介してドイツと交渉することに賛成していた。チャーチルはチェンバレンをうまく自分の側に取り込み、ハリファックスを孤立させた。五月二十八日、チャーチルは内閣に告げた。「前に進もう。どこでも戦い続けるのだ。長話を終わりにするなら、屈服して終わりにするのではなく、なにも考えずに前進して終えた方がよい」。チャーチルは自分もイギリスも生き永らえることができるのかどうか、自信がなかった。側近の一人に述べたように、チャーチルは自分が三ヵ月後に死んだとしても驚かなかっただろう。だが、その後の経歴が示しているように、チャーチルは強敵を相手にしたときに最も本領を発揮できる人物だったのだ。

ここでしばらくの間、歴史が別の展開になっていた場合のことを想像してみよう。イギリスがドイツと講和したとしたら、ヒトラーのヨーロッパ支配は圧倒的に現実味を帯びていただろう。そして、おそらくそれに満足せず、ヒトラーの長期計画にあったように、ドイツはソ連を攻撃していたかもしれない。さらに、ドイツを爆撃するイギリス空軍もないとすれば、イギリスがソ連軍に物資を供給することもなく、結果的にヨーロッパには連合国が存在せず、極東でアメリカ合衆国がひとり、枢軸国と対決していたことだろう。さらには、一九四四年にヨーロッパに入るときに拠点となる独立国としてのイギリスも存在しなかっただろう。私たちの世界はまったく違ったものになっていたにちがいない。

ある人に他の人とは違う勇気を与えるものとは何か？　なぜ、空に向かって——あるいは宇宙に向かって飛び出し、山に登り、あるいは地中の暗い裂け目の中を突き進むのか。過激なスポーツに命をかけるのか。勇気は、特殊な職業に限るものではない。アレグザンダー・グラハム・ベル〔一八四七～一九二二年。電話の発明で知られる〕やマリー・キュリー〔一八六七～一九三四年。物理学者、科学者〕といったように、自分の仕事に自らの未来と幸せを賭けた数多くの発明者と科学者、特別な投資にすべてを賭ける企業家の例が歴史には数多く存在する。研究者たちは、人間の遺伝子構成を発見すると、それが幸福に向かうのか暴力に向かうのか——あるいは危険を冒すことになるのか——にかかわらず、ある特徴をもった遺伝子を拾い出すことが可能だ。だが、科学者はますます、環境こそが、ある種の遺伝子の遺伝子眠っていた特徴を形成するうえで重要な役割を果たす、とも論じるようになっている。一卵性双生児の研究を専門にするロンドン大学キングズカレッジのティム・スペクター教授は、性格形成のうえで果たす役割は、遺伝子より環境の方が大きい可能性があると信じている。今日では、科学の審判はもう明確なのだ。

あえて危険を冒そうとする人々の特徴を拾い集めると、共通点は好奇心――たとえば地平線の彼方に存在するものについて――と、それを発見しようとする強い決意である。粘り強さもそれに加えることができる。地図のない大洋に、世界の果てで転落してしまうかしれないのに〔地球平面説が当時信じられていた〕、ヨーロッパから初めて大洋の冒険に出発した人々のことを考えてみるとよい。今となっては考えられないような小さく脆い帆船に乗り、嵐や略奪や疾病に遭遇し、ようやくたどり着いた陸地に敵が待ち受けていることもたびたびあった。彼らのあとに、探検家が徒歩や船でアメリカやアフリカを縦横に行き来し、深い森と格闘し、広大な平地を横断し、流れの速い川を渡り、高いところにある山道を越えた。

一九二〇年代にヨーロッパからやって来たエベレスト探検隊は、アプローチから構造に至るまでまったく謎といってよい山に向かった。最初の二つの探検は、当然ながらまったく未知のチベットを経由する踏査だった。険しい谷と平原がある、高い山道を進んだのだ。装備から食料にいたるすべてを馬かロバで運んだ。高度が上がり、馬もロバも使えなくなると、地元のポーターや探検隊員が荷物を担いだ。探検隊は最後まで、何ヵ月も必死にもがいた。足の皮が剥け、息が続かなくなり、熱や下痢に悩まされながら、エベレストへのルートを探そうとした。若いカナダ人の測量技師オリバー・ウィーラーが、頂上の下にあるノース・コルに至る道を発見し、ようやく登頂を達成したのだ。カナディアンロッキーで若い頃から登山技術を鍛えていたウィーラーは、探検隊から離れて行動した。時間をかけてエベレストの周囲三キロ平方の地図をつくり、自分の観察点を確保するため次々に頂点に登り、地図作成用の写真を撮影した。ウィーラーとポーターたちは全員、重い荷物を背負って移動し、吠えるような風、雨、ひょう、雪に曝され、落石がテントの周りに落ちるなか、高度三千メートル以上のところでキャンプした。他の探検隊員の多くはイギリス人で、終わったばかりの第一次世界大戦で生き残った人々だった。戦前の世代で最高の登山家だったジョージ・マロリー〔一八八六〜一九二四年〕は、妻と子どもを残して参加していた。マロリーは一九二四年五月二十四日、愛する妻ルースに宛てて、エベレストのテントから最後の手紙を書いている。「蝋燭が燃え尽きそうです。もう書けません。できるだけのことをしました——この手紙が届く前に、良い知らせが君のもとにすぐにも届き、心配が杞憂となってほしいと思います。成功する可能性は五十分の一なのですが、これからやります。誇りに思っています」。六月九日、マロリーと相棒の若者サンディー・アーヴィン〔一九〇二〜一九二四年〕の姿が最後に下から見えた。頂上まで直線距離で約二百五十メートル、そこから頂上に向かっているようだった。登頂できたのかどうかはわからない。ミイラ化したマロリーの遺体は、一九九九年に発見された。

なぜエベレストに登りたいのか——マロリーはそう質問されたことがある。そのときマロリーはシンプルに、「そこにエベレストがあるから」と答えた。科学者にとって、挑戦かどうかは別問題だが、解決を見つけたいという好奇心と動機は同じである。バリー・マーシャル博士〔一九五一年〜〕はオーストラリア西海岸パースの、地味で無名の内科専門医だったが、一九八〇年代に胃潰瘍と大半の胃癌の原因は細菌〔ヘリコバクター・ピロリ菌〕だと確信していた。当時の医学界では、それらの原因はストレスやアルコールもしくは刺激物の過剰摂取が原因とみられていた。一般的な処方は、何十年間も患者は安静にし、制酸剤を飲み、刺激物の少ない食事をし、牛乳をたくさん飲むことだった。他には、抗うつ剤を使用したり、胃の一部を除去するなどさまざまあった。マーシャルが正しければ、制酸剤は潰瘍には有効でマーシャルの仮説を補強する証拠があった。しかし、制酸剤と抗うつ剤で儲けていた製薬会社と同様に、医学界も懐疑的な姿勢を変えなかった。マーシャルの研究は冷笑され、支援を得られなかったうえ、倫理的な理由から、健康な患者にマーシャルの理論を試すことはできなかった。そこでマーシャルは、自分の体で実験したのだ。

マーシャルは潰瘍にかかった患者の胃から採った細菌を培養し、飲み込んだ。胃が少しばかりごろごろした感覚を覚えている。五日後、マーシャルは定期的に吐くようになり、体力は消耗し、食欲がなくなった。さらにその五日後、マーシャルは胃の生体検査をした。すると、疑わしい細菌がいたるところに存在し、胃癌の原因となるものが生じていた。そのために、胃の炎症に苦しめられたことがわかった。このとき初めて、マーシャルは妻に自分の実験を告白した。妻は当然ながら怒ったが、あと二日間は制酸剤を飲まないでいてもかまわないという説明に納得した。制酸剤を飲み始めるとすぐに、マーシャルは回復に向かった。二〇〇五年、マーシャルの理論は広く受け入れられ、ノーベル医学賞を受賞した。マーシャルには、インフルエンザウィルスの研究もしてほしいものである。

危険を顧みない人々は楽観主義者であることが多い。今度つくった飛行機は間違いなく飛び立てるか、立ち上げた会社は必ず儲かると思い込む。香港のイギリス人ジャーナリストが地元民に、勝つ見込みがこんなに薄いのになぜカジノに通うのかと尋ねたことがある。男はにべもなく答えた。ギャンブルはフィフティーフィフティーだ、勝つか負けるかどちらかだから、と。危険に挑もうとする気持ちには年齢も関わってくる。若い人は、自分たちの命は永遠だと考える。あるいは、少なくともチャンスは再び訪れると考える。年を取ると、そんなことはありえないと思うのだ。私自身、十代だった頃は、思い切っていろいろなことができた。今となっては、愛情のためでもお金のためでも、思い切ったことができない。何か良くないことが起こるかもしれない、ということを知りすぎてしまったのだ。

だが、危険に挑む人々が、出会うかもしれない危険に無頓着だったというわけではない。むしろ、多くの人々は、失敗し、トラブルに遭遇し、自分だけでなく家族や社会にまで災いをもたらす可能性を理解し、受け入れようとしているものだ。それでも、挑戦しその結果成功したときには、危険を冒す価値があったと思う。失敗するかもしれない、いや、命を失うかもしれないとわかっているからこそ、危険には醍醐味がある。私は平和維持活動（ＰＫＯ）について、あるカナダの将軍にインタビューしたことがある。理解力があり思慮深い人物だったが、私が今最も覚えているのは、テープレコーダーを止めたときに彼が述べた言葉だった。兵隊たちは大っぴらには認めていないが、この職業の魅力の一つは殺されるかもしれないぎりぎりのところにいるということだ、と言ったのだ。オートバイを飛ばして走ったり、バンジージャンプをしたりするようなときに感じる気持ちだ、と述べたのである。

イギリス放送協会の会長を長く務めたリース卿は、第一次世界大戦で西部戦線にいたときのことを次のように率直に話している。リースは〝輸送部隊〟にいたというが、実際はその言葉の響きほど穏やかなものではなく、道路沿いに機関銃と大砲が待ち構えているなか、物資を積んで戦線まで車で運ぶことが任務だった。それにもかかわらず、気持ちは高揚していたという。「いつなんどき、決定的なことが起こって、歩くことができなくなるかもしれないと覚悟したうえで、カブ畑を歩いて行くのはおもしろい」とリースは述べている。重傷を負いイギリスに戻ったが、リースは戦線に戻りたくてうずうずしていた。「最悪の気持ちです」とリースは家に手紙を書いている。「うまくやっていたし、仕事を含めすべてがおもしろいと思っていました」と付け加えている（リースの回想録は一九六〇年まで発表されなかった。おそらくジークフリート・サスーンやウィルフレッド・オーエンといった反戦文学の詩人の人気が高まっていたからだと思われる）。

理由が何であれ、わざわざ危険を求める人々もいる。自らに危険を課し、なぜこんなことができるのかと驚く人もいる。リブッサ・フリッツ＝クラカウは当時、ドイツ東部ポメラニア（第二次世界大戦を経て、現在はポーランド領である）の地主階級の出身だった。彼女は一九四四年の夏に結婚した。それは一族の領地でとり行われた、最後のユンカー流の結婚式で、ノルマンディーに上陸した連合国がドイツに迫り、東部からはソ連軍が前進しつつあるときだった。フリッツ＝クラカウ家のような旧家の男子はプロイセン軍に従軍するのが常で、男らしいことと軍の価値観——躾、秩序、目上の人と国家に対する従順、自分を進んで犠牲にする精神——を大切にしていた。しかし現実を前にして、こんな価値観はほとんど役に立たなかった。

回想録『女性たちのとき *Hour of the Women*』で、リブッサはいかにしてロシアの占領軍兵士の扱い方を学んだかを描写している。将校に賄賂を贈り、役に立ちそうなものを探してゴミをあさり、食料を盗んだ。リブッサと母親は、自分の世界が崩壊し挫けてしまった義父に代わって、生まれたばかりの娘を含む家族の責任を負うことになった。彼女が属した社会では男性は勇敢で、戦闘では誇りをもって死ぬ覚悟があった、と皮肉を込めるでもなく述べている。「飢えないために頭を下げ、つまらないものを拾うために、四つん這いになる必要があった——名誉や義務を考える余地などなかった——。男たちにはそれができなかった。こんな仕事を、男たちは私たちに残したのだ」。連合国が占領するドイツを彷徨するむなしい旅をするなかで、彼女は赤ん坊と母親を含む小さな女性の一団を西の世界に、なんとか安全に連れて行こうとした。そんなとき、愛する義父がロシアが占領する地域の収容所にいることがわかった。リブッサは境界を越えて東に向かう最後の旅を決断した。彼女は収容所を偵察した。フェンスが木製の板で、ロシアの警備隊からは見えない場所があるのを見つけた。彼女は板の割れ目から、通り過ぎる囚人を小さな声で呼び止めた。そして、暗くなったらここに来て、自分に会ってほしいと義父に伝えてくれるよう頼んだ。なんとか工夫して、彼女は棒を梃《てこ》のように使ってフェンスのなかにもぐり込み、義父と再会を果たした。しかし、義父は逃げるのを断った——あまりにも難しいし危険だから、娘の人生を危険に晒したくない、と。困惑したリブッサが、義父《とう》さんの力がないと、どうしてよいか、どこへ行ったらよいかわからないと叫ぶと、義父は逃げることに同意した。

名誉のために、あるいは、別の方法を見つけようと思わないしそんな方法はそもそも存在しないと思っているから、危険を冒すこともある。第一次世界大戦以前にヨーロッパの陸軍で指揮をとった将軍の多くは、技術の進歩によって十分に準備が整っている部隊を攻撃するのはますます難しく、コストがかかるようになっていることを重々承知していた。世界中で起こった戦争——アメリカの南北戦争や、年代の近いところでは一九〇四年から五年にかけての日露戦争——は、一九一二年から一三年にかけて起こったバルカン戦争のようなヨーロッパで起こった戦争と同様に、銃砲の力が劇的な重要性を帯びていることを示していた。長距離砲、新しい機関銃、正確で速射が可能なライフルが一体になって、前線から一キロほど先が死の危険地帯となった。だが、戦争計画を作成した人々は開戦時、自国軍は進軍し続けるものと想定していた。十分な訓練を受け、目的意識をもった攻撃兵の数が防御側の兵の数に勝れば敵を圧倒し、決定的な勝利を得ることができると期待していた。いずれにしても、軍部の指導者が民間人を前にして、もう勝利を約束できないと認めることになろうとは考えられなかった。一九一四年の危機が生じると、軍部の指導者は勝つか負けるか、負ければすべてを失うという賭けをしなければならないギャンブラーの立場にいたのである。さらに、名誉心が賭けの背中を押した。「希望のない戦いだが、やらなければならない。かくも由緒たる帝国と栄光ある軍隊が、不名誉に倒れることはできない」――オーストリアの参謀総長はこう述べている。

第一次世界大戦前の参謀本部のように、人は集団になれば危険を冒すことに美徳を見出す傾向がある。歴史学者の間では、個人の責任と勤勉及び節制を主張するプロテスタンティズムの拡大が、資本主義の勃興を促したのかどうか、多くの議論があった。最近では、ギラン・テットやマイケル・ルイス、アンドリュー・ソーキンらが、二〇〇八年に起こった経済危機（リーマン・ショック）について、大きな利益を得るためにリスクを取るのは当然のことで、それに警戒心をもつのは臆病だ（また、ボーナスという形で大きな報酬をもたらさない）と考えるバンカー（銀行家）の視点から説明しようとしている。ますますハイリスクの金融商品をつくり出し、市場取引をするトレーダーの多くは「兄弟団」のようだった（彼らはたいてい男性なのだ）。たとえば、ロンドンのモルガン保証では、特別に高給が支払われる部署がある。そこでは、銀行内の他の部署とはまったく違う誇りある部署として、少数者に限定した高度に利益の上がる「クレジット・デフォルト・スワップ」を取り扱う。「自分たちは特別な存在で、他の人とは違う緊密に結びついた小さなグループだという感覚が私たちにはある」と、メンバーの一人は述べている。成功と報酬が上がるにつれて、彼らは他の人々と同じように、自分たちは絶対に負けないと思い込むようになるのだ。

反対に、集団的な価値観は危険にチャレンジする気持ちを挫く可能性もある。学者たちの間では、中国の古代文明は調和と文字文化に重きを置いているからイノベーションを阻んだのではないか、という議論が長い間続いている。一つ例をとると、炭鉱のなかに新鮮な空気を送り込めるポンプを発明した――そのおかげで深く掘ることができるようになる――ある官僚が、その発明を詩で表現したが、皇帝が賞賛したのは発明そのものではなく、発明のことを書いた詩の方だったという。イギリスでは産業革命が起こった。万古、はるかに進んだ技術をもっていたにもかかわらず、なぜ中国でそれが起こらなかったのかを説明するのに、価値観の違いが役に立つのではないだろうか？　私たちの時代には、イノベーションは健全な経済を維持するうえで鍵を握っている、いや、最も重要だと考えられている。

二〇一五年、モントリオールに本部を置くコンコルディア大学の学者たちが、カナダと台湾の学生のグループに対して行った驚くべき実験について、興味深い研究を発表した。それは、以下のような研究だ。たとえば、親指が二本あれば役に立つと考えられることを具体的に答えよ、といった問題に対して、両グループはそれぞれ創造的な答えをしなければならない。個人主義的な文化の中で育ったカナダの学生は、台湾の学生に比べて二倍のアイディアを出した。カナダの学生は自分の考えをアピールしたいという気持ちが強く、集団的な文化で育った台湾の学生より、仲間のアイディアを批判するのだ（とはいえ、アジアのチームの方がアイディアの質が高いから、この研究をそのまま受け入れていいのか、という疑問も残るが）。

おそらく、私たちが答えを求めているときにいくつかの例を提供してくれるという意味で、歴史は役に立つのだろう。今とは違う時代の違う社会で、自分なりのやり方で危険に挑戦し、そうすることで自分たちの世界を変え、おそらく今の私たちの世界をも変えた人々をこれから見ていきたいと思う。企業家のマックス・エイトケンは第一次世界大戦前にカナダのビジネスを変え、イギリスの政界でも重要な役割を果たし続けた。リチャード・ニクソンは一九七二年に北京を訪問し、大きな政治的な危険、それも個人的な賭けに挑戦した。ニクソンの訪問はアメリカ合衆国と中国の堅く凍結した関係に終止符を打ち、新しい時代を画した。偉大な探検家サミュエル・ド・シャンプランは新世界にもっていたヨーロッパ人の知識を広げたばかりか、カナダに最初のフランス人植民地をつくりあげた。

マックス・エイトケン（ビーヴァブルック卿）

カナダ人が自分たちとアメリカ人を比較するとき、カナダ人は自分たちが個人主義を保っているのかどうか不安になることがよくある。なぜ、ビル・ゲイツやスティーヴ・ジョブズやヘンリー・フォードのような人物をカナダは輩出しないのか。カナダ人が慎重すぎるのではないか。スティーヴン・ハーパーの演説でいつも出てきたテーマは、カナダ人は真の企業家精神をもっているのか、ということだった。だが、政府はイノベーションと冒険を奨励するようさまざまな対策をとっている、とも主張している。二〇一一年、ハーパーは「企業家年」を宣言し、カナダ経済にとって企業家精神が重要であることを人々に着目させ、推進、貢献するよう促すとした。ロジャー・マーティンはトロント大学のロットマン・マネジメント・スクール学長を長く務めたが、その間、たとえば『勝つためにプレーする：戦略を生かす『*Playing to Win: How Strategy Really Works*』といった記事や本をいくつも書き、講演を行い、カナダ人が大胆にものごとを考えるよう、熱心に説き続けた。こうしたなかで、国際競争においてカナダが負ける可能性を心配する必要があるのだろうか？

　歴史を読めば、いくらか安心するだろう。私たちは今日ではほとんど忘れてしまっているが、後に得た称号「ビーヴァブルック卿」でよく知られているマックス・エイトケンは、カナダで最も成功した実業家である。ビーヴァブルックは政財界だけでなく、新聞事業でも大きなチャンスを掴み、カナダでもイギリスでも、富と権力と影響力をもった。ビーヴァブルックは大きな財産を築く環境とは正反対にある背景の出身だった。後に、裸足で歩かなければならなかった貧しい子ども時代のことを回顧しているが、一家は当時の水準からするとそれなりに恵まれた生活をしていた（ビーヴァブルックが靴を履かなかったとしたら、それは好きでそうしていたといえる）。父親はプレスビテリアン（長老派）の牧師で、息子を大学で学ばせ、立派な職業に就けてやりたいと思っていた。しかしそれは、マックスには向いていなかったのだ。

　ビーヴァブルックは一八七九年に生まれた。大きな口と耳をした人好きのしない少年で、大人になる頃には小柄で容姿も悪かった。「邪悪な仏陀」とは、伝記作家の一人が彼に使った表現である。子どもの頃、ビーヴァブルックは落ち着きがなく、日常の決まりきったことを我慢できなかった。それはいつまでも変わらなかった。「じっとしていることくらい悪いことはない」と一九二二年に述べている。頭は良かったが、学校が好きではなかった。落第し、成績が悪かった。秩序に従うことが嫌いで、両親に繰り返し反抗した。父親より強い性格の母親は、ビーヴァブルックを叩くこともあったが、それでも悪いことをやめなかった。家のなかの雰囲気が悪くなると、ビーヴァブルックは外に出て気心の通じる近所の家に隠れることもあった。ビーヴァブルックはいつも、自分の役に立つ友をつくることができた――魅力があったこともその理由だが、他者の強さも弱さも見極められる力があるからだった。若い頃からビジネスに鋭い感覚があり、チャンスを逃さない目をもち、頭角を現した。ビーヴァブルックはある大新聞の販売に関わり、配達の下請けを行った。十四歳のとき、当時の雇い主に地元の新聞の印刷機を借り、短期間だが自分で作った新聞を発行した。販売数を増やすためベストエッセー賞を出すことにしたが、あまりうまくいかず、三号で廃刊した。

十六歳のとき、ビーヴァブルックは学校を辞めた。そして、R・B・ベネット――後のカナダ首相――の世話で、法律事務所職員として雇われた。ニューブランズウィック州のチャタムという小さな町で年季奉公し学校に通ったが、学校もさることながら、法律にもうんざりした。あまりにもミスが多かったので、一年後には首になった。その後、ビーヴァブルックはノヴァスコシア州の州都である海の貿易の中心地ハリファックスに移り、しばらくの間、保険の訪問販売をしてかろうじて生計を立てた。それに飽きると、西のカルガリーに行った。カルガリーではベネットが法律家として、そして駆け出しの政治家として成功していた。ベネットはしかし、ビーヴァブルックを自分の会社に雇うことができなかったし、そうしたいとも思わなかった。そこで、ビーヴァブルックは、たとえばボーリング場のような、程度の低いさまざまなベンチャービジネスに手を出した。鉄道労働者の宿舎に肉を売ろうとしたときは肉が腐って失敗した。ビーヴァブルックは借金を残したまま、町から町へと転々とした。このときすでに二十歳で、人生が与えてくれるあらゆるチャンスを渇望し成功を夢見ていたが、金から女性関係にいたるまで、失敗ばかりだった。

ニューブランズウィック州に戻ったとき、ビーヴァブルックに、後に言う「改宗」の瞬間が訪れた。時間を無駄にするのはやめようと決意したのだ。ギャンブル――少なくともカード――をやめ、勤勉に働き、倹約しようとした。ちょうど、カナダが発展する時代でタイミングがよかったし、飽くなき野望があるばかりかビジネスのコツも押さえていて、これをうまく利用したのだ。一八九〇年代、カナダは投資のブームで、大胆な実業家には、鉱山、工場、金融など多くの活躍の場が存在した。決意を新たにしたビーヴァブルックは、世の中に現れ始めた〝何でも屋〟の類に証券を売る仕事を始め、やがて新しい株や証券を引き受けるプロモーターになれば大きな金が転がってくる、とすぐに気がついた。幸運が続いたビーヴァブルックは大成功を収め、人々から一目置かれているハリファックスの実業家ジョン・ステアーズの目にも留まるようになった。話によると、ビーヴァブルックはステアーズの事務所に行き、そこいらじゅうで自分はステアーズの個人秘書として雇われていたことがあると触れ回ったという。真実はどうあれ、ステアーズはビーヴァブルックの図々しさと能力に強い印象をもち、この若者を拡大しつつあるベンチャービジネスに使うことにした。

ビーヴァブルックはようやく天職を見つけた。ビーヴァブルックは天性のディーラーであることがわかり、莫大な財産を築き始めた。一九〇三年、ビーヴァブルックは新しい巨大な王立証券株式会社の創設者の一人となった。この会社は、経済分野に大きな影響力をもつ「モントリオール・エンジニア・カンパニー」や、いろいろ議論のある「カナダ・セメント・カンパニー」を含めて、数多くの新しいカナダ企業を生み出すのに大きな役割を果たした。ビーヴァブルックは善良で有能な人々を見つける才能があったが、一緒に働くのは簡単ではなかった。必要なときには愛想良くできたし、猛烈にへつらうこともできたが、部下をとにかく苛めた。無駄を見つけると激怒した。彼の悩みの種の一つは社員が文房具を使いすぎることで、また、鉄道会社に大きな圧力をかけ、往復切符の帰り分を使わなかったときには買い戻させようとした。ビーヴァブルックは家族と会うのはあまり好きではなかったが、一方で、家族が使う金にはかなり寛大だった。

カナダの上流階級に加わったビーヴァブルックは馴染みの仕立屋を見つけ、ゴルフを習い、それなりのクラブに加わった。一九〇六年、ビーヴァブルックはハリファックスの名家の出であるグラディス・ドルリーと結婚した。グラディスの髪は赤く、背はビーヴァブルックより高く、きれいな顔立ちだった。出版時には削除した自伝の一節に、ビーヴァブルックが結婚したのは人生とキャリアがそのステージに達したからで、妻がいれば役に立つと思い、それに期待したからだとあった。そして、こう続いた。「だから、私は一番いいと思った人と結婚したのだ。彼女の生活が楽になるとは言わないが、彼女の生活はもっとおもしろくなるし、わくわくするものになるとは言える」。グラディスは善良で忠実な妻で、子どもを育て、だんだん立派になっていく家の切り盛りもした。ビーヴァブルックがビジネスや政治の世界では口がうまく、たいへんな女たらしであることがわかっても、愚痴をこぼさなかった。女優から社交界の美人まで、多くの女性がビーヴァブルックに魅力を感じた。グラディスの妹もそう思ったのだ。ビーヴァブルックは女性たちを魅了し、楽しませ、毛皮のコートやダイヤモンドを買ってやった。だが、グラディスが五十九歳のときに脳腫瘍で突然亡くなると、ビーヴァブルックはしばらくの間、悲嘆に暮れた。おそらく、罪の意識を感じたのだろう（ビーヴァブルックは悲しみ、グラディスの書いた手紙のほとんどを焼いた）。

一九〇七年には百万長者となっていたが、その年齢では稀なことだった。ビーヴァブルックの財産は危険に挑むたびに膨らんでいった。後に「成功」と題する論文に書いているように、「金融の世界を征服しようと乗り出す前に、損得勘定を調べておかなくてはならない。勘定が合えば、起業に取り掛かった」のだ。ビーヴァブルックが言うほど、ことは単純ではなかった。第一次世界大戦前の当時、ビーヴァブルックは失敗と成功の瀬戸際を行き来していて、気持ちは高揚と落胆の間で揺れ動いていた。ビーヴァブルックは何ごとにも一生懸命で、生涯「欝」につきまとわれた。それは、自分で課した緊張の結果、本当に体の具合が悪くなってしまったといえる。取引が危ない状態に入ると、ビーヴァブルックは不眠症になり、悪夢にうなされ、胃の調子がおかしくなった。成功を逃すと、倒れこんだ。会社を設立したとたん、それには関心をなくしてしまいがちで、利益を上げるより新たな挑戦に向かうのだった。

カナダではビジネスに対する規制が弱く、ビーヴァブルックはそれを拡大解釈したり、無視したりした。ビーヴァブルックが作成した新しい企業の設立趣意書は、現実にはおおよそ関係がないことが多い芸術作品を扱っていた。ビーヴァブルックの会社は日常的に、担保を出すときには資産の裏づけ以上の価値を付けていた。株価を操作し、自分と仲間の利益を最初に確保することに長けていた。だが、ビーヴァブルックを有名にしたのは、会社の合併――一年間だけで三件もの大きな合併をやってのけた――で、合併するたびに財を成したことだ。敵のなかには以前仲間だった者もいるのだが、その多くは、ビーヴァブルックはパートナーの犠牲のもとに合併をやっている、と主張した。

白い髭をたくわえ、広く尊敬されていたカナダの起業家で発明家のサー・サンフォード・フレミング〔一八二七〜一九一五年〕は、ビーヴァブルックが主導したカナダ最後の大合併の結果設立した「カナダ・セメント」から何百万ドルも盗んだ、と公に告発した。訴訟はフェアでなかったかもしれない（ビーヴァブルックのやり方は、当時敬意を払われていた他の人物と同じ手法だった）が、不誠実で貪欲な実業家に対する市民の怒りが高まりつつあるときで、タイミングが悪かった。東部の銀行の権力に腹を立てていた西部の農民から国内の進歩的な改革を提唱している者たちにいたるまで、ビーヴァブルックは〝資本主義の悪の権化〟と見られるようになった。しかし実際は、ビーヴァブルックがカナダで行ったビジネスを詳細に研究した歴史学者の結論によると、「欺瞞を用いたり取引の度に大もうけができるかもしれないと吹聴したりしたことはよくあったが、彼の行為は決して犯罪的な詐欺行為ではない」とのことだ。

怪しげな取引の噂はビーヴァブルックに生涯つきまとったが、ビーヴァブルックはカナダとイギリスの両国で尊敬され、影響力のある人物となった。ビーヴァブルックは訴えに直接対処しようとすることもあった。一九一一年、友人になったばかりのウィンストン・チャーチルに述べている。「僕に反対する者がいるということを知っておいてほしい。カナダで大きな企業をつくったのは全部僕だ。悪い企業など一つもないのだが、西部の農民は僕のことをしょっちゅう批判する。しかも、ものすごく攻撃的に」。チャーチルはビーヴァブルックの話をおもしろく思い、言葉どおりに受け取った。他の人々は、チャーチルの妻クレメンタインを含めて、それほど寛容ではなかった。クレメンタインは夫に、「この悪たれをなんとかして」と言ったことがある。労働党を代表する政治家J・H・トマス〔一八七四〜

一九四九年）は「マックス・エイトケンはニューブリュンズウィックのニューカッスル出身だ。ニューカッスルはマックスには狭すぎるからハリファックスに出た。でも、ハリファックスも広くなくてモントリオールに行った。モントリオールでも小さくてロンドンに来た。ロンドンでも狭い。だから地獄に行くんだ」と表現した。長い人生のなかで、多くの人々は、ビーヴァブルックは意地悪で、悪意のある人物だと考えるようになった。「会えば会うほど嫌いになり、信頼できなくなる。ウィンストンに最悪の影響を与える、悪の天才だ」――第二次世界大戦でチャーチルの軍事顧問長を務めたアラン・ブルック将軍（一八八三～一九六三年）はこう述べた。ビーヴァブルックは、ブルックが自分に反感をもっているのは知っていたが、無視していた。チャーチルもそうだが、危険に挑む偉大な人々と同じように、ビーヴァブルックも他人の評価を気にしなかった。

一九一〇年、ビーヴァブルックは妻とともにロンドンで生活することにした。ビーヴァブルックは三十一歳になったばかりだったが資産家になり、同時に、神経がすり減っていた。イギリスに移ることは野心家としては、また、植民地人としてはごく自然の流れだった。ロンドンは世界最大の帝国の中心で、富を増やし権力と影響力を手に入れるための大きなチャンスを摑むところだった。ビーヴァブルックは多くの財産をもっていたが、あともう二つほしかった。カナダでやれることはやり尽くしていた（仲間のカナダ人は、ビーヴァブルックの金の回し方に疑問をもち始めていた）。ビーヴァブルックはロンドンで家を借り、思いついたときには観光に出かけたが、それもうんざりしてきた。気まぐれにロールスロイス自動車会社を買収した。ビーヴァブルックはカナダでのビジネスを続けようとした（王立証券株式会社のロンドン事務所を開設した）が、次第に、政界と新聞が自分に合っていると思うようになった。

ビーヴァブルックは驚くほどの速さで、イギリスの社交界を魅了していった。ビーヴァブルックは後に友人になるラドヤード・キプリング〔一八六五～一九三六年。小説家、詩人〕から、すでに保守党を代表する政治家となっていたボナー・ロー〔一八五八～一九二三年〕に至るまで、幅広い人々とすぐに出会った。一九一〇年秋、ボナー・ローはビーヴァブルックを説得して議会への出馬を促した。マンチェスター近くの選挙区だったが、保守党にとって決して安全な議席ではなかったし、当然、植民地出身のほとんど無名の若者にとってはそうだった。ビーヴァブルックは起業に臨むときのように財産をつぎ込み、選挙運動を緻密に展開した。その結果、アシュトン＝アンダー＝ライン選挙区はこれまでとはまったく違った展開になった。ビーヴァブルックの選挙運動は、全選挙区を区域ごとに分け、それぞれに運動員を割り当てるというものだった。選挙運動でビーヴァブルックは、たとえば、法律を勉強したと主張した。有利になりそうな事実をいかにも彼らしく並べ立てた。ビーヴァブルックは自分の演説下手をわかっていたので、代わりに妻が公衆の前で演説を行った。ビーヴァブルックは百六票差で勝ち、議員としての短いキャリアがスタートした。

幸先の良いスタートを切ったわけではなかった。ビーヴァブルックは議員としては凡庸で、めったに演説を行わなかった。驚くことでもないが、ビーヴァブルックは党の規律にも無頓着だった。院内幹事は議会で目立つようにしろとせかした。それにもかかわらず、さしたる明確な理由もなく、ナイトの爵位が与えられた（カナダの仇敵によれば、ビーヴァブルックが保守党に巨額の寄付をしたのがその理由ということだ）。ビーヴァブルックは並行して、新聞事業にも乗り出した。一九一一年、ビーヴァブルックは「デイリー・エクスプレス」紙に最初の投資を行い、五年後には買収した。そしてこの新聞を使って、帝国自由貿易から一九三〇年代の宥和政策に至るまで、自分が気に入った大義のためのキャンペーンを行った。

同じ年、ビーヴァブルックは自分好みのポジションにいることに気づいた。複雑な闘争と交渉の中心、という立場である。今度はビジネスではなく政治だった。アーサー・バルフォア〔一八四八～一九三〇年〕が辞任したことによって、保守党党首の座が空白になった。ビーヴァブルックは他のライバルに対抗し、親友のボナー・ローを支援した。控えめなローは自分の立候補で党にダメージを与えるのであれば取り下げることさえ考えていたので、ビーヴァブルックの努力が役に立った。彼は舞台裏で動き、新聞でキャンペーンを張った。ロンドンに来て一年後、ビーヴァブルックはキングメーカーになるという満足を味わった。あとの二人の候補者は降りたのだ。ローは保守党の党首となった。バルフォアの秘書は私信で、ビーヴァブルックのことを裏から手をまわして結果を操った「小さなカナダ人の冒険家」だと表現している。何年経っても同じような非難が繰り返されたが、そのなかには真実が含まれている。一九一六年の大政治危機では、〔自由党の〕ヘンリー・アスキス〔一八五二～一九二八年〕が戦争を仕切る首相にはふさわしくないと外され、デビッド・ロイド・ジョージが取って代ったが、ビーヴァブルックはこのときも重要な役割を演じた（ビーヴァブルックが後に言うほど大げさなものではないかもしれないが）。アスキスに打撃を与え、ボナー・ローとロイド・ジョージを結びつけ、保守党の支持を得た〔自由党の〕ロイド・ジョージが連立内閣を組むことになったのだ。ロイド・ジョージはビーヴァブルックに称号を与え、一年後には広報担当大臣として内閣に迎え入れることで彼に報いた。

一九二二年、ロイド・ジョージの支持率が低下すると、ビーヴァブルックはロイド・ジョージ内閣を辞して、ローを首相とする保守党内閣を成立させるよう動き、成功した。しかし、二年後にローは亡くなり、ビーヴァブルックがこのような影響力を再び用いることはなかった。ビーヴァブルックはそれでもイギリスにおいて、もちろん政治においても重要人物であり、広い友だち付き合いと配下にある各新聞――「デイリー・エクスプレス」紙はその後、「サンデー・エクスプレス」紙と「イーブニング・スタンダード」紙を合併していた――を通じて影響をもち続けた。一九二九年、ビーヴァブルックはローの後継者スタンリー・ボールドウィン〔一八六七～一九四七年〕を保守党党首の座から引きずり降ろそうとした。このことでボールドウィンは、「（こうした新聞のような）責任を持たない権力というのは、いつの時代でも売春婦がもつ大権」だという有名な言葉を残した。ボールドウィンの怒りを買ったビーヴァブルックは、一九三〇年代の大半、権力の蚊帳の外に置かれた。

第二次世界大戦〔一九三九～一九四五年〕が始まりチャーチルが首相となると、ビーヴァブルックは政界復帰した。チャーチルは戦前、ドイツに対し強硬な姿勢を取ったことでビーヴァブルック支配下の新聞から攻撃を受けていたが、ボールドウィンより寛大だった。初代航空機生産大臣に任命されたビーヴァブルックは、いつものようにエネルギッシュにこの仕事を引き受け（ビーヴァブルックのやり方が混乱していると考えたのはブルック将軍だけではなかったが）、戦争中の最も暗い時代にチャーチルを鼓舞することができた。だが、ビーヴァブルックは陰謀を企てたいという気持ちを抑えられず、チャーチルに取って代わることさえ想像した。戦後、ビーヴァブルックはいろいろなことをかき回し続けた――たとえば、イギリスがヨーロッパの共通市場に参加するのに反対運動を行ったりした――が、影響力はかつてほどではなかった。ビーヴァブルックは一九六四年、サリー〔イングランド南東部〕にある大きな屋敷で亡くなった。ニューブリュンズウィックの牧師館から始まった長い旅路はここで終えた。彼の後には多くの敵と、何人かの友人、そして大きな変化が残された。

リチャード・ニクソン

ビーヴァブルックにとって、ビジネスこそ富と名声を賭けられる場所だった。政治はむしろ、ゲームだった。政治家にとって、賭けは彼とは違う意味をもつ。ビスマルクやマーガレット・サッチャーのように、政治家は日々、同僚から引きずり下ろされる可能性のある職業だ。民主主義国家の政治家は、選挙民によって浮沈が決まることをとことん理解している。

リチャード・ニクソンはある意味、特にイメージが重要な意味をもつ時代にあっては、稀な政治家だった。ジョン・F・ケネディーとのテレビ討論で、ニクソンは議論では上回っていたとしても、策略好きで泥臭く見えた。ニクソンは子どもたちの頭をなでたり、知らない人の背中をぽんと叩いたりすることが得意ではなかった。「人懐こい子どものような自然な振る舞いができない」と、あるジャーナリストに言ったことがある。「誰も自分の髪に触れてもらいたくないのだ」。来客にくつろいでもらおうとすると、その逆の結果になることがよくあった。ぎこちない冗談を言うと空気が固まってしまうのが、いつものパターンだった。ある上司はニクソンのことを、「人間関係でちょうどよい距離感を保てない、まったく泥臭い人物だ」と評した。ニクソンは同世代で前任者のジョン・F・ケネディーをひどく羨んでいた。くつろいだ雰囲気、にこやかな笑顔と無造作な髪型、気軽にサッカーボールを転がす仕草、ハイアニス港からディンギー〔クルーザーより小さい船舶〕の帆を張って海に出る姿――こうしたことは、ニクソンがどうしてもできないことだった。カリフォルニアの海岸沿いに散歩らしきものに出かけると、新聞記者はぴかぴかに磨いた革靴とフォーマルなズボンを見てくすくす笑いをしたものである。スタッフがイメージアップのため犬を飼うように説き伏せたが、ビスケットを見せなければ犬は近づかなかった。一方で、ケネディーが上手にやったように、ニクソンも大統領執務室に風格と威厳を持たせようとすると、これもうまくいかなかった。フランスの大統領シャルル・ド・ゴールを訪ねたあと、ニクソンはホワイトハウスの警察官に白地と金色の刺繍の入った新しい制服をあつらえようとしたが、新聞記者たちにコミックオペラだと笑われて取りやめになった。後に制服の一部がロックコンサートで登場した。

だが、別の重要な点で、ニクソンは政治に向いていた。ニクソンは強い野心をもち、勝負師の資質を備えていた。事実、第二次世界大戦中に南太平洋で将校を務めていたとき、ニクソンはポーカーでたくさんの金を稼いだ。悪い札をもち、はったりを演じるのが好きだった。決断力と意志の力があれば、前にある障害を克服できるとニクソンは思っていた。古い友人に、次のように述べている。「何でももっているやつらに対してかなり頭にきたときや、深く強い怒りを感じたときには、やつらが大きな酒樽の上に座っているうちに、うんとガッツのある行動をとる。そうすれば、やつらの態度を変えることができる」。大学生のときのニクソンは実に小柄だったが、フットボールのチームに入った。かなりの巨体の選手が、練習のときのことを憶えている。「この小さいやつを潰さなければならなかったが、なんとも、やつにしてやられた」。政治家として成熟した頃、ニクソンの好きな映画は（『八十日間世界一周』と）『「パットン大戦車軍団』だった。一九七〇年公開のこの映画の主役である第二次世界大戦の将軍は、周りの者が動転して間違った方向に進んでいるときでも――ここが大事なのだが――自制心があり、常に正しく、大胆で意志が固く、客観視できる者であったのだ。

ニクソンが自分のことを、運のない犠牲者と思いたい気持ちになったのはそのためである。大統領になる前にアジアを旅行したとき、ニクソンはサイゴン空港で一緒に待っていた外交官に、飛行機はきっと遅れると話した。「自分には必ず良くないことが起きるんだ。きっと遅れるぞ」。たしかに、経歴のなかでも悪いことがよく起こっている。「ウォーターゲート」がその頂点だ。だが今日、私たちはニクソンの業績について、特に中国との国交の回復についても、記憶にとどめているのだ。

一九五二年、ドワイト・アイゼンハワー（一八九〇～一九六九年）は若き上院議員ニクソンのことをそれほど知らないのに、副大統領候補にすることに同意した。大統領選の準備期間中、上院議員だったときからニクソンは、自分と家族のために賄賂を受け取っていたという噂を流され、キャリアが潰されそうになった。アイゼンハワーは沈黙していたが、彼の顧問団のトップがニクソンに、〝天の声〟――副大統領候補から下りてほしいと考えている――を伝えた。しかし、アイゼンハワーから直に求められたわけではなかったので、ニクソンはそれを拒否し、後に「チェッカーズ・スピーチ」として有名になる演説をテレビで行った。ニクソンの人生の中で最高のパフォーマンスだった。家族について、また、給料を得るためいかに自分が頑張っているか話をした。妻のパットはミンクのコートのような贅沢品をもっていない――共和党のそれなりの議員だったら、一着くらいはもっているだろうが。そうそう、ペットの犬――名前はチェッカーズ――をくれた人がいたが、小さな娘たちが好きになったものだから、それだけは返さなかった、と。演説は成功した。大統領選では共和党が勝ち、副大統領となった。

アイゼンハワーはニクソンを副大統領にしたものの、彼のことを好きにならなかったし、信頼もしなかった。ニクソンは古老のアイゼンハワーの内輪のグループに入ろうと、ゴルフや魚釣りをやってみたがうまくいかなかった。ふつうの人が自然にできるスポーツに不器用なのだ。一九五六年、アイゼンハワーは副大統領に別の人物を立てる提案をしたが、ニクソンは再び拒否をした――大統領を目指していたニクソンは、副大統領でいる方がいい踏み台になると考えたのだ。アイゼンハワーはしつこく言わなかったが、時が来ても、ニクソンを大統領候補に推薦するよう働きかけることはなかった。一九六〇年に辞任する大統領に対して、ニクソンが政府に貢献した大きなことは何かと問われたとき、アイゼンハワーはこう答えた。「一週間くれたら、一つくらい思いつくかもしれない」。ケネディーが僅差で大統領選を勝ち取った。ニクソンは一九六二年のカリフォルニア州知事選挙に出て、カムバックのスタートを切ろうとしたがまたしても敗れ、屈辱を味わった。ニクソンはレポーターに辛辣な無駄話をし、有名な言葉を述べた。「ニクソンは、もうあれこれ言われることはないさ。みなさん。これが最後の記者会見だから……」。

もちろん、そうではなかった。ニクソンは政治をあきらめることができなかったのだ。ニューヨークの法律事務所で仕事を得たあとも、大統領になるために運動を続け、各地で演説し、国際状勢に乗り遅れないよう外国へも旅行に出かけた。一九六八年、もう終わりだと思われていた男がついに大統領に選ばれた。ニクソンの大統領時代はベトナム、カンボジア、チリ、そして特にウォーターゲート事件によって暗い影に包まれている。ウォーターゲート事件では大統領の権力を用いて不正を行ったのだ。だが、成功もあった。ソ連との和解を実現したこと、そしておそらく一番の成功は、アメリカ合衆国と中華人民共和国の関係を樹立したことだった。

現在この二国は、ときに緊張が高まることがあっても、ふつうの関係を維持しているから、一九六八年にどれだけの事態であったのか思い出すのが困難である。両国は一九四九年に共産党が権力を握って以降、一切関係を持たなかった。一九五〇年に始まり一九五三年に休戦した朝鮮戦争では、両国は直接対戦した。そのときの戦闘と、それぞれの側で出た何万もの死者の記憶が平和の実現の前に立ちはだかっていた。互いに相手を非難しあっていたために、両国の溝は埋めがたいものに思われた。アメリカ合衆国は頑固に、台湾の国民党政府が中国全体を代表する正式な政府であるという認識を変えず、一方の毛沢東と共産党政府は、中国はソビエトブロックに参画していると明確にしていた。

共和党はいわゆる「赤い中国」に対して、容赦なく敵対的なスタンスを取っていた。民主党に対しても、中国を共産党に手渡したのは民主党で、共産主義に対してどこまでも軟弱だと非難していた。そのなかでもニクソンは、最もうるさい反共主義者だった。政治家となった当初、ニクソンはリベラルな民主党の政敵ヘレン・ガハガン・ダグラスのことを「下着までピンクだ」と中傷して話題になったことがある。同僚の上院議員ジョー・マッカーシー〔一九〇八～一九五七年〕に比べれば抑えていたが、議会でニクソンは熱心な「赤狩りハンター」として名を馳せていた。一九五九年にモスクワで行われたアメリカ産業博覧会のときの有名な「キッチン討論」では、ニクソンはアメリカの台所用品など実物の展示品を前に首相のニキータ・フルシチョフ〔一八九四～一九七一年。スターリン批判をした〕と相対し、アメリカに有利なコメントを数多くもち帰ったのだ。

だが、ニクソンには別の一面もあった。アメリカ合衆国は世界に、自国とまったく異なる価値観を代表する国々にも関与する必要があると信じる、国際主義者でもあったのだ。アメリカ合衆国は国際連盟に関わるべきだったと考えたニクソンは、第二次世界大戦後、国際連合のメンバーになることを支持した。ヨーロッパの再建に役立ったマーシャルプランは正しく、アメリカ合衆国の国益に適っているとも考え、北大西洋条約機構（NATO）にアメリカが関与するのも当然だと思っていた。ニクソンは一九六九年に大統領になったとき、ソビエトを好きになる必要はないが、軍拡競争を管理下に置くために協力し、より一般的な相互理解をもつ、すなわち、和解を実現する準備をしなければならないとわかっていた。

また、中国に関しては、「怒れる孤立」状態から脱出し、世界のコミュニティーに入る必要があるとニクソンはずっと考えていた。それが世界秩序にとって良いことであり、アメリカ合衆国にとっても然りだった。ニクソンは、その後間違っていたとわかるのだが、ベトナム共産党のパトロンで物資を提供している中国がベトナム共産党に圧力をかけアメリカ合衆国と講和を結ぶように仕向けてさえくれれば、アメリカ国民からますます不興を買っている犠牲の多いベトナム〔戦争〕の泥沼状態から脱出できるかもしれないと思っていた。さらにニクソンは、（こちらは正しかったのだが）アメリカ合衆国と中国が和解すれば、ソビエトの指導体制に動揺を与え、始めていた軍縮交渉でさらに理に適った姿勢を取るよう仕向けることができると考えていた。ソ連と中国との関係が変化すれば、ベトナムによってひどいダメージを受けていたアメリカ合衆国を世界の中心の位置に引き戻してくれるはずだった。

大統領になる前にニクソンが、北京政府と接触をもつ、それどころか承認する構想をもっていると話し始めたとき、国家安全保障担当補佐官だったヘンリー・キッシンジャー〔一九二三年〜〕は驚愕した。

ニクソンは用心深く賭けの計算をした。ニクソンの反共姿勢はよく知られているから、民主党の大統領に比べて、軟弱な姿勢だと非難され痛手を受ける可能性は小さいはずだった。中国ロビーは、かつては毛沢東政府と取引することに反対する強力なコネをもったグループだったが、時が経つにつれ著名なメンバーの多くがいなくなると、反対の情熱を失いつつあった。アメリカ合衆国の若い世代は、共産党に対して古い世代と同じような、心の底からの反感を共有していなかった。結局、アメリカ合衆国は何年間にもわたってソビエトとさまざまな形で取引してきたのだ。アメリカの保守派は、ニクソンであれば中国を上手にコントロールできるだろうし、リベラル勢力は平和に向かう動きを歓迎するにちがいないとニクソンは思っていた。キッシンジャーをうまく使い、中国と良好な関係にあるパキスタンとルーマニアを通じて、アメリカ合衆国は一連の極秘調査を行った。

ニクソンのタイミングが良かった。中国で依然として決定権をもっていた毛沢東だが、一九七〇年代初めには強い孤立を感じていた。どちらも頼れるパートナーとはいえない小さな北朝鮮と北ベトナムを除くと、中国は近隣諸国のすべてと関係が悪かった。当時、中国は日本及び台湾との国交がなく、インドとは一九六〇年に起こした戦争で関係が悪化していた。なかでも北京を一番悩ませていたのは、北で国境を接するソビエトで、敵対関係を強めていた。二つの共産主義国家は一九六〇年代初め、公然と対立していた。一九六〇年代を通じて、ソ連が極東における軍事力を著しく増強する一方、毛沢東は中国人民に、侵入者に対してはゲリラ戦で迎え撃つ用意をせよ、と公言していた。一九六九年、国境付近で武力衝突があり、モスクワでは中国に対し先制核攻撃をすべき、という話が出た。突然の攻撃の可能性が中国の指導者の耳に届き、毛沢東はアメリカ合衆国との関係を修復する時期がきたと考えた。それに合わせ、中国も方針を転換したのだ。

アメリカはソ連と中国との緊張関係を十分認識していたが、ニクソンは毛沢東の転換を知るべくもなかった。秘密裏に北京と交渉を始めていることが明らかになれば、また、中国の指導者がそれを拒絶すれば、アメリカ国民に対して赤恥をかく危険を冒している、とも考えていた。一九七〇年から一九七一年の前半にかけて、メッセージの複雑なやり取りが極秘裏に行われ、両国の態度が緩和しつつあるということが少しずつ公になるようにした。ニクソンは「レッド・チャイナ」という表現を完全にやめて、「人民共和国」と言うようになった。一九七一年四月、日本で行われた卓球国際大会に出た中国チームが、アメリカに招待され友好試合を行った（中国チームはかなり下手糞なアメリカチームに花を持たせた）。六月二日、秘密のメッセージをさらにやり取りし、善意の意志をさらに公にすると、ニクソンの中国訪問を話し合うためにキッシンジャーを派遣するよう、中国の首相であった周恩来〔一八九八～一九七六年〕から温かい招待状が届いた。後に、二人とも述べているように、訪問は月の裏側に行くようなものだった。特に一九六〇年代後半の文化大革命の激動以来、中国は外の世界との関係をほとんど断っていた。ごくわずかなジャーナリストが、厳しい規制のもとで入国許可を受けただけだった。一九四九年以来、アメリカ人は訪問することができなかったのだ。

その年の七月にキッシンジャーは訪中したが、アメリカの一行が安全に帰途につくまで、それは極秘裏だった。ニクソンとキッシンジャーは、この高度に繊細な交渉を行うためには市民の眼に触れないようにする必要があると考えた。また、アメリカ合衆国の強硬派が反対運動を大きく展開する余地がないようにするため、内密に進めた。彼らは二人とも、国務省に知らせなかった。同省のことを軽蔑していたのだ。大きな手柄を立て、歴史に彼らの名を残そうと思っていた。彼らは自分のためにやっていたのかもしれないが、勇敢でもあった。当時、中国に行くにはいくつかの段階で危険が伴った。まず、アメリカの世論とアメリカの同盟国の反応が読みにくかった。そして、中国人の行動を想像することが不可能だった。キッシンジャーに屈辱を与えるのではないか、いや、強制送還するのではないか？　なんといっても、ほんの数年前まで中国は、毛沢東が「紅衛兵」として組織した学生を扇動し、工場、党、学校、大学など、あたりかまわず権威ある人物を迫害し、殺害する狂気の只中にあったのだ。外国人と、外国につながりのある中国人はすべて特別な悪意の目で見られ、中国人民の敵として抽出され、攻撃を受けていた。狂騒する紅衛兵が暴徒となって北京のイギリス公使館に侵入して焼き払い、ソビエトの外交官の家族を襲い、毛沢東の肖像画の下にひれ伏すよう強制していたのだ。キッシンジャーは順調に訪中できたが、一九七二年二月に予定されたニクソンの訪問にはリスクがあった。今日ではわかっていることだが、中国の指導者のなかには、「巨大な悪魔」――アメリカ合衆国のことを通常こう呼んでいた――との関係を修復することに反対する者もいた。一九七一年九月、国防部長だった林彪〔一九〇七～一九七一年〕が亡命、墜落死した。真相はいまだ明らかでないが、以来、アメリカ合衆国との和解が明らかになったため、林彪が毛沢東に陰謀を企てたことが関係しているのではないか、と言われている。

一九七二年二月にワシントン郊外から大統領専用機に乗り込んだとき、ニクソンは中国で身の安全が脅かされるとはあまり考えていなかった。おそらく、林彪の事件についてもほとんどなにも知らなかったのだろう。ニクソンや補佐官が心配していたのは、毛沢東と会えるという中国政府からの保証を得ていないことだった。アメリカの大統領――それも初めて中国を訪問する大統領――が中国の最高指導者と会うことすらできず帰国したとしたら、愚かと思われるだけでなく、弱いと判断されるにちがいなかった。国外のアメリカの敵の多くは喜ぶにちがいない。北京では周恩来が空港に出迎えたが、毛沢東との会見については、そのときなにも告げられなかった。アメリカ人は知らなかったのだが、一九七二年初め、毛沢東は深刻な健康状態にあった。訪問客を迎えられるまで回復できるかどうか、まったく不明だったのだ。医師が付きっ切りになり、ニクソンが到着する頃になってようやく、毛沢東は自分の力で起き上がり、数歩を歩くことができるようになった。会見を行うかどうかの決定は毛沢東自身にかかっていたのだ。ニクソンが到着した日の午後、アメリカ人一行が宿舎に落ち着いた頃のことだ。周恩来は突然、毛沢東から電話を受けた。毛沢東はすぐにニクソンに会うと言う。アメリカ人の一行はシークレットサービスを含め仰天したが、ニクソンは救われた思いだった。喜び勇んでキッシンジャーとともにリムジンに飛び乗り、毛沢東に会いに行った。会見の中身そのものはたいしたことがなかった——両者から月並みな言葉が出ただけだった——が、〝会見が行われた〟という事実が重要だった。米中の新たな関係の始まりであり、国際状勢にも革命的な変化が生じたことを象徴するものだった。

この訪問が実を結ぶまでには、さらに数年を要した。ウォーターゲート事件の結果、ニクソンは一九七四年に大統領の座を終われることになり、後継者のジェラルド・フォード〔一九一三～二〇〇六年〕には米中関係正常化の推進に関心がなかった。一方、中国では一九七六年に毛沢東が死去したあと、権力闘争が続いた。一九七九年になってようやく、中国とアメリカ合衆国は完全な外交関係を樹立した。一九八〇年代になって始まった貿易と投資、交流の小さな流れは、今日では洪水のように大きな流れとなっている。ニクソンの決断と大胆なイニシアティブがなかったら、こうなっていただろうか？

国交正常化で得るものは多いのだから、両国が関係を修復することは必然だったのだ、と論じる者もいよう。だが、イランとアメリカ合衆国についてはこの議論は通じない。二国が関係を断絶して約四十年になろうとしている。中国とアメリカ合衆国が断絶していたよりも多くの時が経っているのだ。ニクソンがいなければ、米中の雪解けにはさらに何年もかかったにちがいないと私は思う。ひょっとすると今日まで続いていたかもしれない。ニクソンは中国との関係改善は自分の最大の業績になると考えたのだ。ウォーターゲート事件がニクソンに永遠に影を落としたとしても、「そんなものは瑣末なことだ」と考えただろう。

サミュエル・ド・シャンプラン

古代スパルタ人も、盛り場をうろつく今のやくざ者も、炭鉱の村も漁村も、世界中のある種のグループは命がけの危険を冒す勇気を重んじてきた。デリー〔現インドの首都〕近郊のナイトクラブでは、用心棒はすべて、外部者から自分たちの家を守るために闘うという強い伝統をもつ、近隣の村の出身者だった。その村の若者は子どものときからレスリングの練習をし、ヒンドゥーの伝説を教わった。プロイセンとその後のドイツでは、ビスマルクの出身階級でもあり軍幹部の多くを占めていた地主のユンカー階級の人々は、勇敢で我慢強くなるように子どもを育てた。トロント大学時代の友人で、ビスマルクの末裔であるマンフレット・フォン・ノスティッツは、今や消えてしまった世界の最後の時代を記憶している。第二次世界大戦の頃、マンフレットはまだ小さな子どもで、ドイツ東部に住んでいた。子どもたちが「おばあさま」とかしこまって呼ばなければならなかった曾祖母が、ナイフとフォークの使い方を教えてくれた。〝大人になったら軍人になるのよ〟〝片腕をなくすかもしれないけれど、いつも礼儀正しく食事をしなくてはいけません〟と曾祖母は言っていたという。ソ連軍が近くまで進軍してくると、曾祖母は家族や領地で働く者たちと一緒に逃げるのを拒否した。いや、あらかじめ用意をしていた。庭に自分の墓を掘るよう命じたのだ。ソ連軍が来れば「この仕事〔墓掘り〕をやってくれる者がいなくなる」からだ。家の周りにソ連の指揮官が来たのを見て、彼女は自分の狩猟用のライフルでかわいがっていた犬を射殺し、自殺した。

第一次世界大戦前のヨーロッパでは、将校の決闘は軍人としてふさわしい資質を示すものとして、軍当局から好まれていた。決闘を非合法化する話が出たとき、プロイセンの陸軍大臣は首相に抗議した。「決闘のルーツは、われわれの名誉の規範に根づいたものだ。名誉の規範は価値がある。将校団にとっては、何にも代えることのできない宝だ」と。イギリスは決闘を非合法化して久しかったから特に評価もしなかったが、それでもイギリスの上流階級の間には、大陸の人々と共通する特質があった。古い貴族出身のジュリアン・グレンフェル〔詩人〕は一九一四年の最初の戦闘経験について、家族に次のような手紙を書いている。「僕は戦争を崇拝します。目的もなく出かけたピクニックとはわけが違います。こんなに気持ちよく幸せなことはありません」。グレンフェルは翌年戦死し、その二ヵ月後には弟が戦死した。プロテスタントでイギリス系アイルランドの地主出身の優れた小説家モーリー・キーン〔一九〇四～一九九六年〕は、戦争に行くのは狐狩りをするのと同じ、向こう見ずで奔放な行為として描いた。こうした傾向を見ると、第一次世界大戦前のヨーロッパでなぜこれほど多くの人々が戦争に心を躍らせ、勝利を信じたのか、説明しやすくなる。

文化と同様、地理的な条件も冒険精神を育むことがある。海沿いの人々はフェニキア人の時代から、外の世界への関心が強かった。ルネサンスの頃に大海原を探検した人々は、当然かもしれないが、ジェノヴァやヴェネチア、ポルトガル沿岸部、あるいはイギリスの島々の出身だった。彼らは好奇心と欲望に駆られていた。アジアへの最短距離のルートを見つければ、富をもって帰り、ヨーロッパに大きな利益をもたらすと思ったのだ。コロンブス〔一四五一頃～一五〇六年〕は西回りでアジアに行くことを願い続けたが、その後のコルテス〔一四八五～一五四七年〕やピサロ〔一四七〇～一五四一年〕らは、アジアよりも近いところに富があることに気がついた。勇気と運、そして容赦ない態度をあわせもったコンキスタドーレス〔征服者〕は、〔中南米の〕大帝国を倒し、金や銀を産出する豊かな鉱山を奪い、人々を奴隷にした。ヨーロッパでは野心は悪徳だと思われてきたが、ルネサンスになって人々の思考が変わり、十六世紀半ばになる頃には美徳とさえ考えられるようになったのだ。

大なり小なり、危険に挑む社会を類型化できるが、時代と場所を超えて、個々人のなかに共通する性質を見出すことも可能である。野望はもちろんその一つだが、私たちだったらあきらめてしまうところでチャンスを見つける能力もそうである。そうした能力があれば、妨害されようが失敗しようが、チャーチルのように決断力と弾力性を維持できるのだ。

探検家のサミュエル・ド・シャンプラン〔一五六七～一六三五年〕は民俗誌学者でもあり、植物学者でもあり、地図製作者でもあり、植民者でもあった。彼は一五九九年から一六三五年の間に二十七回、大西洋を横断した。たいてい冬も終ろうという頃フランスから出航したが、その際シャンプランは、端から端まで今のバス二台分くらいしかない小さな船に乗り、大西洋に勇敢に挑んだのだ。激しい嵐に遭うこともあれば（一六〇三年の嵐のときには十七日間続いた）、氷山に遭遇することもあったし、濃い霧に包まれることもあった。彼はすべて未知の、海図のない海に船を進めたのだ。暗礁に乗り上げたり、岩壁にぶつかって航海が終わることも、一度だけではなかった。シャンプランは熱心に北米沿岸を探検し、後にケベックとモントリオールとなる方角に向かってセントローレンス川を遡上した。ここでも危険が待ち受けていた——急で危険な水流、敵対する可能性もある原住民、それにイギリスの海賊もいたのである。

大陸そのものが大きかった。シャンプランはもう少し先に海があって、それほど遠くないところに中国があると夢見ていたのかもしれない。だが、遠い水平線の向こうに何があるのか誰にもわからなかったし、ガイド役のインディアンも知らなかった。危険な動物や敵対する部族に遭うリスクのある探検だったうえに、陸地そのものが試練を与え続けた。深く鬱蒼と茂った森、未踏の領域につながっている湖と川、激しく移り変わる天気、蚊と蠅が黒い雲のようになって旅行者にたかってくる重苦しい夏の暑さ、雪が降り食糧が不足する長い冬——そういった状況のなか、シャンプランはカヌーを漕ぎ、地面を踏みしめ、何百キロも旅をし続けた。そのうちにシャンプランは、急な流れをどう上ったらよいか、荷物をどうまとめたらよいか体得した。オタワ川の危険な箇所をカヌーを率いて遡っていたとき、自分の船が制御不能になり、岩礁の間で渦巻く川のなかに落ちたことがあった。手に巻きつけたロープが外れそうになった。シャンプランは後に、このときの状況を「神の名を大声で叫び、自分のカヌーを引き寄せ始めた。急流のなかで偶然に、波がカヌーを近づけてくれた……危うく命を落とすところだった」と述べている。秋にフランスに向かって出航するときも、大洋はすでに冬の気候に変わり、新たな危険が生じたが、それでも冬の北米に逗留するとなれば、それは飢えと病気を意味していた。

一六〇八年に自分でつくった植民地で過ごした最初の冬には、自信を失いかけた。冬はいつもより早くやってきて、十一月半ばには雪が降った。厳しい寒さで川と湖は凍結したが、それでも例年より雪が少なかった。しかし、雪が少ないことは恵みではなく、災いだった。植民地の人々は立てたばかりの家の周りに雪の壁を積み上げること（風よけとともに、かまくらのように、雪で囲うことにより暖を確保できた）ができなかったし、狩猟をするうえでフランス人が頼りにしていたインディアンは、凍りついた山を雪靴を履いて越えることが困難だった。悲惨な状況がさらに拡大したのは、通常なら秋に鰻とビーバーを獲る狩りの期間があるのだが、それが早く終わってしまったことだった。絶望的な状態となり、痩せ衰えたカナダ原住のインディアン部族はフランス人に食糧を求めた。シャンプランは彼らにできるだけの食糧を与えたが、冬は長く続き、糧食はわずかになった。春が来るまでに、二十八人いたフランス人の多くが死んでしまい、わずか八人となっていた。それにもかかわらず、シャンプランはこの地にこだわる決意をした。

この並外れた人物がフランスに帰ってしまっていたら、フランスのカナダ植民は成功することはなかっただろう。だが、シャンプランは、探検と北米にフランスの植民地をつくるという夢に生涯をかけた。一六一三年、シャンプランは当時のフランスの実力者でもあった皇太后に捧げた本の中で、次のように書いている。「陛下。役に立ち賞賛を受ける技量というものがありますが、私にとっては航海術の技が常にその筆頭でした。大きな冒険であればあるほど、数知れない危険と難破の可能性があればあるほど、敬意にも似た気持ちが起こり、心が高揚してきます。勇気と決断力がなければ、こう感じることはないでしょう。この技量によって、私たちはさまざまな土地、宗教、王国について知識を得ているのです。私たちは私たちのものとなった土地にあらゆる富を運び込みます。それによって、異教徒の偶像崇拝を打倒し、キリスト教の信仰を地球上のあらゆるところに伝えているのです」。シャンプランの生涯と能力は、旧世界と新世界の複雑な出会いの中で重要な部分を占める。彼はニューフランスの物語、すなわち、近代国家カナダを形成するうえで大切な伝説を残したのだ。

シャンプランがどのような容姿をした人物だったのか、今となっては明確ではない。シャンプランだと広く考えられてきた肖像画は、十九世紀に描かれた有名な詐欺師の肖像画であることがわかった。本物の肖像画の可能性がある唯一のものは、シャンプランと同盟を結んだフロン部族が、今日のアメリカ合衆国北東部にあるシャンプラン湖の付近でイロコワ連邦部族と戦った場面を描いた彫刻である。この彫刻のなかに、小柄なヨーロッパ人の姿がある。鎧の胸当てを着けヘルメットをかぶり髭を生やした男が、初期の頃の銃を撃っている。しかし、この彫刻には椰子の木があり、おそらく、シャンプラン自身が描いたスケッチをモティーフにしたのであろう。。ここに描かれているものに、完全な信頼を置くことは難しい。

シャンプランの生い立ちの詳細は不明だが、一五七〇年頃、プロテスタントの勢力が強かったフランス南西部でシャンプランが生まれたことは確かである。シャンプランの一族のなかにはプロテスタントもいただろうが、シャンプランの両親はカトリックだった。両派の緊張が高まり、一五六二年にはすでに内戦〔ユグノー戦争〕が始まっていた。内戦は燻り続け、シャンプランの子ども時代にはともに虐殺が行われていた。一五九八年には国王アンリ四世〔一五五三～一六一〇年〕がプロテスタントの信仰を捨てカトリックに改宗する一方で、プロテスタントの信仰を許した。おそらく、シャンプランは自分の経験から、異なる宗教と文化をもつ人々を理解し、寛容でなければならないという気持ちを発展させたのだろう、と昨今の伝記作家は論じている。シャンプランは信仰心が強く、新世界で出会った人々も自らの意思でキリスト教徒になることを願い、また、そうなると信じていた。

一四九二年のコロンブスの新世界発見によって、ヨーロッパ人の信念の多くが根本から揺さぶられた。ヨーロッパ人が初め考えたより、アメリカがはるかに大きいことがすぐに明らかになった。さらに、アメリカには独自の、さまざまな慣習と宗教と規範をもつ人々が存在することもわかった。このことについて長い議論が続いた。シャンプランが大人になる頃になってもなお、アメリカ人がヨーロッパ人と同じ人類であるのかどうか、かなりの議論が存在した（私たちが宇宙に生命の存在があることを発見したら、同じようにショックを受け、不安を感じるにちがいない）。これまで未知の人々を発見したヨーロッパ人の反応は、二つのうちのいずれかであった。人々が互いに、また、自然とも調和して生活する純粋で高貴な未開の民族と見るのか、それとも、道徳のない、淫らな性関係をもちカニバリズムのような恐ろしい行為を行う獣のような生き物と見るのか。いずれにしても、キリスト教に改宗させるべき存在だった。

時が経ち、第三の見方が出現した。土着の人々のなかで暮らし、言葉を学んだ伝道師たちが逆説的に育んだ見方である。アメリカの原住民はヨーロッパ人と同じく、複雑な社会をそれぞれ形成している——すなわち、社会組織をつくり、価値観をもち、宗教をもっている——と捉えるようになったのである。アステカ帝国を破壊したコルテスでさえ、こうコメントするようになっている。「この地の人々はスペイン人とほぼ同じように生活しており、調和と秩序を備えているとしか言いようがない。野蛮で、神のことをなにも知らず、文明国から切り離された人々にもかかわらず、彼らが達成してきたすべてを見ると、心から驚くばかりである……」。フランスの評論家モンテーニュは、一五八八年に出版したエッセイ『馬車について *On Coaches*』のなかで、新しく発見した人々をヨーロッパ人が征服する資格があると根拠なく考えていることを嘲笑している。アステカ人は彼らに勝っている文明に滅ぼされたのではない、「彼らは慈悲深く、法を遵守し、善良で、リベラルで、率直だった。私たちはその点で彼らに及ばなかったことがよくわかる。彼らを滅ぼし、売り払い、裏切ったということを考えると、優越していたのは彼らの方である」、とモンテーニュは論じている。

シャンプランは、アメリカの原住民の社会を理解するうちに、徐々に膨らんでくる賞賛の気持ちと、彼らをキリスト教に改宗させたいという強い願いの間《はざま》にあったようだ。一五九九年、初めて新世界に向けて航海したとき、シャンプランはまず、南のカリブ海と中米に行った。シャンプランはこのとき、今後つくる詳細で正確な一連の新世界の地図のもととなるものを作成した。シャンプランの特徴は、見たものすべてにたくさんのメモを付けることだった。メキシコシティーへの途上、シャンプランは周囲の美しさに心を打たれ、「椰子の樹、シーダーの樹、月桂樹、オレンジとレモンの樹、キャベツヤシ〔アサイー〕、グアヴァ、アボカド、ニシキギ、材木となるブラジル木とカンペチュ木」のすばらしさに驚いたという。何種類も生息する鳥類のリストをつくり、地元民が育てている穀物の種類も記録した。カカオベリーとハチミツ、スパイスを混ぜて栄養のある飲み物をつくり、イナゴマメの樹から傷に効く治療薬もつくった。シャンプランは地元の慣習と迷信のいくつかを「とても愚かだ」と記録しているが、新しい従属民に対してスペインがやるような間違った方法と厳しい異端審問を批判した。シャンプランは、スペイン人は良心の自由に寛大でなければならないと思っていた。

シャンプランの関心は北に、今日のアメリカ合衆国の東海岸とカナダの沿海州を含む地域へと向かった。この領域はまだ誰のものともなっておらず、未踏査だった。一六〇四年から一六〇七年にかけて、シャンプランは今日のノヴァ・スコシアから南に下ってケープコッドまでの海岸を調査し、地図を作製した。シャンプランはこのとき、セントローレンス川がアジアと新世界においてフランスが将来、権力を握る鍵となる川だと強く信じるようになった。すでにフランスとイギリスの商人はセントローレンス川の一地域に毎年航海し、最も金になる商品としてビーバーの毛皮を集め、ロンドンとパリの帽子屋に売っていた。シャンプラン自身は商売には関心をほとんど持たなかった。シャンプランの一番の目的は、土地と資源を見つけてフランスの植民地として発展させ、可能な場所には宣教師を連れて行き現地の人々を改宗させることだった。加えてシャンプランは、アジアへのルートとアジアの富を見つけたいと思っていた。ある友人がシャンプランに書いたように、シャンプランは「さらに旅を続け、人々を改宗させ、北ルートだろうが南ルートだろうが、とにかく東に、中国に行く」ため力を尽くしていた。シャンプランはアジアへの道を見つけることはできなかったが、内陸で会った現地の人々に、海を越えてやって来たのかどうか繰り返し質問した。シャンプランの探検の名残が、モントリオール近くの急流の名前「ラシーヌ」（フランス語で「中国」を意味する）として残っている。

シャンプランが探検を行い、ニューフランスに定住したタイミングがよかった。フランス政府は海軍と植民地を創設しようと真剣に検討しているところだった。シャンプランは何年もかけて、探検を続ける財政的な支援をようやく獲得した。セントローレンス川を西に進むなかで、シャンプランは定住できる可能性のある場所を探し、詳細な地図をつくり、境となるところに新世界の果物と野菜を植えた。シャンプランはたくさんの本を書いて出版し、まだ誰のものともなっていない広大な土地が約束されていると宣伝した。一六〇三年、後にケベックシティーとなる地域を初めて見たシャンプランは、深い森のこと、葡萄《ぶどう》を初めとしたさまざまな果実の樹のことを、情熱をもって人々に伝えた。この土地は豊かな収穫を生むとシャンプランは確信し、土地の粘板岩にダイヤモンドがあるかもしれないと考えた。モントリオールに向かってさらに上流に進んだシャンプランは、こう書き留めた。「葡萄、梨、ヘーゼルナッツ、チェリー、スグリ、グーズベリーがたくさんある。根っこに小さなナッツのような実をつけるものもあって、松露《しょうろ》のような味がし、炙ったり茹でたりすると、とても美味しい」。シャンプランは庭仕事に熱心で、「原住民で技術がある人」を使って農業を行おうと夢見た。セントローレンスがアジアへのルートだとわかれば、フランス人は通行税を取ることで財産をつくり、その資金でさらに定住を促進できるという考えにシャンプランは自信をもっていた。一六一八年には、シャンプランは木材、毛皮、鉱業、農業でますます豊かな、繁栄した植民地のビジョンを描いた。いつかケベックの北に大きな都市が生まれ、ルイ十三世にあやかって「ルドヴィカ」という名がつけられることを願っていた。

ルドヴィカだけでなく、セントローレンス川沿いに発展する都市を見るまで長生きすることはできなかったが、シャンプランはいくつかの植民地をつくり、そこから次々に新たな植民地が生まれた。シャンプランは行政に通じていた。政府を丸め込んで資金をなんとか出させる、あるいは、渋る商人たちを脅して金を出させることのできる強者《つわもの》だった。シャンプランは人々を煽り、カナダの気候や略奪を狙うイギリス人とオランダ人の威嚇、イロコワ連邦からの攻撃に挑ませた。一六〇六年の冬、現在ノヴァ・スコシアに位置するアカディアの最初のフランス植民地でのことだ。シャンプランは糧食が不足するなか、全員の食事を満たすためグッドチアー会社を設立して植民者を互いに競い合わせ、狩りや漁労を行うよう励ました。良き指導者だったシャンプランは、こう述べたことがある。「できるならいつでもリベラルでなくてはならない。敵に対してしても礼儀正しくあるべきだ。敵に対しても、資格がある者であればその権利をすべて認めなければならない。さらに残酷に、あるいは復讐心から行動してはならない。そんなことをすれば、非人間的な行動に慣れてしまっている人々と同じで、自分をキリスト教徒ではなく野蛮人のように見せてしまうことになる。だが、逆に自分が礼儀正しく控えめに行動して成果をうまく使えば、全員から尊敬されるし、敵からも名誉と尊敬を得ることになろう」。

シャンプランは常に巧みな外交を行わなければならず、フランスの判事の立場でいるだけでは足りなかった。自分の夢――広大な未知の領域を生きて探検すること――の実現のために、シャンプランはインディアンとの良好な関係の構築を大きな頼みとした。インディアンから食料が得られなければ、シャンプランも、設立した小さな植民地も、最初の長く厳しい冬を越せなかったにちがいない。シャンプランは同盟する者と敵対する者との複雑な関係の中で、うまく捌いていかなければならないと気づいた。シャンプランが最初に接触したのは、フランス人が「モンタニエ族」と呼んだ、セントローレンス川の支流サグネ川周辺に住むアルゴンキン語を話す人々だった。セントローレンス川のさらに上流には、別のアルゴンキン語を話す部族が、オンタリオ湖の北にはフロン連邦というアルゴンキンの同盟部族がいた。この緩い連合に敵対していたのは、イロコワ連邦の五つの国だ。イロコワ連邦はオンタリオ湖南岸の全領域及び同湖とエリー湖の間の土地に加え、さらに、西部に向かう商業路の多くを支配していた。両者の間で態度を決める必要に迫られたフランス人は、一六〇三年、遠くのイロコワ族よりよく知っているインディアンを選んだ。しかし、シャンプランはそのときどきで別のグループにも接触し、ときには和平が達成できそうなこともあったが、戦争が始まるたびにフランス人はアルゴンキンの肩をもった。シャンプランが描かれている絵の一つに、彼がイロコワの軍勢に発砲しているものがある。

シャンプランは秋になるとフランスに戻ることが多かったが、カナダで冬を越したことも何度かある。アメリカの原住民に対して、当時の偏見を反映しているケースもシャンプランには見受けられる。とはいえシャンプランは、原住民は適正な法も宗教ももち合わせていないためにキリスト教徒になりたいと思っていると考えたが、原住民の能力や潜在能力がヨーロッパ人より劣っていると考えたことはなかった。一六〇三年に初めて「モンタニエ族」と出会ったとき、シャンプランは彼らが漁業と狩猟を生業にしていると書き留めた。しかし、こう付け加えている。「彼らに土を耕すことを教えてやれば、彼らはすぐに覚えるにちがいない。彼らには思慮と知性があり、どんな問題を与えても答える用意がある」。シャンプランと宣教師たちは原住民の首長と神学論を展開したが、シャンプランは時折、自分の信仰の長所を自分の口で説明できなくなることに気づいた。「彼らはわれわれが言わんとしたことをいつも理解できなかった。必ずしも言葉で言い表すことができないものだ」とシャンプランは書いている。フランス人が家族とともにここに来て、一緒に生活すべきだとインディアンは提案した。そうすれば、キリスト教の意味を実例によって示すことができるはずだ、と。「そう言われれば、私にもわかるような気がする……」とシャンプランは続けている。

シャンプランは初めから心を開き、好奇心をもってインディアンに接した。しばらくすると双方に、それぞれの社会について理解が深まり、親しくなった。一六一五年から一六年の冬にかけて、シャンプランはフロン部族と生活をともにしたが、それは自分の意思ではなかった。フロンはイロコワ族に対する秋の戦いが終わるまで、シャンプランを手元に置こうと決めたのだ。イロコワからの新たな攻撃に備えての保証であり、シャンプランの助言を求めてのことでもあった。「何かできたわけではなく、ただ我慢しなければならなかった」とシャンプランは書いている。しかし、シャンプランはこの機会を利用して、地元の動物相と植物相、それにフロンの「作法、慣習、生活様式、集会の形態」を研究した。

シャンプランは数年間、ニューフランスで生活した。インディアンの儀式や集会を目の当たりにし、インディアン政府の動き方に衝撃を受けた。「通常、彼らは多数決によって行動を決めるが、特に尊重しなければならない理由があるときには、誰かの意見に委ねることもある」。シャンプランはフランスの専制政治と比べたのだろうか？　シャンプランはインディアンを、単に類型化するだけではなく、個人として考えるようになった。「ほとんどの人は快活で人が好いが、無愛想な者もいる。男性も女性も、体が丈夫でしっかりしている。女性は大人も子どもも魅力的で見た目がよく、肌がきれいで顔立ちが整っている」。シャンプランは入念に、彼らの慣習を書き留めた。たとえば、戦争に行く組をいつ、どうやってつくるのかといったことや、なぜ女性が服を脱ぎ裸になってカヌーに向かって踊り、互いをパドル（櫂《かい》）で叩き合うのか、といったことについてである。「彼女たちは相手を傷つけないように用心しながら、相手の攻撃も注意深くかわすようにしていることに私は気づいた」。シャンプランは結婚の慣習、子育て、残忍な行為について書き取り、インディアンの衣装と装飾品を詳細に描写した。男たちの髪型から、シャンプランは、ウタウエ族に「髪上げ族」とニックネームをつけた。「彼らは櫛で髪を頭のてっぺんに上げる。フランスの高級売春婦がカーラーとパウダーを使ってやるより、よほど念入りに髪を整えている。彼らの顔立ちは整っていて、肌をむき出しにし、棍棒しか武器を持たない。体を飾るのに、肌に水をかけ、顔に明るい色でペインティングをし、鼻にはピアスを、耳にはビーズをぶら下げる。私は彼らと仲良しになり、何人かのことをよく知るようになった」。

この友情は両者とも純粋なものだったように思える。一六三三年五月、シャンプランは数年不在にしたあとでケベックの定住地に戻ると（一時的にイギリス人に占領されていた）、モンタニエ族の大きな一団がカヌーに乗ってシャンプランに会いに来た。シャンプランは砦を含む建物をつくっているジェスチャーをし、述べた。「大きな家ができたら、われわれの若者はあなた方の娘さんたちと結婚することになる。これからわれわれは一つの民族になるのです」と。その夏も終わる頃、五百人から六百人ほどのフロン族が川を下ってやって来た。そして、値打ちのあるビーバーの上着を何着も含む贈り物でシャンプランを歓迎した。あるイエズス会修道士が、シャンプランが五、六十人ほどのインディアンの代表と会議をしているのを目撃した。修道士は彼らが次々に立ち上がってシャンプランの帰還を喜び、「彼らはシャンプランを囲み火で暖を取った」のを見た。悲しいことにシャンプランは知らなかったのだが、彼をはじめとする植民者がヨーロッパからもち込んだ病気が、原住民の社会を大きな破滅に向かわせた。一六三〇年代の天然痘の流行で、フロン連邦の三分の二の人々が死んだのである。

一六五三年に厳しい発作に襲われたシャンプランはだんだんと衰弱し、クリスマスの日に亡くなった。ケベックの全住民が葬儀にやって来た。フロン族の代表が、貝殻でつくった数珠をたくさんもってやって来た。フランス人の「涙が乾き、ムッシュー・ド・シャンプランの死に対する悲しみから立ち直ることができるように」と願ってのことだった。ケベックやモントリオールといったセントローレンス川上流の定住地はようやく順調に動き出し、自立するようになった。シャンプランは最初、百五十人の定住者を連れてきたが、その後やって来る人々の数が増えて、やがて何百、何千という人々があとに続いた。一六三〇年から一六八〇年にかけて、千人を超えるフランス人女性がやって来た。北米に定着したフランス人の三分の二以上が彼らの子孫だと考えられる。シャンプランが亡くなったとき、そうとはわからなかったが、彼はカナダにおけるフランスの存在の基礎を築いたのである。

危険は報いられることもあるが、リスクを取る人々を動かすのは、決してそのためだけではない。好奇心、野心、覚悟――こうしたものがある種の人々を駆り立て、圧倒的に不利な状況に逆らってでもチャンスを掴ませるのだ。慣習や、他の人々の常識を無視することもできるようになる。なかでも、危険に挑む人々は犠牲を、失敗でさえも受け入れる心積もりがある。そうでない人々は、安楽に過ごすことの方を好むものだ。『指輪物語』〔イギリスのJ・R・R・トルーキンによるファンタジー小説〕で「ホビット」〔架空世界の種族の一つ〕は決まりきったことに満足し、自治を許されたシャイア〔里〕の居心地のよい世界に安住する。ほとんどの者は危険があり、興奮を誘う外の大きな世界について知りたいとは思っていない。だが、科学や政治、ビジネスの分野で危険に挑む人々がいなければ、私たちはどうなっただろう？　こうした人々の純粋な好奇心や冒険への憧れ、欲望や野心に動かされて、世界は前に進んでいるのだ。

第四章　好奇心

一八四一年、若く育ちのよいあるイギリス人女性が母親に宛てて手紙を書いた。「私の神経システムには特別なところがあるおかげで、他の人には見えない隠れたものを……直感で認識することができるのです。見えないし聞こえない、ふつうの感覚では理解できない、隠されているものがわかるのです。これだけではほとんど役に立つことはないのですが、もう一つ、私には理解する力と集中する力が備わっているのです」。エイダ・ラブレス〔一八一五〜一八五二年〕には複雑な背景があった。敬虔な母親は、神のことなどお構いなしの、ロマンチックで不幸な運命を背負った詩人のバイロン卿〔一七八八〜一八二四年〕と結婚した。恋愛結婚だったと思われるが（バイロンは大きな負債を抱えていて、妻の財産で埋め合わせることができるかもしれないという打算もあったにちがいないが）、エイダが生まれる頃には、二人の関係は悪化していた。母親はエイダが父親から受け継いだ危険な遺伝子が芽を出さないようにしようと決意し、穏やかで合理的なものの考え方ができるようになることを願って、娘に数学を学ばせることにした。エイダは数学に傾倒した。

後にラブレス伯爵となる人物と結婚したが、エイダは頭を使い、妻の役目と母親の役目をなんとかうまく結びつけた。エイダは幸運にも一八三二年、十七歳のときに優秀な数学者で発明家のチャールズ・

バベッジ〔一七九一～一八七一年〕に出会い、固い友情を結んでいた。バベッジは人生の多くを計算機の作成に費やし、エイダが自分が本当に専心したいものは何かを探していた一八四〇年代には、解析機関――コンピュータの初期の形態――と名づけたものをつくろうとしていた。パンチカードを使って複雑な数学の計算を行うのだ。バベッジはそれが実現する百年前に、CPUやソフトウェア、RAMといったもののビジョンをもっていたが、当時の技術では実現には至らなかった。エイダはこの可能性に夢中になり、人並み外れた想像力を働かせて、解析機関を数学以外のこともできる機械だと考えた。「この機械を使うと、文字や一般の記号のように、正確に数量を整列し組み合わせることができる」だけでなく、たとえば作曲のような性能を備えた機械になると夢を膨らませた。エイダはバベッジにこう書き送った。「あなたのお役に立てるとしたら、私の頭脳を使ってください」。二人は何年間も一緒に仕事をし、その過程でエイダは解析機関が計算を実行するプログラムを作成した。言い換えると、エイダは史上初めてソフトウェアを開発したのだ。一九八〇年、アメリカ合衆国国防総省は彼女にちなみ、プログラミング言語の一つを「エイダ」と名づけた。

人並みはずれた好奇心をもった歴史上の人物のリストをつくろうとして、思いついた名前を挙げていくと、その多くが女性だということに私は気づかされた。女性が男性より好奇心が強いのではなく、女性が自分の道を進もうとしたとき、その前には多くの困難が横たわっていることが理由だと私は思う。医学の道を志した最初の女性たちは、教えるのを拒否したり、恐ろしい思いをさせて医学を断念させようとする男性教授に遭遇した。インドが大英帝国の一部だった時代に夫と一緒にインドに行ったイギリス女性は、英領インドを支えるような行動を取らなければならないということをしょっちゅう思い起させられた。インドの芸術や慣習に、あるいはインド人そのものに、興味をもちすぎてはいけなかったのだ。アフリカや中東を旅行した勇敢な女性たちは仲間から眉をひそめられたり、旅先の人々から誤解されたりすることがよくあった。たいていの社会では、女性の野望は打ち砕かれるものである。エリザベス一世、エカテリーナ大帝、則天武后など、出自や結婚によって得た権力を行使した女性たちは、「不完全な女」「モンスター」などと言われる。エリザベスは処女だから女性としては完全でないとか、エカテリーナと則天武后は男性の支配者のように、何十人もの愛人を食いつくし放り出す異常な性欲のもち主だ、とか揶揄されるのだ。もちろん変わってきてはいるのだが、変わっていないと思わされるときもある。マーガレット・サッチャーやヒラリー・クリントンは「金切り声を上げる」と言われることもあるが、男性の政治家にそんなことを言う者はいない。ビジネスで成功した女性は「威張っている」と言われるが、男性の場合には「押しが強い」で済む。

それにもかかわらず、女性のキャリアは今、特に先進国にいれば、母親や祖母の時代よりはるかに選択肢が広がっている。女性にはビジネスや法律向けの頭脳やスタミナがないとか、消防士や山岳ガイドになれるほどの力がない、などといった言葉を耳にすることはなくなってきた。そんな言葉を聞くと、今どきこんな時代遅れのことを言う者がいるのかと耳を疑ってしまう。歴史学だけでなく、社会学や経済学といった違った分野でも女性史の研究は大きな、意味のあるテーマとなっている。一九六〇年代、私がトロント大学の学生だった頃、女性史は存在しなかった（他にも、黒人やアボリジニ、ゲイ、労働者階級の歴史もあまりなかった）。私たちの教科書の目次には「女性」という見出しがないのがふつうだった。私たちが歴史に問いかける内容は、今の私たちの関心を反映していることが多い。一九七〇年代にウーマン・リブ運動が突然大きくなってようやく歴史学者は――もっとも、その多くは女性の学者なのだが――何世紀にもわたる女性の生活を検証し始めた。

これは挑戦でもあった。というのは、過去の記録など残っているものの多くは男性の手によるもので、特に時代を遡れば遡るほど、女性の声は少ないからである。もちろん、少ないながらも存在する。有力なコネをもつ優雅なマダム・ド・セヴィニエが愛する娘に宛てて描いた、パリの社交界やルイ十四世の宮廷生活に関する十七世紀のすばらしい手紙の数々がある。古代ギリシアのソフォクレスの詩のなかにもある。十二世紀、ライン川近くに修道院を創設、経営したビンゲン〔現ドイツのラインラント＝プファルツ州の都市〕のアベス・ヒルデガルトは神学について夥しい数の本を書いたが、植物学と医学についても著作がある。悲しい運命にあった恋人同士のエロイーズとアベラールは、降りかかった大きな災難のあとで手紙のやり取りをした。アベラールはヨーロッパを代表する哲学者だった。パリにいる彼のもとで学ぼうと、大陸中から多くの学生が集まった。エロイーズはアベラールよりずっと年下だったが頭が良く、十二世紀の女性としては珍しく高い教育を受けていた。エロイーズの叔父の家で二人は出会い、恋に落ちた。エロイーズはアベラールの子どもを身ごもり、秘密のうちに結婚した。秘密にしたのはアベラールの経歴に傷をつけないためだった。エロイーズの叔父は激怒し、アベラールを去勢し、それぞれ別の寺院に入れた。手紙の中で、二人は言語や神学、倫理学について議論している。近年の研究によると、エロイーズが書いたとされる手紙は彼女自身が優れた思想家であることを示し、アベラールに知的な影響を与えたという。エロイーズが情熱的に書いた愛の言葉は純粋なものだと思いたいところである。「アウグストゥス〔ローマ帝国の初代皇帝〕が全世界の支配者としてありがたくも私に結婚の申し込みをしてくださり、全世界を永遠に私にくださるとおっしゃったとしても、アウグストゥスの皇后になるより、あなたの売春婦と呼ばれることの方が、私には大切で価値のあることだと思われるのです」。それから二百年後、マージェリー・ケンプという名の独立心のあるイギリス人女性が家族を残して――十四人の子どもがいた――［キリスト教の］聖地に巡礼に出かけ、そのときの霊の探求と冒険を描いた回想録を綴っている〔英語で書かれた最古の自伝と言われる〕。

女性の歴史を深め豊かなものにするため、他の資料を利用することもできるということを、歴史学者は知っている。たとえば、あらゆる時代に聖母マリアと幼子のイエスが絵や彫刻に描かれたが、その手法は、異なる時代の母親のあり方を物語っている。昔の裁判記録は、財産や犯罪の論争であっても、当時の結婚と女性の地位について理解するのに役立つ。大衆文学でニュアンスが伝わることもある。中国で威張り散らした母親や姑についてかくも多くの物語や詩などの古典文学を生まれているという事実は、中国の女性が、男性が意図したような男性支配に従順でおとなしい生き物ではなかったことを強く示唆している。私が初めて書いた本は、英領インド時代のイギリスの女性についてだった。彼女たちの生活を理解しようとしたとき、私は幸いにも、女性たち自身によるたくさんの回想や手紙だけでなく、インド省の記録を見ることもできた。それを見ると、ヨーロッパの女性が適切な教育を受けておらず、医療にも疎く、少なくとも、女性宣教師が市場で説法を行うとか、女性がインドの男性と結婚するなど公的な基準で考えると好ましくない行動をすることを官僚が心配していたことがわかった。婦人科の医師たちがインドの危険な環境のなかで健康を維持し純潔を保つよう女性にアドバイスしている論文や、インドで暮らす女性の家事に関するガイドブック、今では忘れてしまったものもあるが、とにかくたくさんの小説を私は読んだ。

女性史が爆発的に拡がったおかげで、私たちはそれぞれの時代や階級、土地といった制約の範囲内で女性が活動し、それだけでなく、制約を超えて自己実現する場所を切り開き、自分の関心を追求しようとした方法について、十分に考え、理解できるようになった。前章で描いた危険に挑んだ人々と同様に、こうした女性たちには決断力と忍耐力がある。ここでは、彼女たちがもっていた好奇心、すなわち、彼女たちが訪れた先の人々や土地柄、動物、植物、そして土地の歴史について知りたいと思ったのはなぜか、その意欲について取り上げたい。彼女たちは、違和感や厄介ごとがあったとしても、新しい思想や経験に心を開いていた。十九世紀の前半、インド各地に足を運んだファニー・パークスが、自分の体に穴をあけて鉤にぶら下がっている熱心なヒンドゥー教徒のグループを見たあとでこう述べている。「かなり嫌な気持ちがしましたが、とても魅了されました」。

エリザベス・シムコー

十八世紀から十九世紀にかけて大英帝国が拡大し、植民地を集合しまとまるなかで、イギリス諸島出身の女性たちは夫とともに、世界中のあらゆる場所に出向くことになった。彼女たちは実家に夥しい数の手紙を書き、その後、たとえば『森で原始生活をする *Roughing It in the Bush*』とか『カシミールを歩く *Trekking in Kashmir*』といった題の回想録を出版した。その多くは読まれることもなく図書館の書棚に眠っていて、消えてしまった世界の香りを伝えるだけである。こうした本を書いた人々のことを、歴史の中で色褪せた奇特な存在と片付けてしまってはならない。私たちだったら圧倒されるような挑戦をした生身の女性がそのなかに存在している。ぐらぐら揺れる船のうえで転がったり、馬の背や原始的な乗り物に乗って揺さぶられたり。運が良ければだが、初歩的な医療技術のもとで出産したり、抗生剤のない時代にチフスやコレラといった病に倒れたり、スズメバチに刺されたり、狂犬に咬まれたり。だが、彼女たちは人間らしい感覚をなんとか維持し、自分を取り巻く新しい環境に生き生きとした関心を抱いたのだ。

「ファッショナブルな生活に慣れていた彼女は、まだ黎明期にある植民地では避けようもない不便な生活に甘んじなければならなかったが、いつも元気だった」とは、一七九〇年代初め「カナディアンレター」誌で匿名の書き手が記したある女性——エリザベス・シムコー——のことだ。彼女は多額の財産を相続し、イングランド西部に大きく居心地の良い屋敷を所有していた。十六歳のときに、ずっと年上のジョン・グレーブス・シムコー大佐に恋をし、結婚したエリザベスは二十五歳で六人の子どもをもうけていた。

シムコー大佐は［一七七六年に英国からの独立を宣言した］十三州の植民地のアメリカ人と戦い、そのときの経験から徹底した保守派となった。そして、アメリカもそうだが一七八九年以後のフランスについても、いかなる形をしたものであってもとにかく革命というものに強い反感を抱くようになった。

一七九〇年、シムコー大佐は新たにつくられた上カナダ植民地の副総督に任命された。この地位は名前ほどたいしたポストではなかった。植民地の人口は一万人前後で、湖と川に沿って農場と小さな町が広範囲に点在していた（対照的に下カナダは十五万人の人口を抱え、ケベックとモントリオールというすでに発展した都市があった）。上カナダの住民の多くは、アメリカ合衆国から亡命した王党派の比較的新しくやって来た人々だった。シムコーは自由な農地があると約束し、さらに多くの、何千もの人々がこの地に来るよう呼びかけていた。数十年かけて、荒地は整理された土地となり、農場が拡がった。後年、オンタリオに恵みをもたらす礎が築かれたのだ。だが、新しい植民地は南部からの現実的な脅威に晒されていた。アメリカ人がフランスの革命軍とともにイギリスに対する戦争に打って出る可能性があった。しかし、シムコーの自由になる部隊は一握りしかなかった。

夫の勧めで、エリザベスは上の子ども四人の世話を親族と友人に委ね、カナダに向けて出発した。子どもたちはイギリスで教育を受けた方がよいとの意見を受け入れたエリザベスは、信頼している友人が子どもたちの面倒を引き受けてくれることになり、気持ちも楽になった。子どもたちから遠く離れたエリザベスは、イギリスから到着するニュースの一つひとつをうれしく思い、子どもたちの生活の細々したことについて助言したり、心配して忠告したりする手紙を送った。下の子ども二人——一人はまだ生後三ヵ月だった——には召使をつけ、シムコー夫妻とともにカナダに渡った。山のような荷物のなかには、子どもたちの衣類、おもちゃ、夜会服、リネン、陶器、折りたたみ椅子、簡易寝台、蚊帳、大切なスケッチ用具、それに探検家キャプテン・ジェームズ・クックの遺産から購入した帆布の「家」が入っていた。夫の辞令が遅れ、船は九月になってようやく出港した。安全に航海するには、すでに危険な時期に入っていた。船が出てすぐに、彼らは嵐に巻き込まれた。「夕食のテーブルについていると、いくら気をつけていても、お皿が部屋の隅の方に転がっていってしまうことが多くて困るのですが、かえって気晴らしになっています」とエリザベスは書いている。あまりにも揺れが激しいため料理ができず、乾いたビスケットで食いつなぐこともあった。舷窓が壊れてびしょぬれになり、凍えることもあった。

小柄なエリザベスは船の端まで飛ばされて打ち身だらけになった。十月十四日から数日間は、特にひどい嵐に遭遇した。波が「山のように」盛り上がったとエリザベスは書いている。思い切って甲板に出たときには大砲にしがみつかなければならなかった。船員は、今まで二回難破させたことがあるが、今日もその記念日になる、とかなり含みをこめて相当に悲惨な話を細にわたって威勢よく話したが、事態が良くなるものでもなかった。「こんな嵐のときに、こんな危険があると説明してくれても私には少しもおもしろくありません」とエリザベスは述べている。新しい賛美歌を覚え、船のスケッチをして恐怖を忘れようと努めたのだ。

十月も終わる頃、ノヴァ・スコシアに上陸した一行は、そこで必要不可欠のガイドを雇い、セントローレンス川を進んだ。すでに寒い季節でロープは凍り、船は雪と霧のなかをゆっくり進んでいった。十一月十一日、一行はようやく、この冬の目的地であるケベックシティーに到着した。エリザベスは「陰気な町に見える」と落胆したが、船を降りると活動的な社交生活に取りかかった。初めての冬はダンスパーティーやコンサート、観光、訪問をして楽しく過ごしているうちにすぐに過ぎていった。エリザベスは地元では「キャリーオー」という名で知られる犬橇に乗って、凍結したセントローレンス川を駆けた。「川の上から見える景色がとても素敵です。スケートをしている人がたくさんいます。キャリーオールはすごく速いです（カナダ人はいつもそうしています）。木小屋が氷の上に建っていて、ケーキとお酒を売っています。小屋のなかにはストーブがあります」。エリザベスがこう書いたのは、二月の終わりのことだ。

春になると、〝少し面倒だが最善を尽くそう〟といつもの覚悟をして、エリザベスは夫の植民地に向けて出発した。カナダ人には当たり前のことだが、カナダの天気は急激に変わる。モントリオールに滞在していた六月に熱波にあった。「ここと、地獄の間には茶色い紙切れが一枚あるだけだ」と愚痴をこぼした歩哨の言葉をおもしろく思い、エリザベスはそれを書きとめた。一行は船で上流へと進んだが、流れがあまりに急なときは徒歩と馬を使って岸辺を歩いた。エリザベスは農家や宿屋、テントに泊ったが、ベッドがあまりにも汚れていると思ったときにはテーブルの上で寝たこともあった。七月初めには、一行は上カナダの中心町キングストンに着いた。キングストンには木でできた家が五十軒ほどあった。通りはぬかるみ、切り倒されたばかりの木の切り株があちこちに残っていた。キングストンは上カナダの首都候補の町として考えられていたが、起伏に乏しく守りに向いていないうえにアメリカとの国境が近すぎる、とシムコー大佐は結論づけた。

一行は武器を備え付けた英国政府のスクーナー〔帆船の一種〕で南と西に進み、エリー湖からオンタリオ湖に流れる川の河口に面した、ナイアガラという町に向かった。シムコー大佐は町の名を「ニューアーク」に変えたいと思った。その方が洗練されていると考えたのだ。だが、ほとんど文化らしきものがなく、二十軒ほどの丸太小屋と「ネービーヤード〔海軍工場〕」という大げさな名がつけられたみすぼらしい政府の建物がわずかにあるだけだった。一行はテントで夏を過ごした。エリザベスには若い枝でつくったあずまやがあてがわれ、そのなかに座って日がな手紙を書き、訪問客をもてなし、夫の手伝いをした。彼女は「はにかみやで、ほとんどしゃべらない」と北米を旅行した亡命フランス貴族のロシュフォーコール゠リアンクール公爵は書いている。「だが、思慮深く、整った顔立ちで親しみが持て、母親と妻の務めをすべて実直に果たしている。妻として、彼女は夫の個人秘書の仕事までやっている。

絵を描く才能と地図を書き計画をつくる仕事に限っているのだが、その仕事ぶりで総督は非常に助けられている」（だが、エリザベスは他の客に対するほど親切ではなかった。公爵とその一行について、次のように日記に書いている。「見かけが俗っぽくて汚い」）。

その冬、シムコー夫妻はもってきた帆布の「家」で生活した。壁紙を張った部屋が二つとストーブがあった。一部屋は寝室兼応接室で、もう一部屋は子ども部屋だった。一月にエリザベスは娘を出産した。その少しあと、シムコー大佐が小集団を連れてアメリカ合衆国との国境にあるデトロイトまで徒歩で向かうことになり、エリザベスはキングストンの家に戻った。彼女は遭遇するかもしれない危険——天候、荒地、アメリカ人——をなんとも思っていない様子だった。「旅が夫の健康のためになるし、夫が健康であることがうれしいと自分に言い聞かせていました」と彼女は述べている。うんと忙しいから時がすぐに経ってしまうはずだ、とイギリスにいる友人に手紙を送っている。エリザベスが悲しみに浸ることを自分に許したのは、翌年、生まれたばかりの子どもを突然亡くしたときだけだった。「大切な子どもを亡くしてしまったという記憶は、いつまでも辛いものとして残るにちがいありません」とエリザベスはイギリスの親友に打ち明けた。

たいていは、エリザベスは努めて元気に振る舞っていた。虫に刺されて腕が動かなくなったときでも、木でつくった仮のキッチンが火で焼けて脆い磁器が壊れてしまったときも、衣類がぎっしり入っていたトランクを川に落としたときも、アメリカ合衆国と戦争が起こる可能性があった一七九四年から九五年にかけての冬の間、子どもたちを連れてケベックシティーに行かなければならなくなったときも挫けなかった。しかし、上カナダのように、一つひとつの行動をあれこれ詮索され、つまらないことを言う声が聞こえやすい小さくて閉鎖的な社会での社交生活は、簡単ではなかった。エリザベスは政府の仕事に口を挟んでいる、と噂された。「嫌われている法律なのだから、総督が一人で行けばよかったのにと思います」と、官吏の妻ハナ・ジャーヴィスは不満をこぼしている。ハナはいつも、エリザベスのあら捜しをした。たとえば、エリザベスは公式のダンスパーティーを二度休んだが、「一回目は子育てのためで、二回目は出たくなかったからだと聞いている」といった調子だった。シムコー大佐が防衛上の見地から、植民地の新しい首都をオンタリオ湖の北岸の良港ヨークに決めると、ハナはまたしてもエリザベスに詰め寄った。「ヨークの人はみんな病気です──でも、そんなことはどうでもいいのでしょう?──エリザベスがその場所が好きだから──だから、みんなもそうしなければならない、ということですね──お金こそ、みんなが崇める神様ですから」。

エリザベスには他にも友だちがいたし、夢中になれることがそれ以上にあった。多くのカナダの住民と同様、エリザベスはカナダそのものの大きさと壮麗さに圧倒され、魅了された。エリザベスには「絵心」があり、紙やカバノキの皮に「思い起こすことのできる景色の中で一番すばらしい」ナイアガラの滝から、末っ子のフランクに至るまで、スケッチを数多く描いたと日記に書いている。春にはメープルシロップをつくり、夏には雲のように集まる蝶の中を歩く──そんな様子を描くことに、エリザベスは喜びを感じていた。日暮れ時に森に出かけたとき、火事が起こるのを見た。煙で蚊が逃げていき、木々が炎に包まれた。このときの光景を、「タッソー〔十六世紀のイタリアの詩人〕の詩に出てくる魔法の森のよう」だったと表現している。

政庁がヨークに移ると、キングストンにはわずかな農場以外にはほとんどなにも残らなかった。シムコー大佐の部下は調査を行い、道をつくり、木を切り始めた。それから二世紀が過ぎた現在、かつて森だったところはトロントの摩天楼が立ち並んでいる。現在のフォート・ヨークの東に建てた「帆布の家」から移ったエリザベスは、新たに近所となったところを探索した。水晶のように澄み切った水面でアビが不気味な鳴き声を上げ、鹿が森で草を食べ、空には猟鳥や春秋の渡り鳥が飛んでいた。エリザベスはトロントの島の東端から陸地に通じる海岸と砂州を通って、カシノキの森や草原を歩き回った。魚が跳ねるのを眺め、インディアンが松明の灯のもと鮭を突き刺すのを観察した。馬に乗って海岸を下り、オンタリオ湖に注ぐ小川沿いを歩いた。「ドン川と呼ばれている」川の湿地は葦で覆われ、野生の鴨とハゴロモガラスがたくさんいた。木の幹が東に向かう海岸を遮っていたので、小船に乗り白い崖の下を漕いだ。「とてもすばらしく、私たちはここに夏の別荘をつくろうかと話をして、スカボローと名づけました」。夫妻は玄関の柱に大きな白松を用い、「ギリシャ風の寺院を気取った」ログハウスを建てた。そしてこの家を、息子にちなんで「キャッスル・フランク」と呼んだ。今日、トロント市地下鉄の駅名として残っている。

エリザベスの好奇心は尽きることがなく、大陸を横断し太平洋に行ったアレグザンダー・マッケンジーも質問攻めにした。ヘラジカからスカンクなど、初めて出会った見慣れない動物の詳細を書き留めた。アナグマは「狐に似ていますが、ふさふさした尻尾のあるかなり太った動物です」とイギリスの友人に知らせている。エリザベスは植物のリストも作成した。友人に、「メイアップル（「青のリンゴ」の意。和名ではハッカクレン）の種を送ります。見たなかでは一番かわいい植物です」と書き送った。エリザベスは地元の薬も調べ、ある種の植物は咳に効き、ハーブティーは頭痛を治し、ササフラス（クスノキ科の樹木」はどんな熱病にも効く解毒剤で、ある種のガマズミの根を茹でたものは胃炎に効くことを発見した。彼女はスイカやブルーベリー、トウモロコシといった新しい食べ物にも挑戦した。エリザベスは地元のインディアンから貰った干しブルーベリーには「アーウィン社のひし形干し葡萄」を思い出したが、ずっと煙臭い味がした。エリザベスは熊肉が大嫌いだったが、アナグマの肉はミントソースを添えると食べられた。黒リスは「ウサギと同じくらい美味しい」と思った。冬には鹿肉のバーベキューをした。オンタリオ湖の白い魚は「とても美味しく、どの魚よりも、海の魚よりも美味しいとみんな思」ったという。あるダンスパーティーのあと、エリザベスは誇らしげに書いている。「小さな亀が切り分けられ、牡蠣のように甲羅の上に盛り付けてあるのは夕食にはふさわしく思います」。

多くのヨーロッパ人と同様に、エリザベスはインディアンに驚嘆し、強い印象をもった。二世紀前のシャンプランのように異質な存在として捉えるのではなく、彼らの価値観や行為は自分のそれと同じく敬意に値する、仲間の人間として見たのだ。インディアンが長い会議をもつことについて、エリザベスはこう述べている。「私は翻訳した演説をいくつか聞きましたが、すばらしい感情が吐露されていて、部族の人たちが神を信じていることがわかるように思いました」。インディアンの姿はエリザベスにギリシャ人やローマ人を思い起こさせ、彼らが「昔の巨匠の描く人物のように」見えた。彼女は特に、オジブウェ族が整った顔立ちをしていて、「見る限りでは他の人々とは格の違う雰囲気を漂わせていた」と感じた。アメリカの植民地が独立したときに部族を率いて北に移動したイロコワ族の傑出したリーダーであるジョゼフ・ブラントは、ときどきエリザベスと食事した。エリザベスはカヌーに乗って旅をするのが好きだった。「いとも簡単に、カバノキのカヌーを落ち着いて操る様子は、思いつく限り一番素敵な光景でした」。

一七九六年にシムコー夫妻はカナダを離れ、戻ることはなかった。久しぶりにイングランドを見たエリザベスは、こう書いている。「明るく輝いていたカナダの太陽がないので、平野がとても冷たく湿気があり、活気もないし、居心地がよくないように思いました」と。一家は故郷の領地に落ち着き、もち帰った弓矢とカヌーを飾りにした。冬に雪が降ると、カナダの橇で近所を旅してまわった。シムコーは一八〇六年に亡くなったが、エリザベスは一八五〇年まで生き、いつもカナダのニュースを心待ちにした、ということである。

ファニー・パークス

ニュージーランドからケープ植民地まで、ニューファンドランドからセイロンまで、大英帝国の女性が挑んだことは同じだった。新しい環境に適合すること、病気やホームシックをうまく処理すること、家事の切り盛り、そして自分自身が楽しむことだった。「大英帝国が戴く王冠の宝石」と言われたインドは、他のすべての植民地を凌駕する存在だった。インドは大きく、古く、複雑で、さまざまな人種、宗教が混在していた。

イギリスがインドに足を踏み入れたのは、エリザベス一世の治世である十六世紀に遡る。一六〇〇年に貿易会社としてスタートした東インド会社が、二世紀のうちにある種の行政組織となり、英領インドとして亜大陸の大部分を支配するようになった。だが、十九世紀まで、東インド会社は数ある勢力のうちの一つにすぎなかった。女性も含めて、インドへ向かったイギリス人は冒険のため（あるいは、それより悪い目的のため）であり、地元の社会のなかで自分たちのやり方を確立しなければならなかった。当時、インドに渡った人々が、後の十九世紀後半のように支配者然として自己陶酔的なヨーロッパの国から来たわけではないのもよかった。当時のヨーロッパは啓蒙主義の時代で、人々は他の文明を上からの目線で判断するのではなく、開放的で好奇心に満ちていた。サー・ウィリアム・ジョーンズ〔一七四六～一七九四年〕は、一七八〇年代にカルカッタの高等裁判所の判事を務めた傑出したサンスクリット研究者だった。彼は、アジアを「諸科学を育む存在」だと捉えていたが、そう考えたのは彼一人ではなかった。一八〇〇年代初期にインドを広く旅行したマリア・グレアムは回想録のなかで、「古代のヒンドゥー教の本を見ると、人間の性質は合理的で社会的な存在だとする一般原理いたるところにちりばめられているのがわかる」と称賛している。一七八〇年代、アワド藩王国〔現インドのウッタル・プラデーシュ州東部〕の統治者に夫が高官として仕えたエリザベス・プロードンはしばらくの間、コスモポリタン都市ラクナウ〔現ウッタル・プラデーシュ州の州都〕で生活し、ヒンドゥー教徒、ムスリム教徒、キリスト教徒とともに過ごした。エリザベスはたびたび宮廷に招かれ、ペルシャ語とヒンドゥー語を学び、インド音楽に情熱を抱いた。

イギリス人とインド人の間には数多くの友情が生まれ、イギリス人男性がインド人女性を妻にすることは珍しいことではなかった（その逆はずっと稀だったが）。こうした組み合わせから生まれた子どもたちも、その後の時代のように、排斥されることはなかった。一八四八年も半分過ぎた頃、うら若いエミリー・メトカーフはデリー在住の父親のもとに赴いた。当地では父親は総督代理（別の言葉でいうとイギリス政府の代表）で、エミリーを連れて友人宅を訪問したが、そのなかにはさまざまな人種がいた。

エミリーは楽しく過ごしたが、「寝巻のように仕立ててある」白い服を着て太った年輩の既婚姉妹フォスターとフラーのことを、「色が黒く、とても変なアクセントで英語をしゃべる」と描写したのは上からの目線だったと私は思いたい。エミリーはさらに、彼女たちは「すばらしい年配の女性です。子どもたちは男女とも、インド駐在イギリス軍にコネをもっています」と付け加えている。十九世紀後半になると、イギリスはインド全土を支配するようになり、両民族の交流は簡単ではなくなっていた。一方にには優越感があり、もう一方には不安や恨みがあった。こうなっては、愉快な関係が生まれるはずもなく、同等であることが前提の友情関係は損なわれた。

美しくエネルギッシュな――この頃には中年にさしかかり、がっちりした体格になっていたが――ファニー・パークス〔一八三一～一八九七年〕は一八二二年にカルカッタに到着した。運の良いことに、この頃はまだ時代の移行期で、今なお強力で独立した藩王がいた。ファニーは最初、インドとインド人を軽蔑する傾向があった。インドの果物には風味がない、とファニーは日記に書いた。インドの歌は「変てこ」だ、とも。最初の頃に記されたインド人は、厄介な召使や行者、踊り子といった、絵に出てくるような人物だけだった。しかし、もち前の好奇心から、ファニーは次第にインドに歩み寄り、価値を見出すようになった。カルカッタでの生活が四年過ぎたとき、ファニーは自分が、召使や店員以外のインドの女性と出会っていないことに気づいた。そこでファニーは、裕福な地元のヒンドゥー教徒の女性しか入れない部屋「ゼナーナ〔後宮〕」に招待してもらった。この時に会った女性がことさらに興味深いと思ったわけではなかったが、このあと行う数多くの訪問のきっかけとなった。それからは、インドについてもっとよく理解するようになり、インドの言葉を流暢に話せるようになると、好奇心の対象としてではなく、友人になりたいと思いインド人の女性たちのもとに出かけるようになった。

日記には登場しない夫〔ハリー・パークス（一八二八～一八八五年）。駐日大使も務めた〕は、内陸での役職をかろうじて得て、次の十年間はアラハバード〔現ウッタル・プラデーシュ州の都市〕とカーンプル〔同〕で生活した。ファニーは焼けつくような夏の暑さ、熱病、地震、イナゴの大群、バスルームのなかにいる蛇、二年がぎっしり入った箪笥を食うシロアリとなんとか折り合いをつけた。ファニーはもはやインドを退屈と思わず、馬の背に乗って田舎を探検し、その美しさを楽しむようになった。社交性のあるファニーは地元の小さなイギリス人コミュニティーの一員になったが、インド人とも交流するようになり、カーンプルの地元の名士とチェスをしたり、ゼナーナを訪ねるようになった。ファニーはかつて〔藩王国〕グワーリヤルの女王だった人物と、長い時間を一緒に過ごしたこともある。女王のキャンプの端に自分のテントを立て、女王や女性の宮廷官と何週間も噂話に花を咲かせた。ファニーは片鞍乗りのやり方を実演して教えるとき、マハラータのドレスを着て女王の馬に乗った。キャンプを去るときの日記に、こう書いている。「楽しい時間をたくさん過ごした。現地の生活と習慣を体験しておもしろかった。人々の宗教儀式を見た」。かつてムガル皇帝が生活していたデリーを訪ねたとき、ファニーは宮殿の壮麗さが失われていくなかで生活していた年輩のムガル皇女の一人を紹介された。ファニーは「皇帝の子孫が惨めな貧困状態にある」のに困惑した。簡素な花飾りを貰ったときは、「皇女が宇宙の女王であるかのように敬意をもって」頭を下げてお辞儀をした、と書いている。

ファニーの日記が生き生きとして詳細な描写にあふれているのは、彼女が出会ったものすべてに好奇心をもったからである。民族衣装の色や柄、女性が身に着けた宝石、象の決闘、虎狩り、バンガローにやって来たアクロバット師と曲芸師、宗教的な行事とお祭り……ファニーの日記が旅行談の域を超えて優れているのは、彼女が他の社会を内側から理解したいと思う人類学者の本能を備えていたからだ。ファニーは毎年行われるムハッラム〔イスラムのヒジュラ歴における一番目の月。ラマダーンに次いで神聖な月〕の儀式――イスラム教徒、特にシーア派が預言者の孫イマーム・フセインの殉教を記念する――を見て、それら一つひとつの要素が何を象徴するかを説明した。アラハバードでは毎年行われる一大フェアに出かけた。信者たちが儀式的な祈りである「プージャ〔礼拝〕」を行うため、ガンジス川の水浴に集まるのだ。ファニーはこうしたイベントの基にある信念と、大勢のなかにおける聖者一人ひとりの違いを分析した。偉大なヒンドゥー教の叙事詩ラーマーヤナの劇を観に出かけたときには、ヒンドゥー教の神話を学ぶ気になった。このように熱心にヒンドゥー教の慣習と信念を研究していたので友人たちは笑った、とファニーは書いている。「そのうち、あなたがガンジス川で『プージャ』を踊るのを見ることになるわね」と。ペルシャ語とヒンドゥー語を学んだファニーは、コーランも研究し、インド史に熟達した。

インドへの思い入れがあっても、ファニーはフェアでない、あるいは不当だと感じたことは批判した。ある寡婦が、夫の火葬用の薪に無理やり飛び込まされた〔「サティー」と呼ばれ、ヒンドゥー社会の慣習だった〕のを見て驚愕した――こうして親類が寡婦の財産に手を付けるのだとファニーは信じた。この行為が不正義であることを裏付けようと、ヒンドゥー教の聖典を紐解いた。イギリス人がサティーを非合法化したのは正しいと考えたが、女性がひどい扱いを受けるのはインドに限らないということを読者に思い起こさせた。「どの国でも女性は男性の利益と比べられると無視されてしまう。私は、全財産が死んだ父親の息子たちに確実に渡るようにするという理由のためだけに、これ以上寡婦が焼かれることは望まない」。

朝、馬に乗って出かけるときには、ファニーは草や花を集めてきた。地元の習慣にしたがって、バンガローの近くに「聖なる木」である菩提樹を植えた。インドセンダンの樹も一列に植えた。空気を良くすると言われていたからである。地元のことわざにしたがって、植物を集めるのが好きなファニーはおそらく、植物を植える行為によって天国に一歩近づくことができると信じていたのだろう。ファニーはインド人の踊りが優美で音楽が「すてきだ」と思うようになった。弦楽器シタールのレッスンもした。サリーを着ているインドの女性が「すばらしく優美」であるのに対して、ヨーロッパの女性が不恰好で見苦しく、コルセットは「貝殻のなかに挟まったヤドカリのようにぎこちない」と表現した。インドの食べ物も好きになった。大の友人ウィリアム・リンネウス・ガードナー大佐（ミドルネームは名付け親だったスウェーデンの植物学者リンネの名前にちなんでいる）と一緒に宿泊したとき、ファニーはヨーロッパ式の食べ物よりずっと興味があるからインド料理だけにしてほしい、と頼んだ。ファニーはベテルの葉で包んだ噛み物である「パン」、ベテルの実、インド人が消化剤として使っているスパイスを試し、「とてもリフレッシュする」と言った。頭痛のとき、ファニーはインド人の友人からもらったアヘンを使った。ずっと良くなったと感じ、「しゃべり続けた」と書いている。

カーンプルでは、ファニーは夜中にガンジス川に船を漕ぎ出し、恒例のディーワーリ（ヒンドゥー教で新年のお祝い）の祭典の「幻想的な世界」を楽しんだ。「どの寺院にも、どの水辺に降りる階段『ガート』にも、上から下まで何千という小さな灯篭が置かれ、建物が光に照らされるのです」。「カーンプルのわびしい駅が美しさに包まれる」のは思いもよらなかったとファニーは書いている。ファニーはインド建築の多様性と美しさを理解するようになり、タージマハールの大理石とその他の貴重な石を売却すると知事が表明したときには愕然とした。「並外れた美しさは世界の驚異ともいえる。皇后のために建てられた墓を売るなんて」ことは、ヘンリー七世が埋葬されているウェストミンスター寺院の精巧な礼拝堂をイギリス政府が売るようなものだ、とファニーは書いている。

ファニーは召使とともに各地を回った。「明るく美しいこの世界には目を楽しませてくれるものがなんと数多くあるのでしょう！」と述べている。「良いテントをもち、アラブ種の良い馬があれば、インドでは永遠に幸せでいられます」。ファニーには、冒険を楽しむ別の理由もあったのだ。

一八三〇年代にインド総督を務めたオークランド卿の妹であるエミリー・イーデンは、ファニーが旅行をする理由を次のように説明している。「彼女には夫がいるのですが、寒い季節になるといつも頭がおかしくなってしまう。だから、夫を一人にして旅に出るのが自分の務めだ、と彼女は言っています」（エミリーの姉妹であるファニーは、「夫のあとについて上インドに行くけれども、キャンプには自分のテントをもっていく」とファニー・パークスがうんざりしたように言い張っているのを耳にしたという）。

ファニーは出先ではいつも、地元の景色を見ようとした。モスクや寺院、墓、壊れた要塞、宮殿などである。ファニーはデリーのクトゥブ・ミナールの塔を畏敬の念をもって眺め、特に夜に見たそれには心が打たれた。「私は目をそらすことができませんでした。日中に見ても美しい装飾ですが、たくさんの建物の影がかかると、壮麗さが増すのです。私たちは美しいアーチがついた庭の柱廊を歩き回り、テントに戻りましたが、後ろ髪がひかれる思いでした」。ファニーはスケッチ用具を使った。日記の最初の版には、自分で描いたイラストがたくさん載っている。ファニーはガンジス川沿いの景色にも魅了された。「美しいヒンドゥー教の寺院が完璧な姿で密集している」。ファニーは救われる思いで、次のようにコメントしている。「ヨーロッパ人が一人もいないのです――ヨーロッパ人がいるとだめになる場所です」。ある旅行のとき、ファニーはタージマハールを見るためにガンジス川をボートに乗って出かけた。タージマハールは期待以上にすばらしかった。ファニーが着いたのは、ラマダンの終わりを祝うイド・アル・フィトルの祭りの時だった。きれいに着飾った大群衆が景色に美しさを添えていた。「趣味の良いものを味わって眼を横にやると、ヨーロッパ紳士の下品な丸い帽子をかぶった堅苦しい服装と、イギリスのご婦人の優雅さを欠いたドレスが見えて、頭が痛くなるとともにがっかりさせられました」。ファニーはヨーロッパ人がタージマハールの正面にある大理石の敷石の上でダンスをすると聞き、ショックを受けた。

ファニーの大親友となる男性――「親切で穏やか、紳士的で洗練されていて楽しい仲間」――ガードナー大佐と、また、大佐を通じてイギリス人とインド人の家族と出会ったのはこの旅行中だった。ガードナー大佐の父親はイギリス軍の将校で、母親はアメリカの上流階級出身だった。ガードナーの両親はアメリカ独立戦争でイギリス側につき、戦争が終わると亡命し、世界に散った王党派に加わった。ガードナーは当時わずか十三歳でイギリス軍に入隊したが、数年後には将校としてインドに渡った。ガードナーはインドから離れなかった。インドの藩王国の解体をめぐる紛争を解決するのに尽力しているときに、「パーダ」〔女性の居室を隠すカーテン〕の影から覗いている「世界中で一番美しい黒い眼」が見えた。眼の力だけに魅了され、結婚を申し込んだこの女性が、若くてかわいい王女だということをガードナーは後に知った。献身的な妻としてこの女性を得たガードナーは死ぬまで、何年間も一緒に幸せに生活した。王女が亡くなったのは夫の死後一ヵ月後のことだった。子どもはインドとイギリスの名前を混ぜた名前がつけられたが、主にインド人として育てられた。ファニーはアグラの近くのガードナー大佐の領地に滞在するよう招待されると喜び、彼らの孫とムガルの王子との結婚式にも出席した。ファニーはここでも、結婚の衣装から儀式に至るまで、見たものを詳細に叙述している。

一八三九年、ファニーはインドを離れた。イギリスに戻ったときの落胆振りはエリザベス・シムコーと共通している。「上陸して目にしたものはすべて、哀れなほどつまらないものに見えました。特にスレートでつくられた家々がそうでした。家の両脇もスレートなのです。最初に上陸したときに少しうんざりしたのも当然です」。ファニーはインドから可能な限りたくさんのものをもち帰った。ヒンドゥー教の偶像コレクションを含め、自分でも誇りに思う「骨董品の数々」だった。それらは大英博物館に置かれるほどの価値あるものではなかったが、ファニーは明言している。「ガネーシュ像についていうと、私がもっているものほど良いものはありません。夢のなかにだって！」と。日記を出版したとき、ファニーは序文に象の頭をした神への祈りを書いた。ガネーシュの神は芸術と諸科学のパトロンなのだ。

ウルスラ・グレアム・バウアー、ガードルード・ベル

ファニー・パークスだけでなく、ガードナーや、水タバコを手にし、デリーを深く愛したサー・トマス・メトカーフ（インドの芸術家の手による建物と記念碑と人物を描いた絵画のすばらしいシリーズをもっていた）といった男性は、急速に失われつつある旧秩序の最後の人々だった。支配者と被支配者の間の溝が深くなり、架け橋を見つけることが困難になった。蒸気船とスエズ運河のおかげでインドに来るイギリス人女性の数が増え、インドとイギリスの溝が深まったのはそのためだと非難されることがよくある。しかしそれは、不当だと私は思う。イギリスをはじめヨーロッパがときに無法なやり方を含めて帝国として世界を支配するなかで、ヨーロッパ人は権力――後に、それは一時的なものだったことがわかったのだが――があることで、科学と技術、価値観と制度についても全面的に優位に立っていると誤解するようになった。イギリスは他の点でも変化しつつあった。イギリスはますます頑迷に、堅苦しくなり、他の文化に寛容でなくなっていた。東インド会社の社員のなかに新たに見られるようになった福音主義への情熱を、ファニー・パークスは皮肉まじりに見ていた。「宗教の集会がカルカッタで継続的に行われています。人々が高い給料を貰うことができるように祈るため、足しげく通うのです。以前はお祈りするなんて考えたこともない人たちなのに」。だが、キリスト教の福音主義が影響力を増していたことは事実で、それとともに、異教を見下すだけでなく、暗黒のなかに沈んでいると見なした人々を改宗させるという使命感が広がった。

十九世紀半ばになると、英領インドのために行うイギリス人の仕事は手堅く判断をすることに代わってしまい、以前の道楽好きで冒険好きの人々とはまったくちがう性格のものとなっていた。さらに、彼らはインドのためにインドを統治する資格が自分たちにはある、という確信を抱くようになっていた。多くの場合、新しく来た人々はインド人と一緒にいることにはほとんど関心を持たず、東インド会社が一八五八年にインドの支配権を失うと、インド省は被雇用者に対し、インド人女性と結婚することを事実上禁止した。イギリス人は自分らを支配カーストと表現するようになり、その威信を維持するためには臣下に対して超越していることが必要になった。それゆえ、イギリス人女性に対する行動の規範が生まれたのだ。インド在住のイギリス人で人気作家モード・ダイヴァーの小説の一節に、将校である英雄が妻に向かって、荒れ狂う川の上で筏に立っているよう叫ぶシーンがある。「現地人がたくさん乗っている船だから、君がイギリス人だということを忘れてはいけない。イギリス人女性は臆病者でないのだ」と。インドにいるイギリス人女性に対してイギリス人男性は、端整で魅力的なインド人男性に比べて、自分たちは脆く弱い存在に見えるのではないかという恐怖心を抱えていた。それは、一八五七年のインド大反乱のように、インド人が突然蜂起してイギリス人を攻撃し、女性を陵辱したらどうするのか、という恐怖心でもあった。

今日、インドの民族主義者が「第一次インド独立戦争」として捉えているインド大反乱は、東インド会社が編成したインド人傭兵の反乱から始まった。イギリスの支配に反対するインド人の支持を得て、英領インドを揺さぶったのだ。「反乱は平定され」秩序が戻ったが、インド人の部下になぎ倒された将校たちのことを、イギリス人は忘れることはなかった。また、このとき女性や子どもが井戸に投げ込まれ、国中で追い立てられたのだ。秩序が回復したとしても、イギリス人はインドのなかでは少数派であることを以後、忘れることができなかった。広範なインドで初めて人口調査が行われたのは一八八一年だが、そのとき、全人口二億五千万人のうちヨーロッパ人はわずか十四万五千人しかいなかった。特に反乱の記念日が近くなると、インド人にヨーロッパ人女性を強姦するよう呼びかけるポスターが市場に貼られていたというような、何かが起こるという噂がインドのイギリス人コミュニティーに広がった。

たいていは、抵抗が行われるといっても、たとえばイギリス人に対して非礼な態度をとるといった、どうでもよいことだった。英領インドはイギリス人女性がインド人のなかに入り社会活動をさせないようにした。インド人男性の目には、イギリス人女性が自分を貶めているように見える可能性があっただけでなく、同様に重要なのは、イギリス人女性がインド人の感受性をかき回して問題を引き起こす可能性もある、ということだった。インドのイギリス人コミュニティーは、ヨーロッパ人女性が不道徳な、あるいは節操のない行動をとることに頭を悩ませた。彼らは新しいメディアである写真と映画についても心配した。「サロメ」のなかで出てくる「七枚のベールの踊り」に独自の解釈をしたことで有名な女優モード・アランが、第一次世界大戦前にインド旅行を行おうとすると、インド省にそれを思いとどまらせるよう請願する人々が殺到した（インド省は彼らに理解を示したが、無力だった）。

かつてより減ったものの、それでも同調圧力に抗い、インドとインド人に夢中になったイギリス人女性もいた。そのなかには伝道師や教師、特にインド人を同僚にもつ医療関係者がいた。インドの衣装を着てマハトマ・ガンジー〔一八六九～一九四八年。「インド独立の父」として知られる〕の協力者の一人として働いたイギリス海軍将校の娘のように、より急進的な人々も一握り存在しており、自分が所属した社会を捨てた者もいた。だが、多くの人々は二つの世界の間でなんとかうまく舵を取った。フローラ・アニー・スティール〔一八四八～一九二九年〕はインド省の職員と結婚し、多くのインド人の友人を得た。インド大反乱について小説を書くための調査でインドに戻ったときには、イギリス人の友人より、気に入ったインド人の家に好んで滞在した。アネット・エイクロイドは一八七〇代、リベラルなインド人と協力して女性教育を行うためインドにやってきた。アネットも同じく、インド省の職員ヘンリー・ベヴァリッジと結婚したが、終わるともなく続く社交界に入るのを拒否し、代わりにベンガル語を学び、ペルシャ語を研究した。アネットは初代ムガル皇帝バーブルのすばらしい回想録を翻訳し、初めて英語圏の人々の関心を呼び起こした（息子のウィリアム・ベヴァリッジは福祉国家イギリスの生みの父となった）。

英領インド末期、第二次世界大戦中のことだ。ウルスラ・グレアム・バウアーは、日本について情報を収集するため、インドとビルマの国境付近で行われた諜報活動の中心となった。「タイム」誌には映画女優のように見えると書かれているが（実際そのとおりである）、イギリスの良家出身だったウルスラは、一九三〇年代に友人とともに、インド北東部で省職員となっていた兄弟を訪ねるためインドを訪れた。彼女たちが北東部の州都コヒマ近くの山岳地帯を旅行し、地元のナーガ族と遠くの山々の頂を初めて見た瞬間、ウルスラのなかで何かが起こった。「以前には一度も見たことがなかった景色が私を惹きつけたのです。体を貫くほど強い力で。この世のものとは思えない力でした」。ウルスラは、自分で説明することはできないが、これまで違和感を感じていた世界からインドの世界に加わったのだ。

地元のイギリス人コミュニティーと官僚の多くは、ウルスラは頭がいかれて山岳地帯に住みたいと思っただけだ、と考えた。しかし、イギリスの人類学者たちから激励を受けたウルスラは、人類学者兼写真家となり、ナーガの人々の生活と慣習を記録した。部族民は野蛮で難解な首狩族だとインド省は表現したが、ウルスラは次第に、彼らの信頼と友情を得るようになった——小さな薬屋を経営したことが理由の一つだが、それ以上のものがあると私は思う。ウルスラは自ら、彼らを好きで、信頼しているとはっきりと示していたからだ。彼らのなかには、この土地における女神の再臨だと思ってウルスラを見に来る者もいた。

一九四二年、日本軍がアジアを一掃しビルマを経てインドに向かっていたとき、ウルスラは必要とされる多くの情報を収集し、地元の部族をまとめて諜報員のグループをつくり、それを率いるよう求められた。グループの任務には測り知れない大きな価値があった。イギリス軍が一九四四年、コヒマに向かう日本の攻撃に備えるうえで役に立ったのだ。コヒマが陥落していれば、インドから中国の蔣介石政権に物資を共有する重要なルートが途絶するところだった。インドも脅威に晒されただろうし、日本人が望んでいたように、イギリス人に対して民族主義者が蜂起する可能性もあった。ウルスラとそのチームは、イギリスの司令官が強く求めていた日本軍の規模や配列、装備に関する情報を提供し、力となった（日本人はウルスラに〝敬意〟を表し、彼女の首に懸賞金をかけた）。戦後、ウルスラは功績を認められ、いくつかの名誉が与えられた。そのなかには「アラビアのロレンス〔T・E・ロレンス〕」を記念するメダルがあった。ウルスラは彼女と同じように型破りで、山岳地帯を愛したイギリス人と出会い、結婚した。二人はシロン〔インド東部の丘陵地帯。現メガラヤ州の州都〕の教会で挙式したが、ナーガの儀式に則って結婚するまで部族の友人たちはその結婚を認めなかった。

十九世紀から二十世紀にかけて、女性たちは大冒険を行った。それはおそらく、女性というだけで制限された社会の障壁に打ち克つことで鍛えられ、強くなったためだと思われる。「砂漠の女王」との異名をとったガートルード・ベル〔一八六八～一九二六年〕のことを思い出すとよい。ベルは第一次世界大戦前に、まだオスマン帝国の一部だったシリアとイラクへと旅立った。ダーヴラ・マーフィーも、一九六〇年代に一人でヨーロッパからインドまでの陸地を自転車で単独横断した（そのあとも数多くの冒険を行った）。イギリスの少将の娘だったドロシー・キャリントン〔一九一〇～二〇〇二年〕も、一九五〇年代にコルシカに定住した。当時、この島は民族主義運動などで危険な状態だったが、この島の未踏の地を探検した。広く中東とアフガニスタンを旅行したフレヤ・スターク〔一八九三〜一九九三年〕もそうだ。スタークは七十代後半に四輪駆動車「ランドローバー」を操り、アフガニスタンを越えてイランをドライブし、八十代には馬に乗ってアンナプルナ〔ヒマラヤ山脈〕に行ったのだ。だが、このような勇敢な女性は、好奇心をもっているからといって、フェミニストであるとは限らない。七十歳の誕生日のお祝いのディナーに、スタークは男性しか招待しなかった。女性の参政権に反対したガートルード・ベルは、知り合いの多くを軽蔑していた。「若くて将来を約束されたイギリス人男性が、こんな馬鹿な女と結婚するなんて哀れなことね」と花婿のまん前で、大声で叫んだこともあるのだ。

女性の旅行家のなかには探検し、観察することで満足する人々もいるが、ベルのように出会った世界に情熱的に関与する人々もいる。ベルの場合はアラブ、中東だった。裕福で寛大な父親のおかげで、ベルは第一次世界大戦前に当地で長く過ごした。そして、アラブ人と、戦後のこの地域に新しい国境線をつくるのに関与することになるT・E・ロレンスのようなイギリス人の間で、重要な接点となった。ベルの並外れた知識と専門家としての意見をよく理解した当局は、一九一五年、イギリス軍の諜報機関情報員に任命した。ベルには高い知性と自信があり、威圧的な雰囲気があった。ベルが望んだのは、オスマン帝国の瓦礫から新しいアラブ国家を創設すること、特にチグリス川とユーフラテス川の間のメソポタミアを中心に大きな国をつくることだった。ベルは、少なくとも望んでいたものの一部を得ることができた。戦後、講和会議に参加した唯一の女性として、ベルはパリに集まった権力のある政治家にロビー活動し、イラク（「しっかりした土台をもつ国」の意）として知られることになる国を創造するうえで重要な役割を演じた。ベルはバグダードの木彫りのテーブルの上で新しい国の憲法の条文の多くを書き、新しい指導者として、オスマン帝国に対するアラブの反乱でロレンスとともに戦ったハシム家の王子ファイサル〔一八八三～一九三三年〕を選んだ。だが、ベルは望んだものすべてを得たわけではなかった。新しい国家をつくったことでアラブのナショナリズムを封じ込めることも、ベルが望んでいたように、アラブ人に対するイギリスの影響力を強化することもできなかった。実際には、逆のことが起こったのだ。アラブの民族主義者はますますイギリスを敵の中心と見るようになり、ファイサルにも自分の考えがあることが明らかになった。ファイサルは次第にベルを遠ざけるようになり、一九二六年、ベルは自殺した。近年、ガートルード・ベルについて再発見され、新たな伝記が書かれ、ニコール・キッドマン主演で映画『アラビアの女王 *Queen of Desert*』がつくられた。

イーディス・ダーラム

イーディス・ダーラム〔一八六三～一九四四年〕も第一次世界大戦の終わりにパリにいた。ダーラムも世界の政治家に対して自分が愛し、よく知っている世界についてロビー活動をしたが、ガートルード・ベルのようには耳を傾けてもらえなかった。ダーラムにはベルのようなコネも影響力も性的な魅力もなく、選んだ大義も石油と戦略的な重要性がある中東ではなく、貧しいバルカンの小国アルバニアだった。ダーラムは自伝のなかで、バルカンの歴史についていくらか叙述している。しかし、ダーラムの生涯を描く映画が今後つくられる可能性は薄い。ダーラムの大義は重要なものではないが、私には個人としてのダーラムは、ベルと同じように魅力的なのだ。

ベルのように、ダーラムはしきたりや家族の期待を無視し、危険を顧みずに外部の者にはほとんど知られていない国へ旅立った。バルカン（一般にセルビア、ルーマニア、ブルガリアからエーゲ海に至るまでの南に広がった山岳地帯を含めて捉えている）はヨーロッパ南東部の側面にあたる地域で、当時は未開で伝達手段に乏しく、旅行者が近づきにくいところだった。また、バルカンの多くの地域が十六世紀以来、オスマン帝国の支配下にあり、この地の人々はどこか違う、異質な人々だと考えられていた。十九世紀にバルカンの諸民族が次第にオスマン帝国の支配から自由になり、近代化し始めてようやく、他のヨーロッパ諸国の人々がその存在に気づくようになった。ダーラムもそのうちの一人だった。バルカンよりもさらに東に向かったベルと同じで、ダーラムも地元の文化を愛し、出会った人々のことを夢中になって学び、支援したいと望んだのだ。

ベルもそうだが、多くの探検家と同様、ダーラムも勇敢で、意地っ張りで、友情に厚く、好奇心旺盛だった。ダーラムは粗野で我が強く、かんしゃくを起こすこともあった。ダーラムは、悲しいことだが、自分に関心を示さない男性と、自分が望むほど支援することなどできない民族であるアルバニア人に片想いした。若い頃の写真を見ると、整った顔立ちをしている。愛らしい横顔、セクシーな口元、髪の毛の色は濃かったが、年を取るにつれてきれいな外見は失われた。手入れを怠ったからではなかった。なんとしてもロンドンから最新のファッションを手に入れようとしたベルと違って、ダーラムは身なりにかまわず、手に入り役に立つものなら何でも身につけた。カーナボン伯爵〔一八六六〜一九二三年〕。エジプトのツタンカーメン王墓発掘の資金提供者として知られる〕の二男で、バルカンで亡命者を救援する仕事をしていたオーブリー・ハーバート〔一八八〇〜一九二三年〕は、一九一三年の夏、初めてダーラムに会った。オーブリー・ハーバートはダーラムのことを、妻に宛てた手紙の中で次のように書いている。「彼女は男性のように髪を短く切っています。コックニー〔ロンドンの労働者階級のことば〕のなまりはありますが、目がくりくりしていて頭がよく、積極的で負けず嫌いです。そんな彼女ですが、アルバニアの人々のためにほんとうにたくさんのことをやっています」。カリスマ的な若い貴族〔ジョン・バカンの小説『緑のマント *Greenmantle*』のモデルだった〕と、見た目に頓着しない中年のイギリス人女性は、時にぶつかりながらも互いに尊敬するようになり、友情を感じるようになり、アルバニア人の大義のために協力した。

ダーラムは一八六三年にロンドンのしっかりした中流階級の家に生まれた。九人きょうだいの長子だった。ある理由で、ダーラム以外の子どもたちは良い教育を受けた。ダーラムは芸術に手を出したが、兄弟は医師とエンジニアに、妹の二人はケンブリッジのガートン・カレッジに進んだ。著名な外科医だった父親が予期せず亡くなると、家族はダーラムが家に残って母親の面倒を看るのが一番いいということで一致した。母親は体が不自由になっていたのだ。後にダーラムは、騙されたと感じた。「私の前には、どこまでも続く灰色で単調な日々が未来として定められた。逃れる望みはないように思えた」。ダーラムは落ち込み、一九〇〇年には鬱病になった。主治医はリラックスするため旅行することを勧め、家族も毎年二ヵ月間は母親から離れることに同意した。しかしダーラムが、ヨーロッパのなかで一番の無法地帯で、混乱しているバルカンを療養地に選ぶとは、家族は想像する術もなかった。

ダーラムはある意味、絶望的な虚勢を張って出かけたように思われる――「どこに行ってしまうかわからない弾丸」ともいえる――が、もっと重要なのは、ダーラムがこの地域をエキゾチックで、ミステリアスで、エキサイティングだと思い、古代からの歴史が息づいている場所だと考えたことだった。バルカンでの生活は、ロンドンでの自由のない窮屈な生活とまったく対照的な世界だった。ダーラムはオーストリア人が法と秩序を押し付け、道路や下水道を整備して文明を与えてやろうとしていたダルマチアの海岸を初めて見たときにはがっかりしたが、モンテネグロの山岳地帯を発見した。そこは「荒涼とした不毛の荒地」で、アルバニアの北にある高く、人里離れた国だった。ダーラムが書いた最も有名な本『アルバニアの高地 *High Albania*』の冒頭に載せた歌が、彼女にとってのバルカンの魅力を要約している。

私たちはバルカンに帰ってきた
喜びと苦しみがあるところに帰ってきた
火事になろうと嵐になろうと雪が降ろうと
私たちはバルカンに帰ってきた
明日にはすぐ死んでしまおうとも帰ってきた
頭に穴が開いて銃弾がぶち込まれようと
情熱が移ろいやすく流血に結びつこうと
私たちはバルカンに帰ってきた

一九〇六年に母親が亡くなり、自由に好きなだけバルカンに滞在できるようになる頃には、ダーラムは辣腕の旅行者、バルカンに関しては右に出る者がいない、専門ライターとして名を馳せていた。ガイドをただ一人連れて、ダーラムはマケドニア、アルバニア地方、オーストリア管理下のボスニア・ヘルツェゴビナ、独立国セルビアとモンテネグロといった、オスマン帝国支配下でヨーロッパが置き去りにした地域を探検した。ダーラムは人里離れた王国や教会を訪問した初めての外国人、しかも女性である場合もあった。ラバに乗ってぬかるんだ道をのろのろ進むこと、不愉快なことや危険なことを受け入れ、むしろ歓迎さえした。野原や納屋、汚い宿屋で眠った。山賊や敵対心をもった地元民について忠告されても、それらを軽視した。「アルバニア人は野蛮だけれど、女性を襲うことはないと繰り返し話してきた」と、著書のなかでさらりと書いている。訪れた場所ではどこでも、ダーラムは好奇心いっぱいの群衆を惹きつけ、質問攻めになった。「どうして結婚しないのか?」「英国王の親族だというのは本当か?」と。

最初の本はセルビアに関するものだったが、セルビア人に対して実際に温かい感情を抱くことはなかった。ダーラムはセルビア人は背が低く、のっぺりした顔をしている——顔立ちの整ったモンテネグロの「巨人」とは違う——し、退屈で、いつも水ばかり飲んでいると思った。一九〇四年、ダーラムは病院を経営し、そこで亡命してきたアルバニア人の救済活動を行ううちに、マケドニアのことを知るようになった。アルバニア人たちはオスマン帝国に対して反乱を起こそうとしたが未遂に終わり、その後、残酷な仕打ちを受け、亡命を余儀なくされたのだ。ついには、ダーラムはマケドニア人にひどく苛立ち、彼らの迷信に憤慨するようになった。しばらくの間、モンテネグロがバルカンのなかではお気に入りだったダーラムは、権謀術数を狡猾に用いる老国王ニコラ〔一八四一〜一九二一年〕と仲良くなり、彼の小さな宮殿で茶飲み話をした。ダーラムはモンテネグロに近代化の兆しが忍び込んできていることを残念に思っていた。首都ツェテニェの本通りにガス灯がつき、新聞が発行されるようになっていたのだ。「モンテネグロは以前ほど幸福ではない」とダーラムは述べている。バルカン諸国のなかで最も幸福な国とは、新聞の発行部数が最も少ない国である、というのがダーラムの考えだった。

一九一一年になると、ダーラムはニコラに幻滅を感じるようになった。ニコラが権力と王国の領域を拡大しようとする試み〔南スラブの統一を目指した〕に疑念を抱くようになったのだ。当時、モンテネグロにいたダーラムは、オスマン帝国がコソボで起きた民族運動を残虐な形で鎮圧したあと、そこから逃れたアルバニア人亡命者に衣服と食事を提供する救援活動を行っていた。ダーラムはホテルの部屋でシャツや靴を製造した。夏になると、ホテルの部屋は暑さのために、完治していない皮膚の傷から出る悪臭が漂うほどだった。ダーラムはニコラが亡命者を見捨て、オスマン帝国からできるだけ多くの領土を獲得する気でいるように思え、ショックを受けた。一九一二年から一九一三年にかけての第一次バルカン戦争で、ダーラムはアルバニア人に残虐な行為をするニコラとモンテネグロを憎むようになった。ある人の観察によると、ダーラムが最終的に彼らと決別したのは、モンテネグロの戦士のバッグを覗き込んだことがきっかけだった。戦利品として削ぎ落とした人間の鼻を六つ、もっていたのを見つけたという。その後ダーラムは、アルバニア独立の大義のために相当なエネルギーを注いだ。

最初にバルカンを訪問したときから、ダーラムはアルバニア人そのものに惹かれていた。一九〇〇年、遠く北方のアルバニアの山々を見て、ダーラムは探検してみたいと憧れた。翌年、ダーラムは船でスクタリ〔現シュコダル。ユーゴスラビアとの国境に近い〕に向かうフランス人のパーティーに加わった。

スクタリはオフリド湖〔アルバニアとマケドニア共和国の境にある湖。ヨーロッパでも最古の湖と言われ、世界遺産に登録されている〕を越えた山の近くの重要な貿易都市で、外国人がほとんど訪問したことのない街だった。フランス人のパーティとは上陸後に別れ、ダーラムは案内として小さな少年を一人だけつけて、細い通りにあるホテルを見つけた。「うじゃうじゃ揺れ動く野蛮人が大勢いました。どう説明していいのかわからない」とダーラムは書いている。ダーラムは山岳地帯から来た「立派な銀の武器で重装備した」獰猛そうな人々と、「白とスカーレット色〔やや黄色みのある赤色〕のコインと銀ボタンと刺繍で」飾られた、町に住むキリスト教徒の女性たちに会った。ダーラムは圧倒された。「どう言葉に表現したらよいかわからないぼろ布の固まり、汚いものと華麗なものが混在している様子、日焼けして皮膚が剥けた人々の集団、馬やラバ、ヤギ、牛……牛車は土埃をあげ、ガタガタ、ズルズルと音がする」。これらすべてをダーラムは好きになったのだ。

一九〇四年、ダーラムはアルバニア北方の山岳地帯に長期間の遠征を行った。連れの一人はキリスト教徒のアルバニア人だった。当時はオスマン帝国の支配下で、アルバニア人の多数がイスラム教徒のなかでは危険な活動である聖書配布を行っている人物だった。「私はここに来た最初のイギリス人女性として男性の記憶に残るのです。よそ者はほとんど来たことがないところです」――ダーラムはある町について、誇らしげにこう述べている。ダーラムはアルバニア人から温かく歓迎された。アルバニア人はダーラムが裕福で、権力があると考えたのだ。また、ダーラムは彼らに対して深い愛情で応えた。ダーラムは人里離れた村々や何世紀も変わっていない生活様式に、特に「アルバニアの高地」と呼んだ地域に魅了された。ダーラムは、アルバニア人はそもそもバルカンにあったイリュリア〔古代ギリシア・ローマ時代に存在した国〕の住民だったのに、何世紀もかけてスラヴ人が侵入し、かつての地域を追われたという恨みつらみを分かち合った。ダーラムはアルバニア人の存在を外の世界に知らしめて、オスマン帝国からの独立という大義に対する支持を集めたいと願っていた。ダーラムはアルバニアの初期のナショナリストのように、第一次世界大戦で独立したセルビア、ギリシャ、モンテネグロなどのバルカン諸国が、オスマン帝国がさらに弱体化していくなかで、アルバニア人の住んでいる領土を奪うのではないかと恐れていた。

一九〇八年、ダーラムは山岳地帯への一連の旅行を行い、著書『アルバニアの高地』の材料を集めた。この本は初めてアルバニアの歴史が書かれた本といえるだろう。北方アルバニアの法や部族、神話、慣習を検証したまじめな民族誌学の作品だった。ダーラムが撮った写真と、装飾品や独特な頭の剃り方を描いたイラストも載っていた。ダーラムは女性の肌に丁寧に彫られた刺青について、古代イリュリアの習慣だと信じて執筆し、根深い血の争いを理解しようとした。この本は議論の対象になった。ダーラムは著書で、バルカンの生活の野蛮さを誇張しているにもかかわらず、それを擁護していると非難された。次のような評論もあった。「ほぼすべてのページに、撃たれた男の話、人を撃とうとしている男の話、人殺しの話を自慢して自分の信用を高める男の話が出てくる。ミス・ダーラムは、人を殺して栄光を得たと大喜びする人々の気持ちに共感しているかのようだ」。

ダーラムはあきらめなかった。彼女は自分の運命がアルバニア人を助けることにあると感じるようになった。彼女のなかでアルバニア人がロマンの対象になるとともに、犠牲者だとも考えるようになったのだ。アルバニア人は非常に多くの敵に囲まれているだけでなく、非常に多くの内部分裂にも苦しむ孤立した人々だった。近隣の国々がアルバニアの土地を手に入れようと狙っていたのに、アルバニアはキリスト教とイスラム教、北と南、血族のライバル関係で分裂しており、一つにまとまって声を上げることができなかった。ダーラムが憤り、落胆したのはこのことだった。統一がなされていないために、アルバニア人が略奪を狙う隣の国々の手に落ちてしまうのではないかと恐れた。「アルバニアの女王」と呼ばれることはダーラムにとって嬉しいことで、行く先々で歓迎された。ダーラムはアルバニア人をオスマン帝国の支配から解放し、アルバニア人の国を持たせることを自分の使命とした。ダーラムは住民が入り混じったバルカンの状況で国境を引く困難さを認識していたが、それでも楽観的に、民族と宗教が違っても協力できると願っていた。

ダーラムはオーブリー・ハーバートと協力してイギリス=アルバニア協会を立ち上げた。一九一二年、第一次バルカン戦争で何万人というアルバニア人がギリシャ、セルビア、モンテネグロに取り残されると、この奇妙な二人組みはロンドンで、アルバニアの独立を求めてロビー活動をした。列強それぞれ利害の対立があるなかで結論を出す段になると、イギリス=アルバニア協会はギリシャが南部のアルバニアの領土を奪いすぎないよう世論をかき立て、成功した。

一九一四年に第一次世界大戦が始まり、ダーラムはアルバニアのヴロラ港からイギリスに向けて出る船に乗った。ダーラムは乗客のなかで孤独だった。「イギリスで大勢の人々と一緒に暮らしたときから、もう何年も経っている。イギリス人が私の知らない人種に思えた」とダーラムは書いている。故郷に帰ると、ダーラムはイギリスがアルバニアの憎き敵・セルビアの側で戦っていることで打撃を受けた。ダーラムは戦争の間、『バルカンの混乱の二十年 *Twenty Years of Balkan Tangle*』を執筆し、この地域を外の世界の人々に紹介した。戦争が終わると、ダーラムとハーバートは平和の策定のなかでアルバニアの利益を確保する可能性を追求しようとした。二人はアルバニア人の代表がパリの講和会議で演説を行うことを認めるよう要求したが、果たせなかった。一方で、アルバニアの国際連盟への加盟要求は叶えられた。

長年の厳しい旅行の結果、身体も次第に無理がきかなくなっていたダーラムのアルバニアへの最後の旅行は、一九二一年のことだ。温かい歓迎を受け、彼女の名前にちなんでつけられた地名をいくつか教えてもらったが、ダーラムの気持ちは複雑だった。アルバニアには変化の兆しがたくさんあったが、外国人が働いている姿を見るのを、ダーラムは好まなかった。「アルバニアは外国人がいると、アルバニアらしくない」とダーラムは書いている。ダーラムがアルバニアに戻ることはなかった。ダーラムは残った生涯、全力でアルバニアのために働き続けたが、バルカンに関心をもつイギリスの小さなサークルのなかでは、ダーラムは変人でイギリスの世論から外れた人と見られるようになった。ダーラムは一九四四年に亡くなった。戦争が終われば、アルバニアにとって良い時代が来る、と楽天的に考えていた。幸いなことにダーラムは、もっと不快で恐ろしい共産党指導者の支配によるアルバニアの長い苦悶を見ずに済んだ。

ダーラムが死んだとき、彼女が決して好きにはならなかった亡命中のアルバニア国王ゾグー〔一八九五～一九六一年。一九三九年にイタリアが侵攻して亡命したが、戦後も帰国できなかった〕は、温かい墓碑銘を送った。それには、次のように記されている。「アルバニア人が忘れなかった――永遠に忘れることのない――イギリス人女性。彼女がよく知っていた山々には、彼女の死が木霊のように頂から頂に響き渡った」。共産党時代〔アルバニア社会主義人民共和国〕、アルバニア政府はダーラムのことは忘れられたと強弁していたが、一九九〇年代に民主主義が戻ると〔アルバニア共和国、一九九一年〜〕、ダーラムの名は掘り起こされ、再びアルバニアの町や学校の名前となって現れた。

歴史が一軒の家だとすると、目立つよう壁に飾られている先祖の肖像画がある一方で、ほこりの積もった倉庫や屋根裏部屋にしまわれているものもある。今日の私たちがガートルード・ベルのことを覚えているのは、ベルがイラクと近代の中東を形成するのに一役買ったからである――もっとも、その伝説はいまや壊れてしまったが。イーディス・ダーラムは一九一二年に独立国アルバニアが生まれるなかで小さな役割を演じ、そのために近年のバルカンの歴史のなかで、それなりの地位が与えられている。好奇心や勇気、未知の世界を探検したいという願い――こうしたすばらしい資質があっても、長く続く名声が得られる保証とはならない。エリザベス・シムコーは日記が発見されて出版される一九六〇年代まで、ほとんど忘れられていた。エリザベスはカナダの社会に長く残る影響力を持たなかった。ファニー・パークスの回想録は一八五〇年に出版されたが、一九七〇年代まで絶版となっていて、私のようなインドにおけるイギリス人を研究している一握りの人々にしか知られていなかった。だが、それぞれが行ったのは、有名であれ忘れられてしまった人々であれ、彼ら自身と彼らが歩き回った世界の記録を残したことだった。そのことに、私たちは多くを負っているのだ。こうした人々が過去から飛び出してきて私たちの関心を捉え、私たちと同じ人間だったのだということを思い出させてくれる。こうした人々が書いたものを通じて、私たちは歴史を書けるようになっているのだ。

第五章　観察——日記と回想録

一八二四年五月十七日、〔イギリスの〕出版社ジョン・マレーの二階にある大きな応接室の暖炉の周りに、一同が集まった。〔文芸書だけでなく旅行ガイドブックシリーズも出版することで、その後、大きな影響力をもつに至ったが、〕マレー社は当時、比較的新しい会社だった〔現在は買収され、Hodder Headline 社の一部門となっている〕。とはいえ、ジェーン・オースティン〔一七七五～一八一七年。イギリスの小説家〕、サー・ウォルター・スコット〔一七七一～一八三二年。スコットランドの詩人、小説家〕など、傑出した執筆者の本を出していることで、すでに名声を得ていた。悪評の高いバイロン卿も執筆者の一人であった。彼の書いた回想録が問題となり、一同はこの春の日に集まったのだ。放蕩生活のひどさを指弾されたバイロンは、数年前にイギリスから飛び出し、「自分が書いたもののなかでは最良で凶暴なカラバッジョ〔バロック期（十六～十七世紀）のイタリア人画家〕スタイル」の原稿を一気に完成させ、安全に保管してくれと友人であるアイルランドの詩人トマス・ムーア〔一七七九～一八五二年〕に送付していた。バイロンは、〔オスマン帝国からの〕ギリシャの独立〔をめぐる戦争に参加し、〕戦争が小康状態にあったこの年の四月初め、メソロンギ〔西ギリシアの港湾都市〕で亡くなり、ムーアはバイロンの作品に関する遺産執行人として、委ねられた原稿をどう処理したらよいか決めなければならなかった。

ムーアら数人はすでにこの回想録を読んでいた。レディー・キャロライン・ラム〔一七八五〜一八二八年。小説家〕は数多くいるバイロンの愛人の一人だったが、この回想録を「無価値――ただのコピーの寄せ集め」と切り捨てた。自由党を代表する政治家だったジョン・ラッセル卿〔一七九二〜一八七八年〕は、バイロンの若かりし頃とギリシャで過ごした日々の描写が「すばらしい」と考えた。だが、「あまりにも粗雑で繊細さに欠いている箇所が数ページあり、出版には適さない」と認識していた。若い頃からバイロンの親友で、自分も詩人になりたいと思っていたジョン・ホブハウスは、猥褻な描写があり、スキャンダルになる可能性があることを心配した。当時、バイロンの名声は落ち続けていたが、ホブハウスは〔庶民院の〕議員で、尊敬を集めつつあった。おそらく、ホブハウスはこの回想録が出版されると自分の評判が落ちるのではないかと恐れたのだろう。また、バイロンの詩人としての大きな業績を妬むようになっていたのかもしれない。「最初の悲しみを乗り越えて、私は速やかに、愛する友から託されたすべてを保存する義務を遂行しなければならないと決意した。それは、彼の名声だった」とも語っている。ホブハウスは自分を支持すると決めている女性が二人いることがわかっていた。一人は、バイロンの別れた妻アナベラだ。そしてもう一人は、バイロンと関係をもったと広く思われている、バイロンの異母姉オーガスタ・リーである。二人はこの会合に代理者を派遣していた。何年間か封印しておかなければならないにしても、回想録を保管するよう求めたのはムーアだけだった。社長のジョン・マレーはすでに、バイロンの家族と友人たちの圧力に屈していたからだ。応接室でムーアは、人々が原稿を引き裂き、燃やすのを見届けることになった。伝記作家や文学史研究者、また、単純に猥褻な話が好きな人々はそれ以来、バイロンの回想録が失われてしまったことを残念に思い続けている。

歴史にはこのように、死んだ人の名声を守るため、あるいは生きている人々に配慮して、記録が破壊されたり、抜かりなく事実が選別されたり、都合よく変えられてしまう例が数多く存在する。ジェーン・オースティンの姉はジェーンの手紙を焼いたが、その理由は明らかになっていない。もう一人のイギリス人放蕩者で、探検家のサー・リチャード・フランシス・バートン〔一八二一〜一八九〇年。『千夜一夜物語（アラビアン・ナイト）』の翻訳者でもある〕の妻は、炉辺《ろばた》に座って夫が書き残したものをどうしたらよいか考えていたとき、亡き夫の幻に会ったと主張している。書いたもののなかに、中東とインドを探検したときに経験した性行為を描いた絵がいくつか含まれていた。一八九一年、夫の幻が妻に「焼いてくれ！」と告げ、彼女は実行した。詩人のテッド・ヒューズ〔一九三〇〜一九九八年、イギリス〕は妻シルヴィア・プラスの最期の日記を破り捨てた。自分の子どもたちには読まれたくないと思ったからだ。トマス・ハーディー〔一八四〇〜一九二八年。イギリスの小説家、詩人〕は先妻が「悪魔のよう」と形容した日記を焼き、自ら伝記を書き、自分が死んだらそれを後妻の作品として出版するよう、彼女に託した。中国政府は毛沢東の悪名高い妻・江青〔一九一四〜一九九一年〕が晩年、獄中で書いた回想録を没収した。その後、それがどうなったのかは明らかでない。ある民族の集団的な記憶となっている文書や施設が、練られた戦術の結果、戦争で標的となることもある。ユーゴスラビアが一九九一年から始まった内戦のなかで解体したとき、セルビアの民族主義者はサラエヴォにあったボスニアの国立図書館に火を放った。後に、どれほど価値があるか計り知れないオスマン文書が目の前でばらばらにされ、灰となって風に舞っていくのを見た、と当地にいた人々は教えてくれた。

ネズミやシロアリ、火事、洪水も、人間が壊すのと同じように記録を破壊する。安価なパルプ紙に代わったことで、本と新聞は社会の貧しい人々にも手が届くようになった（そして、カナダの木材業者は財を成した）が、以後、学芸員の頭を悩まし続けている。図書館で読んでいた十九世紀の黄ばんだ新聞が、手の中で粉々になり始めたことがあった。価値ある個人文書がひとまとまり残っていても、管財人は家族が務めていることが多く、アクセスを制限したり閲覧を拒否したりすることもある。ジェイムズ・ジョイスの孫スティーヴンは、祖父の書いたものすべてを、公表された作品でさえ管理下におこうと強権的な運動を何年もかけて展開した。スティーヴンは、伝記作家や文芸評論家がジョイスの著作から引用したときには法に訴えると脅し、それを実行した。そのため、ジョイスのことばを使って選集をつくることができなかった。ジョイスの作品を舞台化することも、読書会を行うこともほとんど不可能だった。ヴェネチアで行われた研究者会議でスティーヴンは、ジョイスの悲しく困難を抱えていた〔統合失調症だった〕娘ルシアからジョイス夫妻が受け取った手紙を引き取り、すべて焼いたと誇らしげに宣言し、参加者を驚愕させた。二〇一二年に著作権のほとんどが消滅し、ジョイスの作品の多くが公の場に出てくるようになったのは、多くの人にとっては救いだった。

マッケンジー・キングの管財人のように、遺言を無視することもある。そういう場合は、後世の者にとっては幸運である。キングの日記がなかったら、カナダ史ははるかに薄っぺらいものとなっていたことだろう。破壊された、あるいは跡形もなく消えた記録はいくつもある一方で、幸運にも保存され、発見された記録の例もある。一九六七年、アメリカの大学教授がイタリア・フィレンツェ近郊のある一族の家を訪問した。そして、第一次世界大戦からその後の数年間、イタリア外相を務めたシドニー・ソニーノにまつわる文書が残っているかどうか尋ねた。そのとき、ソニーノの子孫である男爵は、大学教授に「赤ワインの」「キャンティ」をふるまい、誰も気に留めていなかった収納室を調べてみてはどうか、と提案した。収納室には古いトランクが十四個あった。そのなかに、シドニー・ソニーノの公的な書簡、日記、手紙、その他の書類が残っていた。また、パリ講和会議時、フランスの通訳長だったポール・マントーが命令に背いて記録したものもその一つだ。それは、当時の世界をリードする四人の政治家――アメリカ合衆国ウィルソン大統領、フランス首相ジョルジュ・クレマンソー、イギリス首相デビッド・ロイド・ジョージ、イタリア首相ビットリオ・オルランド――の会話の全記録である。マントーはそれを複数コピーし、そのうち二部をフランス外務省に預けた。しかし、外務省に預けたコピーは、一九四〇年にドイツがパリに進軍したとき、外務省の庭で他の文書とともに焼かれた。マントー自身はフランス政府とともに南に逃げたが、残りのコピーは彼のアパートに置いてあった。マントーは友人に頼み、かろうじてそれを取り戻し、とある大学の法学部天井裏に隠した。パリが解放されたとき、幸運にもそれが残っていた。一九一九年の重大な意味をもつ会話の記録がなければ、私たちは二十世紀の世界を形づくった話し合いを理解できなかったにちがいない。

歴史学者が過去を構築するときに用いる材料は、ますます折衷的――考古学の発見や、生物学、人類学を用いる――なものになっている。歴史学者は墓石やコイン、あるいは絵画に書きこまれた銘文や像を検証し、宮廷や租税の記録、政府の報告書を研究する。近年の研究では、新聞や映画、ツィッターにいたるまで、なんでも利用する。だが、歴史学者はそれでも、過去の感情と肌合いを伝えてくれる一人ひとりの声――アメリカの歴史学者バーバラ・タックマンが「確証を与える詳細」と呼んだ――のような、私たちにある人物やある瞬間を印象づけてくれるものが必要なのだ。観察者が意図せず記録したものが、ある特定の時代、階級、家族、場所を想定し評価するにあたり、理解を深める一助となる。たとえば、ルイ十四世の宮廷にいたデュ・ド・サン＝シモンのように傍観者として見ていた観察者もいるが、ムガル皇帝バーブルのように歴史を変えた人物もいる。このような観察者が共通してもっているのは、自分たちの世界や住民に対する飽くなき好奇心であり、詳細を綴り、人間事象の愚かさを理解する鋭い目であり、皮肉やゴシップを好む感覚である。さらに重要なのは、見たものを記録しようとする彼らの強い意思である。彼らの記録がなければ、私たちははるかに貧弱な過去の知識しかもちえなかっただろう（正直言って、研究の名のもとに他人が書いた手紙や日記を読むというのはふつうの生活のなかではやってはいけないことだが、実は、どこか楽しいところがあるものだ）。

第一級の日記や回想録は、権力者ほどの大きな力をもたない脇役が書いたものである場合が多いが、それはおそらく、後世の人々の評価など気にしないからなのだろう。一六六〇年に日記をつけ始めたイギリスの官僚サミュエル・ピープスが、誰も読むことはないと思って書いていたのは明らかだ。ピープスは構えることなく、自分自身や日常の行動について記している。ピープスはすべて——感情や病気、食事、衣服、友人、召使、妻、猫——を目録として挙げて、叙述している。飲みすぎることもある。妻とけんかし、妻の友人につれなくあたる。罪の意識をもちつつも、妻に対して誠実ではない。ピープスは共和政末期から王政復古にかけてのイギリスを目の当たりにしている。ピープスは宮廷の噂話を書きとめ、政府内で浮沈する人々を観察する。ピープスはペストが最後に大流行した一六六五年にもロンドンにいたが、翌年大火災によってロンドンの大部分が灰になったときにもロンドンにいた。ピープスの日記がなければ、私たちはチャールズ二世の治世下の生活を完全に捉えた〝絵〟を手にすることはなかったにちがいない。また、私たちはこのすばらしくおもしろい、激高もするし、愛嬌もある人物を知ることはなかったのだ。

少しあとの時代にあるが、海峡の向こうで、デュ・ド・サン＝シモンはルイ十四世の宮廷の噂話を熱心に収集した。サン＝シモンの長い回想録は冷静で辛辣なところも多いが、新しくつくられたばかりのヴェルサイユ宮殿の生活を説明している点では類を見ない。「太陽王」〔ルイ十四世〕の寵を得た者とそうでない者についての噂話と、〔宮廷内の〕どこまでも広がる憶測が描かれているのだ。国王の前の席に誰が座るのかといったこと、ミサのときに貧民への施し集めの袋を誰が回すのかといったことについて、ばかばかしい争いがあった。サン＝シモンは国王その人と、国王の近くにいる人々を微細にわたって観察した。サン＝シモンはルイ十四性の後継ぎとなる孫〔フェリペ五世〕と結婚することになりサヴォイ公国〔イタリアとフランスにまたがったサルデーニャ王国の前身〕からフランスに連れてこられた、二十歳の小さな公女〔マリア・ルイーザ・ディ・サヴォイア〕に魅かれた〔国王は床入りは二年後だと宣言した〕。「素朴な見た目で、頬がぷっくりしていて、美しいというよりは主張の強そうな額で、鼻が小さく、唇が厚く色気があるが、まっすぐな栗色の髪と眉毛は印象的で、世界中で一番かわいい瞳は表情豊かだ。残っている歯の数がわずかで、それも虫歯だが、よく笑い、よくしゃべる」。公女が国王の部屋で、国王やお付きの者と楽しくおしゃべりしている間に老いた侍女が後ろで浣腸をしようとドレスをたくし上げているのを見ておもしろいと思った。公女が〔一七一四年に〕突然病気で亡くなったとき、公女が毒殺されたのではないかという噂話をサン＝シモンは記録している。

サン＝シモンはルイ十四世を嫌い、彼のわがままな行為の数々を挙げ連ねることに喜びを見出していた。ルイ十四世のお気に入りの孫娘が妊娠中に苦しんでいるときでも、彼女を遠出に連れて行くと主張したことなどがそうである。孫娘が早産しても国王はいつものように後悔しなかった、とサン＝シモンは書いている。サン＝シモンはヴェルサイユ宮殿のこともひどく嫌っていた。不便で不健康だと思ったのだ。「美と醜悪、雄大と凡庸が乱暴に一つになっている」と。宮廷人が廊下で小便をし、我慢できなくなった公爵夫人はチャペルで用を足した。ルイ十四世がヴェルサイユ宮殿と宮廷の壮麗ぶりで貴族を骨抜きにし、飼いならしている、とサン＝シモンは見ていた。「ルイ十四世はこの手を使って、巧みにすべての人々の力を弱めようとし、また、それに成功している。贅沢こそが人々にとって価値あるものだとしているからだ」。無駄な贅沢のために競って金を使うことが、病気のようにヴェルサイユ宮殿からフランス中に広がっている、とサン＝シモンは警告している。「この癌は、地位やプライドが入り混じったものによって、さらには良き作法によってさえ育まれ、国王の愚行によって成長し、計り知れないほど悪い結果をもたらすのだ。いずれ滅び、総崩れになるにちがいない」。

バーブル

回想録と日記は、誰もが気づかないうちに抱いてしまうステレオタイプを修正する役目を果たしてくれる。西洋では、人々は十字軍について特殊な見解を抱いた大人になりがちだ。人気のある文学作品や映画によって、〝高貴な〟騎士たちで編成された十字軍が〝野蛮な〟イスラム教徒からキリスト教の聖地を奪還するために進攻する、というイメージがつくられている。こうしたイメージは、今日私たちが中東のことを考えるにあたり影響を及ぼし得るのだ。アミン・マアルーフ〔一九四九年〜〕。レバノン出身でフランス在住の作家、ジャーナリスト〕のすばらしい小作品『アラブが見た十字軍 *The Crusades through Arab*』、あるいは、一〇八三年にビザンツ帝国の皇帝の娘として生まれたアンナ・コムネナ〔一〇八三〜一一五三年〕の回想録を読んでいれば、まったく違う絵を思い浮かべることができる。コムネナの回想録が描いているのは、コンスタンティノープル〔現イスタンブル〕とレバント地方〔地中海東部沿岸〕の人々が、武骨でけんか好きで貪欲な西洋人を、困惑と軽蔑をもって見ている姿である。西洋人は宗教より略奪に関心をもち、医学や衛生についての基本的な知識がひどく原始的な人々だったことが回想録からうかがえる。

初代ムガル皇帝バーブルの肖像を描いた精緻な細密画を見ると、まず、そのエキゾチックな姿に衝撃を受ける。宝石がちりばめられたターバンを巻き、髭を生やした人物。絵の多くは、首に真珠の首飾りをつけ大理石の玉座に座り、パランキンという駕籠《かご》に横になっているか、馬にまたがっている姿だ。腕に鷹をとまらせていることもある。だが、バーブルには、きらびやかな表面の下に隠しているものがあった。それを見つけた私たちは、複雑で興味深い〝人間〟の姿に気づくのだ。

一四八三年に生まれたバーブルは、当時は小さな中央アジアの国の王子だった。幾多の試練を乗り超えてカブール〔現アフガニスタンの首都〕に王国を建てたあと、一五二六年にインドの皇帝となり一八五七年まで続くムガル王朝を創設した。バーブルの回想録『バーブル・ナーマ』には、彼が歩んだ困難な道のりと、絶望しすべてをあきらめて逃げようと考えたときを含め、そのときの行動と心情が詳しく綴られている。「このような困難が立ちふさがるのであれば、生き長らえるためには逃げた方がいいのだろう……地の果てまでも」とバーブルは書いている。だが、バーブルは何度も盛り返した。「支配し征服したいと思うなら、一度や二度うまくいかないからといって座しているだけではいけない」。忍耐して継続していれば必ず努力に見合うことが起こる、とバーブルは自分に言い聞かせた。「チャンスが来たときに動じないことが重要だ。後悔先に立たずだ」。バーブルがこのことを十分に理解し、その言葉を守ったことが私たちにはわかる。この時代の人には珍しく、バーブルは回想録を書いていたからである。

残念なことだが、回想録は未完である。何年間か空白の期間がある。多くの試練のなかで各地をさまよい、バーブルは荷物を何度もなくした。後継者の息子フマユーン〔一五〇八～一五五六年〕は父の死後、さらに多くの原稿をなくした。だが、残ったものが、中身もさることながらこれが書かれたという事実が、驚くべきことなのだ。回想録には相互に関係があり、影響を及ぼしあった世界が示されている。中央アジアからあらゆる方向に向かって拡散していったトルコ語を話す兵士たちの世界、東に向かったペルシャ語を話す人々、アフガニスタンからインドに向かって拡がった人々の世界、すべての国境を越えて往来する商人や芸術家、学者の世界である。バーブル自身、家族を含め率いた人々とともにサマルカンド〔現ウズベキスタンの古都〕からヘラート〔現アフガニスタン北西部の都市〕、カブール、果てはデリーまで旅をした。そして、デリーに王朝を建てたのだ。したがってバーブルの回想録は、ムガル帝国と彼らが征服した人々の記録として、計り知れない価値がある。そしてこの回想録が、戦士で詩人でもあった一人の人物の、個人としての省察である、ということも飛び抜けているところである。回想録が書かれた時代にもそのあとにも、イスラムの文学にも、私が思い出せる限りヨーロッパの支配者にも、このような自伝は存在しない。

回想録を書いた他の人々と同様、バーブルは何か目的があってこれを書いたわけではなく、見たこと、経験したことを記しただけだと主張した。「不満を書き連ねたわけではない。単純に真実を書いたまでのことだ。自己満足のために書いたわけでもない。起こったことを正確に書いただけだ。すべての問題の真実を、すべての出来事をリアルに書いたから、結果として、親や兄弟の良いことや悪いこと、親族やよそ者がやった恥ずべきことや立派なことをすべて、歴史として書くことになった。その点はどうぞご容赦願いたい」と。事実、バーブルは自分自身の行動や好き嫌いについても多くの記述がある。たとえば、バーブルがヘラートからカブールへの途上で吹雪にあって死にそうになったとき、次のような詩を書いている。「運命の残酷な仕打ちに気づかず／傷ついた心が苦しむ間もなく消えるのか」。バーブルは恥辱と後悔の念を記すこともあった。後年の手紙のなかで、バーブルは自分がばかばかしく嫌な文を書いていなければよいが、と述べ、熱や咳にひどく苦しむことがあるのはそのせいではないかと考えた。「何を話したらよいのだろう？　君のせいで僕の心が痛むのだ／君の詩は優美で暖かいけれど、汚い言葉や嘘もある／嫌な言葉で罰を受けたくないならば、詩を書くことなどやめることだ」。

バーブルは戦いや伝説となっている酒盛りを含めて、自分の荒業を自慢することもあった。人生の大部分を敵との戦いで費やした戦士だったから、戦いや小競り合い、襲撃の一つひとつをバーブルは丁寧に書き留めた（自分に従属する者たちを襲撃することはしなかった、と誇らしげに書きとめている）。バーブルは結果を事前に予測しようと努め、回想録のなかには、失敗を反省するくだりもある。若い頃、バーブルは自分で認めるように、新しく獲得した町から略奪することを部下に許す、という過ちを犯していた。その結果、敵が近づいているのに不必要に地元民を離間させることにつながった。「反省もせずにこの命令を出していたから、数多くの戦いが起こったのだ！」。

バーブルの父親はモンゴル人（インド風にいうとムガル人）で、ティムール〔モンゴル帝国（チンギス・カンが一二〇六年に遊牧民をまとめて建国）の継承政権の一つ、中央アジアからイランにかけての地域を支配したイスラム王朝のティムール朝（一三七〇〜一五〇七年）建国者〕の子孫の一人だった。一族は青々とした肥沃なフェルガナ盆地から西のサマルカンドまで、今日のウズベキスタンに小さな領土をもっていた。バーブルは父親のことを、次のように生き生きと描写している。「父は背が低く、肉付きのよい丸顔で、ひげを生やし太っていた。ぴっちりしたチュニックを着ていたので、帯を締めるときには胃をへこまさなければならなかった。一人でやると帯が壊れてしまうこともあった。服装も演説も、形式にこだわらない人だった」。父親はバーブルがまだ子どもだった頃、かわいがっていた鳩の世話をしているときに不慮の事故で亡くなった。要塞の壁の高いところに据え付けてあった鳩小屋が突然壊れ、下の峡谷に落ちてしまったのだ。バーブルはトルコ語由来の優雅な比喩を使わずにはいられなかった。父親は「鷹になった」と書いたのだ。これは、死ぬのと同じ意味の言葉である。

十二歳でバーブルは父親の領土を継ぎ、支配者となった。異母きょうだいを含めてティムールの一族の多くが、財産を狙って群がった。バーブルはそれから十年間、安全な拠点を確保しようと遠征を続けた。バーブルは二度サマルカンドを獲得したが、いずれも撤退させられた。あるとき、バーブルと弱体化した支持者の一団は飢餓状態に陥った。「帰る家も住む家も持たず、山から山にさ迷っているのはよくないということが頭のなかに染み込んだ」と、バーブルは後に書いている。バーブルは屈辱的な状態だと思い、繰り返し投げつけられる侮蔑の言葉を飲み込まなければならないことに苦悶した。「信頼できる友がいない／自分に自信がない／バーブル、だから嫌われるのだ」。当時のことをこのように詩に書いている。

一五〇二年、バーブルはタシュケント〔現ウズベキスタンの首都〕を統治するおじの情けにすがったが、貧乏な親類のような扱いを受けた。「困苦と惨めな状態に耐えた。私には支配する土地がないし、見込みもない」。バーブルは短い間だが、中国に逃げようと決意した。「子どものときから中国に行ってみたいと思っていたが、統治する責任があったし、他にも障害があったので、実現しなかった」。結局バーブルは、自分の王国をつくるという長年の目的を追求することにしたのだ。

生涯を通じて、バーブルは自分の血脈（ティムールとチンギス・カンの子孫だった）に強い誇りを抱いていたが、回想録を見ると、礼儀作法には柔軟だったのがわかる。自分にふさわしい形で敬意が払われなかったときのことを次のように書きとめている。親類の者が足元に「まったくぞんざいな態度で」やってきたときには、従者がバーブルのベルトを引っ張って、詰め寄るのを止めなければならなかったが、数多くいる親類のうちの二人が駐在地から遠くて挨拶に来ることができなかったときは、「彼らが遅れたのは宴会で馬鹿騒ぎをして二日酔いにでもなっていたからだろう。わざと来なかったわけじゃないし、気分を害してやろうと思っていたわけじゃない」と書いているだけである。食事が伝統的なマナーにのっとり正しく振る舞われたときにはそれに気づき満足したが、あとでこう付け加えている。「忘れてしまった者がいる場合には、良きマナーにのっとってやることが必要だ。だが、先祖が悪い前例をつくってしまっていたとしたら、良くなるよう変えなくてはならない」。

親類たちがバーブルを裏切って陰謀を企てることはよくあったが、バーブルは一族に免じて許した。しかし、若い頃の経験から過度に信頼しないよう用心した。バーブルは母親を愛し、敬意をもって接したが、いつも言うことを聞いたわけではなかった。十七歳のとき、母親はバーブルを結婚させたが、彼は花嫁に愛情を感じなかった。毎月、母親は「補給係のように厳しく、私を花嫁のところに引っ張っていく」とバーブルは不満を述べている。厄介の一つは、バーブルがある男の子に恋をして夢中になっていたせいかもしれない。「彼のことを考えると惨めな気持ちになる」とバーブルは詩に書いているが、愛する少年に会うと「恥ずかしくて、まともに顔を見ることができない。ましてや自由に話なんかできない」と書いている。

後年、バーブルは何人か妻をめとり、多くの子どもをもうけた。バーブルは特に、長男のフマユーンを誇らしく思っていた。フマユーンは優秀な戦士で行政にも長けていた。しかし、バーブルは心配もしていた。バーブルはインドを制圧したあと、フマユーンに対し、もっと人に相談してアドバイスを聞く必要があると手紙を書いた。「王として、孤独を求めることは適切でない」と。バーブルは息子からの手紙を批判したこともある。「おまえの書いたものは、苦労すれば読めるが曖昧すぎる。謎としか思えないように書かれた文章を読みたい者などいるわけがない」。確かに、フマユーンの綴りは拙かった。まだ自分の統治下であったカブールにフユマーンが欲をかいて目を向けるのではないかと心配したバーブルは、警告した。「カブールは私にとっては幸運なもち物だと考えている」と。

回想録には、狩猟や詩の創作、ガーデニングを楽しむために時間を割く姿も現れている。バーブルは自然についても人についても芸術についても、美いものを愛した。一五一九年、バーブルはカブールに近い山々へ秋模様を見に三日間の旅行をした。バーブルは一五〇四年に初めて行ったヘラートに魅了された。「おとぎ話に出てくるような町だ……娯楽とお祭り騒ぎの用意がすべて整っている。あらゆるお楽しみの材料が手の届くところにある」。バーブルは新しい味や、五感を刺激されることを喜んだ。サマルカンド近郊の町から届いたメロンは「黄色の表皮は皮の手袋と同じくらい柔らかで、種はリンゴの種のようだ。果肉は四本指を揃えたくらいの厚みがある。おいしくて、うれしい気持ちになる」。バーブルは悪ふざけが好きだった。従者に、苦いヒョウタンをおいしいリンゴだと言って食べさせたことがある。「従者は口から苦みを取り除くためにその晩までかかった」。

一五〇四年にカブールとその周辺を制圧し、新しい王国は気候がすばらしいと書きとめたところから、バーブルの喜びがわかる。彼は地元の果物や樹木、動物について数多く記録した。チューリップの種類を数え、果樹を植え、宮殿の庭も設計した。バーブルは新たに支配下に入った人々にも強い好奇心を抱いた。彼らの慣習や商取引、技術について聞いて回った。他にも、狩猟や農業、鳥の捕獲のやり方、秋に魚を漬けるときにどうやってハーブを水に浸すのか、等々。しかしバーブルは、彼らがイスラムの宗教的な掟を守っていないことに、また、現地の迷信にも批判的だった。ある神殿に出席していた人々が、まるで建物が動いているかのような奇術を演じていることを知ると、それを禁じ、死刑をもって臨むことにした。

バーブルは宗教上の理由から酒を嗜むのを嫌ったが、後に「酔うことの楽しさ」を発見した。バーブルの酒盛りは何日も続くことがよくあり、川に浮かべた船の宴会から始まり、最後は陸に上がって飲んだ。バーブルは「マジュン」と呼んでいる弱い麻薬も使った。大麻の一種と思われる。バーブルは初めてパンジャーブ〔北インド北西部からパキスタン北東部にまたがる地域〕に侵略を行ったときに、強力なマジュンを吸引したと書いている。丘の上に座り、目の前に広がる景色を眺めた。そのとき「マジュンの影響で、花畑の様子が不思議なものに感じられた。紫色の花だけが咲き誇っている場所があり、黄色い花だけが咲いているところもあった。紫と黄色の花がまだら模様の黄金のように混じっているところもあった」と。あるとき、バーブルはもっと強い麻薬、おそらくはアヘンを使い、会議に行かなければならないのにテントから出られなくなった。「当時は麻薬で半ば高揚した状態になるとは知らなかった」と、晩年に懐かしそうに書いている。

バーブルは薬と酒を一緒に摂取するのはよくないと書いているが、だからといって、そうすることをやめたわけではなかった。いつものように、自分がどんな陶酔状態になったのかその思い出を自慢している。「手に松明をもってあちこちよろめきながら、馬にまたがった。キャンプまでの道沿いを、馬に任せて走らせた。本当に酔っぱらっていたにちがいない」が、「テントに着いたとき、うんと吐いたこと以外」なにも覚えていない、と誇らしげに書いている。敬虔なイスラム教徒として酒を過度に摂ることに不安になったときもあったが、たとえば一五二〇年に書いているように、自己弁護している。「四十歳になったら酒を飲むまいと誓いを立てていた。四十歳まであと一年しかなかったので、不安から抜けようとして過度に酒を飲んだ」と。結局、バーブルはその後七年間は酒を摂り続け、そのあと政治的な理由でやめることになった。

バーブルはひどく腹を立てても、すぐに人々を赦す傾向があった。敵にことのほか寛大だった。かつての反逆者の指導者がぼろをまとい、飢えた状態でカブールにやって来たときのことを、バーブルは次のように書いている。「過去の行いのせいで惨めな状態にある。自分がやったことを恥じ、取り乱している。私としては非難したい気持ちを感じないわけではないが、温かく受け入れ、彼の気持ちを慰めた」。こうした寛容な態度は政治的にも役立った。敵に回るよりバーブルについていた方が良い、ということを示す可能性があったからである。

反対に、バーブルは時に残酷でもあったし、回想録を読めば、バーブルの価値観が現在の私たちの価値観と必ずしも同じではないことがわかる。バーブルたちは勝利の証拠として、殺した相手の首を互いに送りあった。ある勝利〔カブール制圧〕のあと、バーブルは無造作にこう記している。「アフガン人の死者の頭蓋骨を塔のように積み上げた」。この文のあとに、バーブルはすばらしい地元の湖の景色を描いているのだ。地元のアフガン人の山賊に苦しめられると、「見せしめに何人かを串刺しにした」。ある別の折に、バーブルの軍勢はアフガニスタン西部に砦をつくった。そして、そして、「この部族は反逆者で、神の教えに反する慣習が広がりイスラムの宗教が失われていたから虐殺し、女、子どもは捕虜にした」。〔敗北し殺された〕デリーの元スルタン〔ガンジス川流域とパンジャーブ地方を中心に北インドを支配したイスラム王朝のローディ朝（一四五一～一五二六年）君主イブラーヒーム〕の母親が召使を抱き込んでバーブルの食事に毒を盛ったとき、バーブルは実行犯を躊躇うことなく処刑した。「毒見役をばらばらに叩き切り、調理人の生皮を剥ぐよう命じた。関わった二人の女のうちの一人を象に踏みつぶさせ、もう一人は射殺した」。

バーブルはモンゴル人の先祖〔チンギス・カン〕がかつて治めた、今日では中央アジアの共和国にまで広がる王国〔モンゴル帝国〕を再建したいと思っていたが、バーブルとティムールの一族は、二つに分裂していたウズベク人の国家〔一四二八年に成立したウズベク・ハン国は、初代ハンが一四六八年に没したあとに分裂していた〕を〔一五〇〇年に〕一つにまとめた強力な指導者シャイバーニー〔一四五一～一五一〇年。ウズベク・ハン国シャイバーニー朝の初代ハン〕という恐ろしい敵に対することになった。バーブルはこの人物に、「ウォームウッド〔「苦痛の基」の意〕」とあだ名をつけ、教養がなく字を読めない田舎者だと考えた。バーブルによると、一五〇七年から三年の間ヘラートを奪ったウォームウッドは、でしゃばって、主だったムッラー〔法や教義に通じている師〕たちにコーランの解釈を教えると言い出したうえ、洗練された文化的な町であるヘラートで著名な芸術家たちの書や絵画を正すと言って物笑いの種になった。「そればかりか、数日ごとにつまらぬ詩をつくり、説教壇に上がって暗誦し、人々に認めてもらおうと、それを市場に掲げたのだ」。ウォームウッドが一日に五回礼拝しコーランを暗誦したのは事実だが、「それにもかかわらず、愚かしい、程度の低い、大それた、野蛮な言葉を吹聴し続けた」。

ウォームウッドとウズベク人は中央アジアの支配を固めた。加えて、新たにペルシャのサファヴィー朝〔現在のイランを中心とした地域を支配したイスラム王朝。一五〇一～一七三六年〕の脅威が西から拡がり、南に向かったバーブルはアフガニスタンに入った。「敵は強力で、われわれは弱い」とバーブルは述べた。「関係をつくれる可能性はないし、抵抗するすべもない」。カブールに宮殿を建てると、バーブルは支配をアフガニスタン北東部に広げるか、それとも彼が「ヒンドゥスタン」と呼んでいた北インドに向かって南進するか、選択を迫られた。結局、インドに大きな魅力があった。一五一九年、バーブルはインダス川（今日ではパキスタンを流れている）を初めて越え、亜大陸の豊かな安定した平原〔パンジャーブ〕に入った。そのときはバーブルは、戦利品を集めただけで満足した。だが、次第にバーブルはカブールとインダス川流域に住む人々に貢納を要求し、受け取るようになった。

一五二五年、バーブルはインド北西部の大勢力であるデリーのアフガン人王朝〔ローディー朝〕に全面攻撃を行う用意が整った。オスマン帝国から手に入れた火縄銃と大砲で軍備を整え、バーブルはインドに進軍した。最初、敵は新しい武器を嘲笑ったが、すぐに大きな殺傷力があることを悟った。バーブルによると、バーブルの勢力はデリーのスルタンに従属していた人々を取り込み、敵対する軍勢を打ち破った。一五二六年春に、バーブルはデリー〔から九十キロメートル〕北方のパーニーパットで決定的な勝利を得、デリーへと続く道が開かれた。デリーを獲得し、バーブルの軍勢は南に至った。入城したバーブルは、ヒンドゥスタンの皇帝であると表明した。軍が獲得した戦利品の中には、大量の金銀と宝石があった。フマユーンは巨大なダイヤモンドを見つけ、父親に手渡した。バーブルはそれをフマユーンに与えた。巡り巡って、「コ・イ・ヌール」として知られるダイヤモンドは、イギリス女王の王冠に戴かれることになった。

翌年になると、バーブル軍の多くの人々は望郷心が募り、気持ちが沈んでいた。彼らはインドの夏の暑さを嫌い、涼しいカブールを懐かしんだ。バーブルはその思いを理解していたが、征服したものを放棄する気持ちはなく、彼らにとどまるよう促した。「これだけ犠牲を払って得た領域を捨てなければならない理由なんてあるのか。カブールに帰って、貧しい、飢えた状態に戻るのか」。敵対的なラージプート〔クシャトリヤ（古代インドのバラモン教において第二位の王族・武人階級）を自称するカースト集団〕

の大勢力がアグラ南西部に集結すると、バーブルは厳かな態度で金銀の酒杯を壊し、自分は永遠に酒を断つ、と劇的な宣言を行った。バーブルは兵士たちに向かって自分に従うよう、そしてイスラムの戦士となるべくコーランに誓いを立てるよう勧告した。「これはいい案で、友にも敵にも宣伝効果があった」とバーブルは書いている（だが、バーブルは麻薬を使うのは自分に許していた）。

バーブル軍は一五二七年、ラージプート連合軍に対して新たに、決定的な勝利を得た。またしても銃砲が有効だったのだ。このときに災難を予言した占星術師が後に、バーブルを祝福しようとしたとき、「お返しに罵ってやった」バーブルは「すっきりした」という。だが、この占星術師は役に立つことがあったから、バーブルは彼にかなりの金を与えた。

本人はそのとき知るべくもなかったが、新たにインド皇帝となったバーブルはその後、二年しか生きられなかった。その間も回想録を書き続けた。インドで観察したことの詳細を追記したのだ。「不思議な国だ。われわれの世界とは別世界だ」。バーブルはすべての動物や植物、そして人々を、愛するアフガニスタン及び中央アジアのものと比較した。たいていは新しい領土の方が評価が低かった。バーブルにとってインドの町は「ひどく不快」で、「土地の多く」が板のように平らだった。雨季の湿気は恐ろしいほどで、弓師の弓がだめになった。孔雀はとても美しく優雅な「大きくて頭のよい動物」だと認める一方で、言葉を学んだオウムにからかわれながらも、赤い羽の美しいこの鳥が「銅の皿の上で割れたガラスをひっかいたような不快な金切り声でしゃべる」のをバーブルは哀れだと思った。バーブルは果物（マンゴーを除くと風味がないと思っていたが）と花（ハイビスカスとセイヨウキョウチクトウが好きだった）について、丁寧に叙述した。「ヒンドゥスタンは魅力に乏しいところだ。きれいな人々がいないし、優美な社交もない。詩の才能もそれを理解する力もなく、エチケットや高貴さ、男らしさに欠けている」。市場には駿馬、肉、ブドウやメロン、その他の果物もなかった。氷も冷たい水も、おいしい食べ物やパンもなかった。風呂もなければマドラサ（イスラムの高等教育機関）もなかった。バーブルは池と小川を備えた調和のとれた庭園をつくって慰めとした。バーブルがヒンドゥスタンの良いところとして認めたのは、「黄金とお金がたくさんある大きな国」ということだ。

回想録は突然終わっている。健康状態の不満をよく口にするようになっていたバーブルは、一五三〇年末に死んだ。重病になった息子フマユーンの病床でバーブルは、代わりに自分を連れて行ってくれと神に祈ったという伝説がある。フマユーンが回復すると、バーブルは具合が悪くなり亡くなった、と言われている。フマユーンと後継者たちはこの回想録を、美しい文字とすばらしい細密画をつけて書き写した。十九世紀、アネット・べヴァリッジ〔一九〇頁のアネット・エイクロイドのこと〕がこの回想録を英語に翻訳した。前章で、勇敢で好奇心をもった女性を紹介したが、彼女もその一人だ。彼女の翻訳は新たに訳し直され、いま私たちはこの英傑の精神と世界を覗き込むことができるのだ。

チャールズ・リッチー

カナダにヨーロッパ人が定住し始めたのは、バーブルの時代ほど昔のことではない——私のカナダの祖父は、十九世紀半ばのオンタリオ州ロンドン近くの土地を整備していったという話を高祖父から聞いている——が、どちらも、今日の私たちにとっては同じように遠い過去のことのように思える。最初の建物が建ち始めたトロントを知っていたエリザベス・シムコー、あるいは、イギリスの比較的住み心地のよい中流階級の生活から離れ、森林の中で植民者として生活するようになったキャサリン・パー・トレイルとスザンナ・ムーディーの勇敢な姉妹の記録があるおかげで、私たちは幸いなことに、自動車や近代的な医療や社会のセーフティーネットがなかった頃の生活がどんなものであったのか理解することができる。こうしたことは、グラフや統計を使い、どんなに丁寧に社会の分析を行おうとしても不可能だ。近代の例では、カナダを代表する女性運動家ネリー・マクラング〔一八七五～一九五一年〕の回想録によって、オンタリオから未開の平原の地に列車と船と馬車を使い彼女が家族と行った旅行を、私たちは理解することができる。最初の家は藁葺屋根の、木材を粗雑に積み重ねた掘立小屋だった。夜になると、壁の隙間から風が吹き込み、平原に住む狼の遠吠えが聞こえた。二年後、近所の人々が集まって雨風を通さない家を新しくつくってくれた。春が来ると、マクラングの母親はオンタリオからもってきた楓の種を蒔き、猟師によって絶滅させられたバッファローの大群の名残――バッファローの骨――で囲った花壇をつくった。夏になると、新たに耕された平原は実った小麦の穂で黄金色になった。長い冬には、北極のオーロラが夜空に輝き、家の周りには雪が積もり、外に出られなくなった。

私は、サミュエル・ド・シャンプランが始めたカナダ植民のその後、すなわちヨーロッパ人の植民地となった十九世紀初めのケベックの日常生活を、二人の回想録から思い描く。一つはロベール・ド・ロクブルーネ、もう一つは大歴史学者マルセル・トルーデルの回想録である。二人は異なる社会階級の出身だった――ロクブルーネは十七世紀に建てられた石造りの領主館に住む古い貴族階級出身、トルーデルは職人、猟師、農民といった倹しい階級の出身だった――が、二人とも平原の植民者よりはるかに遠いところにある、生き生きした世界の記録を残している。

ロクブルーネはこう書いている。「カナダで過ごした子ども時代は、今や消えてしまった世界だ。一八九〇年から一九〇五年にかけての歳月はまるで、まったく違う宇宙であるかのようだ——時代的に遠いだけでなく、ものの見え方、人々の考え方や行動がまったく別世界のものだった。子ども時代の世界は完全に消え失せ、今となっては異国の世界のようになったから、思い出すこともめったにない」。一家が住んでいた家は商工業で賑わうモントリオールに向かう本通りから三キロメートルほどしか離れていなかったが、孤島に住んでいるようだった。一家は簡素に、基本的には自分の土地で収穫できるもので生活していた。冬になると、エリザベス・シムコーが〔犬橇を〕楽しんだように、馬橇で旅行した。一家は先祖に大きな誇りをもち、壁に肖像画がかけられていた——粉を吹いた鬘をかぶり、フロックコートか軍服を着た男性たちと絹のドレスを着た女性たちの肖像画だった。たまにモントリオールやケベックから外の世界のニュースをもってきてくれる親類もいたが、社交生活は主に隣近所を中心に展開した。子どもたちや母親にとって牧歌的な日々は、父親が政府の職に就いてケベックに移り住むようになると終わりを告げた。領主館は売られ、その後、火事で消失した。

一九一七年生まれのトルーデルはロクブルーネよりあとの世代だったが、セントローレンス川の北、ケベックの田舎出身だった。そこでは古くからのやり方が南部よりも長く残っていた。村の人々にとっては昔のやり方が一番しっくりしていた。一方、外の世界はエキゾチックで冒険に満ち溢れ、特に精神的なものは危険に晒されていた。一七五九年にイギリス人がニューフランスを征服したことになっているが、アンシャン・レジーム〔旧体制〕は今なおヒエラルキーのある保守的な社会を形づくっていて、そこでは権威が、特に教会の権威が幅を利かせていた。老いた女性たちがスカートの裾を広げるために、鯨のひげでつくった「クリノリン」という堅い枠を身につけ、その上に長い布を巻いていたのをトルーデルは憶えている。男性のかかとの高い靴は「フレンチ」と呼ばれていた。人々は、かつてパリで使われていた秤や物差しを使っていた。トルーデルが書いているように、「人々が文明社会で生活するためにはカトリックでなければならなかった」。誕生、結婚、死――これらすべては教会で認められて初めて、合法的なものとなった。カップルは昔の法律に従って結婚し、妻の財産は「主人であり師である」夫だけが管理することになっていた。教区の教会はコミュニティーの精神的、社会的中心で、歴代の司教が定めたきまり――たとえば、一六九一年のダンス禁止など――が厳格に適用されていた。この同じ司教はモリエールの戯曲「タルチュフ」を演じることも禁止し、ケベックではそれが一九五二年まで続いたのだ。

教育も旧体制にしたがって行われた。男女は厳格に区別された。トルーデルの兄は僧侶になり、トルーデル自身は神学校に通った。そして、十七世紀の司祭の法衣をモデルにした制服を着て、ギリシャとローマの古典を勉強した。トルーデル自身の夢は大学で教えることで、そのためには当時はふつう、聖職に就かなければならなかった。大神学校で上級の勉強を一年したあと、職の空きがなかったので、トルーデルはラヴァル大学に移り博士号を目指した。そうすれば教職に就ける可能性があった。

変化の見えないケベックのフランス社会の水面下では、しかし、新しい思想と認識の方法が蠢いていた。トルーデル自身、教会の研究に対する規制緩和に一役買った。司教だったリベラルなおじの支援を受けて、トルーデルは教会の権威からカナダのフランス文学におけるヴォルテールの影響について書いてよい、という許可を得たのだ。特別の計らいとして、トルーデルは大学図書館に鍵をかけて保管してあったヴォルテールの作品を読むことが許され、一九四六年に論文を出版することができた。トルーデルはニューフランスの設立と発展へと研究の幅を広げ、さらに規制を緩めさせ、たとえばプレスビテリアン（長老派）に改宗したフランス人のカトリック僧についての本を書いた。一九六二年、トルーデルはケベックにおける政教分離を推進する、新しい運動の指導者となった。政教一致は教会のヒエラルキーにとって最後の砦だった。トルーデルはラヴァル大学を降格となり、三年後にオタワに移って当地の大学で教えた。後手に回った教会は戦い敗れた。政治的、社会的、知的変化が古い秩序を一掃した。トルーデルはこう述べている。「私の世代の人々は膨張した旧体制のもとで生まれ育った。突然、警告もなく別の世界にいることに気づいた――これが一九六〇年代に起こったケベックの、静かなる革命のプロセスなのだ」。三百年間以上続いた生活様式が十年間で消えたのである。

良い観察をするには、詳細を鋭く掴む眼力があると都合がいいし、無価値なことを理解し、特に悪意を嗅ぎ分けられると、力になる。外交官を長く務めた優雅なチャールズ・リッチーは日記のなかで、自分自身を含め、すべての人を皮肉っている。リッチーは初期の植民者や伝統に縛られたフレンチカナダとは違う、別のカナダで成長した。リッチーが育ったのはハリファックスの居心地のよい世界で、そこでは旧家が何世代も互いに交流し、トロントやモントリオールよりもロンドンが首都と言ってよいところだった。リッチーはそうした人々の俗物主義を身につけていて、世界をお茶に招待してもいい人々と、あまりに新参者だからそうはできない人々の二つに分けて考えていた。

大好きな母親に甘やかされていたが、リッチーは家を出たいと思っていた。リッチーの夢はオックスフォード大学に進学し、危険なくらい思い切りあか抜けることだった。自分の欠点を認めており、「知的な点では完璧ではないけれど、格好良く派手になって自信をもちたい。けれど、骨ばっているし、とんがり鼻だし、胸が薄くて、眼鏡をかけている」と日記には書いている。リッチーは自分が馬鹿にされ、笑われることを恐れた。リッチーは高嶺の花の女の子を次々と好きになった。リッチーは、自分には先生が言うように不純な気持ちがある、「でも、それが悪いことなのかどうかわからない」と健気に書いている。リッチーはイギリスから来た人々について、スマートな洋服や視野の広さ、そして彼らの自信を称えている。

一九二〇年代後半、リッチーは願いをかなえ、オックスフォード大学の学生となった。そこでリッチーは、努力もしない、軽薄で金もちの学生と仲間になった。リッチーは洋服屋で借金を重ね、ギャンブルをし、飲みすぎるほど酒を飲んだ。地元の気安い女性のおかげでセックスの楽しさを覚えた。ある晩、友人の何人かが窓の下の忙《せわ》しい往来に空気銃を手当たり次第に撃った。そのことは詳細に綴っている。ひどいことに、彼らは通行人の一人に怪我をさせた。それが地元の地方議会の女性議員であることが判明する。リッチーの経歴もこれで終わりになるところだったが、当時のオックスフォード大学では、こういう事件はもみ消すことができた。

一九三四年には恥多い青年時代をあとにして、リッチーはカナダの外交問題青年部に加わった。一九三九年、すなわち第二次世界大戦の前夜から戦争が終わる一九四五年まで、リッチーは「イギリスの」ロンドンで働いた。日記には、ドイツによる空爆が行われていた頃の生活が記されている。「耳が危険を告げる音に敏感になっている——空から聞こえるハミングするような音や、爆弾が落ちてくるときの息を大きく吹きこむようなホイッスル音に」。次第にロンドンが衰退していく様子も書いている。

壊れた家にはペンキが塗られないまま放置され、爆撃が行われたところには亀裂が見える。一九四〇年秋、空爆が最高潮に達したときだ。リッチーが映画館から出ると、ロンドンの中心部のピカデリー〔直線道路〕が炎に包まれているのが見えた。奇妙な高揚感を感じた、とリッチーは告白している。「これが終われば人はみな忘れてしまうのだろう――灯火管制の暗闇の中で家の鍵をごそごそ探していると、すぐ横の舗道に爆弾の破片が落ちてくる――爆弾片が空に舞っているようなのだ――何の目的もなく、気まぐれに空から降ってくる雪のようだ。爆弾片が舗道の地面にぶつかる音が聞こえる」。とうとう、リッチーの集合住宅が直接攻撃を受けた。リッチーは高価なスーツと本をなくして困り果てた。ロンドンの多くの人々のように、リッチーはドイツの侵入がいつ始まるのか、戦争がいつまで続くのか、連合国が本当に勝てるのか、疑問に思い続けた。

戦争は重大な任務だったが、リッチーは熱心に社交生活を楽しんだ。「俗悪なルーマニア人のプリンセスや派手な好事家たち」と週末を過ごし、ディナーやランチをともにしたのだ。人々はリッチーのことを愛嬌がありおもしろいと思った。リッチーは特に、セシャベレル・シットウェルとその姉兄（イーディスとオズバート）、ルーマニアのプリンセス・カリマチ（「トカゲみたいに見える姿の……元気者」とリッチーは書いている）、ミリアム・ロスチャイルド〔蚤《のみ》の研究者〕、オーストリアのロベルト大公らと仲良くなった。リッチーはクリスマスをウェストミンスター公爵夫人と過ごし、デビッド・セシル〔一九〇五～一九八一年〕とディナーをともにした。リッチーはナンシー・ミットフォード〔小説家、伝記作家〕と何度かパーティーに出かけ、妹のユニティー・ミットフォードと会った。ユニティーはヒトラーを敬愛し、戦争が始まってイギリスがドイツに宣戦布告したときに自殺を試みた女性だ。ランチのときにT・S・エリオットが別の作家を意地悪に酷評するのを聞いた。その様子は、「生贄になった人物に近づき、徹底的にやっつけて、粉々にする。唇をなめるかすかな音がして食事が終わ」ったという。

リッチーはアイルランド出身の著名な作家エリザベス・ボウエン〔一八九九〜一九七三年〕と三十年以上続く恋愛関係を始めた。ボウエンはリッチーより少しだけ年上の既婚者で、ロンドンの文学界と独立したばかりのイギリス系アイルランド人の貴族の同族的な小世界とのつながりがあった。ボウエンに対するリッチーの最初の印象は、抑え気味だった。「素敵な洋服を着た中年の女性で、有名な大学教師の妻といった雰囲気だった。細身で頭のよさそうな顔立ち、観察力鋭く、残酷でウィットに富んだ話をしていた」。半年後には、リッチーは彼女に夢中になった。「裸になると、彼女は詩的で、慈悲の心を持たず、若くなる」。リッチーはつかの間の幸せな時期に、ボウエンと一緒に、「ボウエンの宮廷」と言われるアイルランドにある彼女の家族の屋敷に出かけたが、この情事は次第に困難に、そして不幸になった。ボウエンは夫と別れる気がなく、一方のリッチーは繰り返しボウエンを裏切った。リッチーはボウエンに依存することを悔いるようになった。リッチーは日記にこう書いている。「もうこれ以上かかわりたくない。アイリッシュウィスキー〔ボウエン〕のことで自分の面目をつぶしたくない。もう青年じゃないのだ」。身を引こうとするなかで、リッチーは身勝手に、そしておそらくシニカルに、自分のキャリアのために結婚することが必要だと決心し、一九四八年に実行した。その後、リッチーとボウエンはそれでもときどき会ったが、やり取りは主に手紙で行うようになった。ボウエンは手紙のなかに自分自身の気持ちをこめた。つまり、この手紙のなかにボウエンの最良の作品があったのだ。不幸なことに、また、またしても身勝手なことに、リッチーは死ぬ前に容赦なく手紙を編集し、ページの一部を削ったり、引き裂いてしまった。リッチーは何通かの手紙を焼却した。リッチーがボウエンに送った手紙もそうしたのである。ボウエンはもっと大きな愛のある内容を書いていたのかもしれないが、ボウエンが亡くなったとき、リッチーはこう書いている。「彼女に話さなければならないことは一時間かけてすべて話した。私よりも彼女の愛のほうが深いと彼女が思うのだったら、私は復讐する」。

エリザベス・シムコー、スザンナ・ムーディー、キャサリン・パー・トレイル、ネリー・マクラング、ロベール・ド・ロクブルーネ、マルセル・トルーデル、チャールズ・リッチー――彼らはみな、自分が生きた時代のカナダについて書き残した。オンタリオで森林を伐採しようと、あるいは平原を切り拓こうと格闘していた植民者の世界は、フランス領カナダにつくられたもっと立派な世界や、イギリスに気持ちが向かうハリファックスの上品な世界からかけ離れたものとなった。だが、共通点もある。ヨーロッパの旧世界と新世界の衝突である。植民地の集合体から一つの国へと徐々に、平和的にカナダは変化した。あるいは、カナダ人になるということがどういうことなのかを求めた結果なのだ。彼らのようなカナダ人が綴る物語によって、ゆっくり展開していったカナダ史という大きなキャンバスに、彩と深みが加わるのだ。

ハリー・ケスラー

リッチーとは異質の、十九世紀と二十世紀の記録を残した偉大な人物の一人であるハリー・ケスラー

〔一八六八〜一九三七年〕伯爵は、記録を編集しようとは夢にも思わなかった。しかし、ナチスドイツから亡命し〔スペインの〕マジョルカ島で死ぬとき、五十年以上つけていた日記が、他の所有物とともに消失した。だが、地元銀行の貸金庫の賃貸契約が一九八三年に切れ、中を開けたところ、日記が手付かずのまま残っていた。そこには、嵐のように急激に変化した時期のヨーロッパについて、非常に詳しい説明があった。一八八〇年に十二歳のケスラーが日記をつけ始めたとき、ヴィクトリア女王は世界最大の帝国の皇帝の座にあり、イギリス海軍が海洋を支配していた。ドイツとイタリア、そしてカナダも新興国だった。フランスやスイスといったわずかな例外を除くと、ヨーロッパ諸国は君主が統治しており、古い地主階級が教会から軍に至るまで社会の上層部を支配していた。オーストリア＝ハンガリーは依然として中央ヨーロッパを支配し、オスマン帝国はアラブ世界だけでなく、バルカンの一部と今日のトルコを支配していた。

世界全体を見渡しても、ヨーロッパ大陸は強力で、重要で、繁栄している世界だった。アフリカでも極東でも、世界の多くはヨーロッパのいずれかの帝国に所属していた。非ヨーロッパの国で列強といえる国は存在しなかった。日本は近代化を始めたばかりで、中国は分裂しそうだった。アメリカ合衆国は南北戦争から復興しつつあったが、陸軍は無視できる程度の存在で、海軍は発展途上の段階だった。ヨーロッパ社会は産業・科学革命、資本主義の拡大、自由主義と社会主義を含む政治運動の拡大といった激動の波によって、急速に変化しつつあった。だが、ヨーロッパ人の大半は依然として伝統的な生活様式で暮らし、古い価値観にこだわっていた。

一九三七年にケスラーが死んだとき、ヨーロッパは長びく戦争で衰え、何百万人もの命を失っていた。古い社会的、政治的秩序は揺らぎ、いくつかの国では打壊された。革命〔一九一七年〕によって帝政ロシアは崩壊し、そこに新しい政治運動がボリシェヴィキという形となってソ連を統治するようになった。オーストリア＝ハンガリーは地図上から姿を消し、そのあとに民族を基盤にした小さな国々がつくられたものの、それぞれが仲間内で、また、近隣諸国と争っていた。オスマン帝国も崩壊し、新しい国々が現れた。そのなかには、トルコとイラクもあった。ドイツも革命を経験し〔一九一八年〕、皇帝ヴィルヘルム二世に代ってリベラルで民主的な体制〔ワイマール共和国〕が敷かれたが、一九三三年のナチスの革命によってそれは一掃された。ヨーロッパにはなお帝国が存在したが、内部からの民族主義運動と、外部の新しい勢力――攻撃的な日本、あるいは力を増しているアメリカ合衆国――から挑戦を受けるようになっていた。ケスラーは生涯を通じて、このような政治的な激変を自分の眼で見、記録したが、さらに多くのことも経験した。すなわち、古い秩序の死と新しい秩序の生みの苦しみを、伝統と革新の衝突として経験したのだ。ケスラーはフリードリヒ・ニーチェ〔一八四四〜一九〇〇年〕やアインシュタインなどの新しい思想に出会い、絵画や彫刻の新しい様式を眼にし、新しいジャンルの音楽を耳にしたのだ。

こうした大きな変化を観察する者として、ケスラーはうってつけだった。ケスラーは頭が良く、感受性豊かで、好奇心があり、新しい人々や新しい経験に貪欲だった。ケスラーには然るべき人脈もあった。裕福な銀行家だった父親は一八七〇年代にドイツの初代皇帝〔ヴィルヘルム一世〕から貴族に叙されており、母親はイギリス系アイルランド人で美しかった〔家族は常に否定していたが、ケスラーの母親のアリスが皇帝の愛人であるという噂があった〕。ケスラーにはヨーロッパ中にいとこがいたが、おそらく、もっと広範囲だっただろう。というのは、アリス・ケスラーの父方か母方の祖父が、ペルシャの王族と結婚していたからである。ケスラーはイギリスとドイツで教育を受け、数ヵ国語を流暢に話すようになった。一家はさまざまなヨーロッパの国の上流階級のサークルに取り囲まれていたが、彼らの多くとは違い、ケスラーは芸術を愛し、ヨーロッパだけでなく世界中に生まれつつある新しい思想や新しい様式を探求した。たとえば、日本に旅行したとき、ケスラーは日本の芸術家が肩に力を入れることなく絵を描いていることに衝撃を受けた。西洋の芸術家はあまりにも詳細にこだわりすぎている、とケスラーは主張した。

ケスラーは端整で優雅な人物で、小さな手の指にマニュキュアを施し、服装には大変に気を遣っていた。ケスラーのマナーは非の打ち所がなかった。「半ば外交官で、半ばプロイセンの将校」だ、とロシアの作曲家ニコライ・ナボコフ〔一九〇三～一九七八年〕は述べている。紳士気取りのケスラーは、気づいたときにはいつも、俗物的なことを批判した。大宮廷舞踏会がベルリンで行われたとき、赤いサッシュ〔飾りベルト〕をつけ黄金のドレスを着た皇后が「安っぽい胡桃割り人形のように」見える、とケスラーは書きとめている。自分の地位をドイツの貴族と意識していたケスラーには、反ユダヤ主義のように、階級がもつ偏見の影響を受けていることもよくあった。実際、一九〇二年の日記に、ユダヤ人は臆病なくせに権力欲があるので不快な気持ちになる、と書いている。「人種には根本的な違いがある」と、彼の時代には典型的な、愚かしい言及もあった。ユダヤ人とフランス人は理性が勝っているため、結果としてプロイセン人、イギリス人、ギリシャ人と違い感情が貧弱だ、とある日の日記に書いている。だが、生涯を通じて、ケスラーには親しいユダヤ人の友人が大勢おり、後年にはユダヤ人に対する見方は変化した。一九二〇年代の難局時、ある古くからの友人が、ドイツが直面している重要な任務はユダヤ精神を取り除くことだと述べると、それではいったい何が残るのか、とケスラーは指摘したのだ。

ケスラーは社交生活にすさまじいエネルギーを注ぎ、また、それをこなす力をもっていた。当時の大きな芸術イベントの内覧会と開会式のほとんどに出席し、驚くほど広範囲の人々とランチやディナーをともにし、酒を飲んだ。生涯を通じて、社会的にも政治的にもさまざまなジャンルの人とケスラーは付き合った。男性同性愛者が眉を顰められたり、悪く言われたりする時代に、社会の因襲の不正と残酷さを肌で感じた。労働者階級出身の若い男性との恋愛によって、ケスラーは彼らの階級が人生においてどんな困難に直面するのか、いろいろと気づかされた。そのうちにケスラーはものの見方が左傾化し、一九二〇年代には「赤い伯爵」というあだ名がつくようになった。

ケスラーのアドレス帳には、一万人を超える人の名前が載っていた。オーギュスト・ロダン〔フランスの彫刻家〕、フリードリヒ・ニーチェ、ヴィルヘルム二世、コジマ・ワーグナー〔ドイツの作曲家・指揮者で、ワーグナーの二度目の妻〕、グスタフ・マーラー〔オーストリアの作曲家・指揮者〕、イサドラ・ダンカン〔アメリカのダンサーで、モダンダンスの祖〕、ジョージ・バーナード・ショー、グスタフ・クルップ〔ドイツの外交官〕、オットー・フォン・ビスマルク、エーリッヒ・ルーデンドルフ〔ドイツ帝国陸軍大将〕、サー・アーネスト・カッセル〔ドイツ生まれでイギリスの銀行家・投資家〕、ウィリアム・モリス――一八八〇年代から一九三〇年代にかけてのヨーロッパの芸術界、政界、金融界において、ケスラーが会わなかったエリートを探すのは困難である。私が無作為に取り上げた第一次世界大戦以前の彼の日記を見ても、ケスラーは画家のピエール・ボナールとエドゥアール・ヴュイヤールとお茶を飲み、そのあとピエール・オーギュスト・ルノワール〔三人はいずれもフランス〕とディナーをともにした、とある。ケスラーはウィーン〔オーストリア〕の若き詩人ヒューゴー・フォン・ホフマンシュタールと仲良くなり、後にリヒャルト・シュトラウス〔ドイツの作曲家〕のオペラ「ばらの騎士」となる作品のプロットを提案した。ケスラーは休日を〔フランスの〕彫刻家アリスティード・マイヨールと過ごし、詩作について〔オーストリアの〕ライナー・マリア・リルケに相談し、テオバルト・フォン・ベートマン・ホルヴェーク〔ドイツの政治家〕と悪化している英独関係について意見交換をした。

「ケスラーはあるときはドイツ人、あるときはイギリス人、また、あるときはフランス人となった。ヨーロッパ人というのがケスラーの特徴だった」とケスラーの死後、トーマス・マンは述べている。そして、「真実は、芸術こそが彼の居場所だったのだ」と。ケスラーはクロード・モネと光と影を描くことについて議論し、エドガー・ドガと身体の動きをどう掴むか論じ、ジョージ・グロス〔ドイツの画家〕、エドワール・ムンクと芸術の目的について論じた。別の知り合いがケスラーの肖像画を描いた。ケスラーはバレエのシナリオを描くと、〔ロシア人の〕リヒャルト・シュトラウスを説得して音楽をつけてもらい、レオン・バクストが衣装とセットをつくり、〔同じくロシア人の〕セルゲイ・ディアギレフが主宰したバレエ団が舞台で演じた。

ケスラーの母親は折にふれ、息子の放縦な暮らしぶりを心配した——ベルリンとパリにフラットを借り、ワイマールに家をもち、芸術の催し物に金をかけ、義務であるかのように絵画や素描や彫刻を購入していたからだ（ケスラーのコレクションのなかには、ヴァン・ゴッホ・ヴィンセント、ジョルジュ・スーラ、アリスティド・マイヨール、ポール・セザンヌ、ポール・ゴーギャンのものが含まれていた)。だが、第一次世界大戦まで、ケスラーのこのような生活は世界で最も力のある大陸の中心にいることの大きな特権であり、自由の表れだった。働く必要がないので、ケスラーはやりたいようにできた。当時の主だった知識人や芸術家たちと同様、ケスラーも急進的な芸術家の一人だった。ケスラーはより純粋で機能的な芸術を実現しようと、古い型や慣習をかなぐり捨て、必要とされていた装飾を剥ぎ取った。さらに、ヨーロッパ社会が変化を求めている、とケスラーは信じていた。「偉大な世界、古くコスモポリタン的で、今なお農業が優勢で封建的なヨーロッパ、美女と雄々しい国王がいて王家が結婚で結びついた世界、十八世紀のヨーロッパ、神聖同盟(一八一五年にロシア皇帝、オーストリア皇帝、プロイセン王の間で結ばれた)の世界は古いものとなり、衰えて、滅びつつある。新しい世界、若くエネルギッシュで、まだ想像できない世界が近づきつつある」とケスラーは書いている。ケスラーは同時代の多くの人々と同様に、ニーチェの虜となった。ニーチェを、大衆社会の大きな流れに対して、個の重要性を維持しようと闘う天才だと評価したのだ。ヨーロッパ文明の知的、道徳的基礎を再考せよというニーチェの求めは悩ましくも挑戦的で、新しい未知の危険な世界を予見していた。ケスラーは何らかの大きな変化が近づいている(実際そうだった)と信じていたが、新しく変容したヨーロッパを文化によって一つにまとめたいと思っていた。

ケスラーは戦前の主流であった新しい芸術運動に、審美的な観点からではなく——それも彼にとっては大切なことだったが——新しい形の芸術によって新しい社会がつくられると信じ、真剣に取り組んだ。ケスラーの大きなチャンスは、ワイマール公国から芸術の再生についての助言を求められたときに訪れた。モダニストであるベルギーの建築家アンリ・ヴァン・デ・ヴェルデとともに、アーツ・アンド・クラフツ〔イギリスのウィリアム・モリスが主導したデザイン運動〕の新しい学派を創設するのに一肌脱いだのだ。この学派は一九二〇年代から一九三〇年代にかけて強い影響力をもったバウハウス派〔バウハウスは一九一九年に設立された、美術と建築に関する総合的な教育を行った学校。一九三三年にナチスにより閉校〕のさきがけとなった。ケスラー自身、地元の美術館のディレクターを務め、ワイマール市民の教育のために過去の陳腐な残骸と考えた作品を片付けて、近代の機能的なデザインの意匠にしようとした。ケスラーはフランスのポスト印象派の大展覧会を開催し、アンドレ・ジードや最先端の舞台装置家であるゴードン・クレイグ〔イギリス〕を含む仲間を客員芸術家として招いた。同時に、ケスラーは皇帝ヴィルヘルム二世の支援を受けた伝統主義者とモダニストによる、ドイツの芸術界を二分していた争いに巻き込まれた。ケスラーはドイツ全域で、因習と芸術に対する体制派の支配に挑戦している芸術家組織を立ち上げるのに一役買った。「最終目的は、芸術がすべての制約から解放されること、芸術の自由に対し、国家が絶対的に寛容であることだ」とケスラーは述べている。

一切のモダニズムをクズだと考えていた気まぐれな皇帝にとっては強烈に過ぎ、眠りのなかにいるワイマールの小さな町と大公にとっても行き過ぎだった。ロダンが描いた裸体の男性ダンサーの水彩画をめぐって争いが起こり、結果的にケスラーは辞めることになった。ケスラーの敵が、過激な性表現だと難癖をつけたのだ。ケスラーにはモダニズムの大義から退こうという気持ちは一切なく、モダニズムと芸術における進歩を支援し続けた。一九一四年以前に、すでにケスラーはドイツ表現主義に発展していくことになる若い芸術家たちのパトロンとなっていた。

ケスラーはモダンダンスにも新たな情熱を見出し、アメリカのエクスペアリメンタル・ダンスの舞踏家ルース・セント・デニスのファンになった。セント・デニスはエジプトとヒンドゥーの神話をもとに、新たな形態を創造していた。「私はこれほど完璧に、柔らかな緑の花のつぼみのように、外に向かって広がる芸術を見たことがない。その瞬間の彼女の動きは新鮮で、純粋な四月の空のようだ」とケスラーは一九〇六年に書いている。セント・デニスに比べると、イサドラ・ダンカンは過度に感傷的な効果をあげるために懸命になりすぎている、とケスラーは感じた（ケスラーは後に考えを変えた）。ケスラーは次第にディアギレフとそのバレエ団に近づくようになり、才気溢れる若きヴァーツラフ・ニジンスキー（ロシアのバレエダンサー、振付師）に惹かれるようになった。初めて会ったとき、ステージで見たよりニジンスキーが小柄に見えることにケスラーは衝撃を受けた。「顔が細く、小柄なモンゴル人のようだ。斜視だが、瞳は大きく、深いイタリアンブラウン色だ」とケスラーは書いている。ケスラーは一九一三年にパリでニジンスキーが踊り、大騒乱を巻き起こした「春の祭典」の初日を観た。ケスラーはダンスとはこうあるべきだとする、新しいやり方を全面的に支持した。「新しいタイプの荒々しさがある。芸術であり、同時に芸術でない。あらゆる形式が破壊され、混沌の中から突然、新たな形式が出現する」。観客の多くは賛同しなかった。曲や踊りに対して怒号や口笛が起こり、拳を振り上げる者もいた。そのときは午前三時に、ディアギレフ、ニジンスキー、バクスト、ジャン・コクトーと一緒にパリ周辺をタクシーで乗り回して締めくくった、とケスラーは書いている。

ケスラーとヨーロッパの黄金時代は一九一四年夏、第一次世界大戦の勃発とともに突然終わった。ケスラーはまず、ドイツを（他の列強も）襲った愛国主義の波にのまれた。八月三日、ドイツ軍がすでにベルギーに進軍しているなか、ケスラーはそれを、穏やかな自信が感じられる雰囲気だと表現している。「戦争が恐ろしいものになるとわかっている。私たちは何度かあるにちがいない敗北に苦しむことになろう。だが、ドイツ人がもっている資質——義務感、まじめさ、頑固さ——は、最終的に勝利をもたらすだろうと信頼している。この戦争は、ドイツが世界を支配するか破滅するかいずれかの結果となることを、誰もがわかっている」。ケスラーは、他国への見せしめのためにベルギー市民を銃撃し、ベルギーの町を破壊していることを含めて、ドイツ軍が厳しい手段を用いているのは正しいと思っていた。むしろ、ベルギーが抵抗していることを非難した。「ベルギー人が間違った考えをしているために、一八七〇年の〔普仏〕戦争、いや、ナポレオン戦争〔一七九六～一八一五年〕のときより残酷で、野蛮なものとなっている」とケスラーは記している。ナミュール〔ベルギーのナミュール州の州都〕が焼かれるときに当地にいたケスラーは、「真っ赤な炎、飛び散る火花は恐ろしくすさまじい」と感じた。東部のドイツ軍に加わるよう任命されたケスラーは、ロシアの大きな領土を含めた大ドイツ帝国という壮大な夢にとり憑かれた。ルーデンドルフと同僚のパウル・フォン・ヒンデンブルクが戦争遂行の実権を掌握し、一九一六年までに軍事独裁体制を事実上つくり上げ、中立国の船舶に対して無制限潜水艦戦を開始したことを含めた破滅的な政策を遂行するなかで、ケスラーは首肯してそれを見ていた。無制限潜水艦戦によってアメリカ合衆国は一九一七年春に連合国側で参戦することになるのだ。日記のなかでケスラーは、ルーデンドルフを偉大な才能とエネルギーと知性をもつ人物、ヒンデンブルクをすばらしく安心感を与える父親的存在と描いている。

しかし戦争が長引くにつれて、ケスラーの当初の熱は冷め、戦いがドイツとヨーロッパ社会に広く与えている影響に絶望するようになった。一九一八年十一月、ドイツが連合国に降伏すると、ケスラーは世界の労働者階級が革命を行うことに期待を寄せるようになった。それが新しい、より民主的な時代を先導する可能性があると思ったのだ。ドイツの愛国者として、ケスラーはこのような革命が起これば、戦勝国のドイツに対する処置は穏便になるだろうと期待もしていた。戦後の混乱のなかで、新しい社会主義政府〔ワイマール共和国〕がベルリンに秩序を制定し、初のドイツ大使として新国家ポーランドに派遣されることにケスラーは同意した（ケスラーはすでに、ポーランドの指導者ユゼフ・ピウスツキと知り合いだった）。ポーランドとの合意をつくる試みは、ドイツの意図をポーランドが疑っていたこと及びドイツ政府が強い要求をしていたために頓挫した。一九一九年十二月、ベルリンに戻ったケスラーは、ドイツ共産党が権力を掌握しようと行動するのを目の当たりにした。日記には、共産主義の赤旗を身につけた群衆とそれに反対してデモを行った社会主義者の様子が描かれている。ケスラーは街頭での戦闘を目撃した。兵士が重要地点を掌握し、秩序を回復しようと動いているのを見た。昼も夜も機関銃、大砲、手榴弾の爆発する音が響き渡った。だが、地下鉄は動き続け、戦闘の場から離れたところではカフェがオープンしていた。ケスラーはそのうちの一軒を覗き込んだ。「バンドが演奏していた。テーブルはほぼ満席で、喫煙ブースにいるご婦人は客に対して、平穏な楽しい日々と同じように愛想よく笑っていた」。政府に忠実なオーケストラが警察本部の外の庭で（ワーグナーの）「ローエングリン」を演奏していた。現場はその前に、激しい戦闘が行われたところだ。群衆は音楽を楽しむとともに、戦闘でできた傷跡を見ようと戻ってきた、とケスラーは書いている。多くのベルリン市民のように、ケスラーは指導者の殺害を含めて、革命家たちに対して行われた野蛮な報復に驚愕していたが、秩序が回復したことに安堵していた。

一九二〇年代のケスラーは、リベラリズム及び立憲民主主義の勢力と、左右両方でそれに敵対している人々が、ドイツの将来をめぐって争い、混乱している様子を目の当たりにした。知性的な実業家で友人のヴァルター・ラーテナウは、一九二二年にドイツ外相になっていたが、同僚たちのことを取るに足らないとして切り捨てていた。そして、ボリシェヴィキが「すばらしいシステム」で、二十一世紀の世界を支配することになる、とケスラーに話した。ケスラーはラーテナウの会話が不毛で、ラーテナウの言い方は「辛辣さと自惚れが入り混じっている」と思う、と書いているが、ラーテナウが右翼の過激派に暗殺されると愕然とした。自らは左傾化するにつれて、ケスラーはナチスに魅かれていく上流階級の友人たちの多くを失った。ケスラーは正式に社会民主党に加わることはなかったが、その政策に同調的になり、ワイマール共和国の強力な支持者となった。ケスラーはグスタフ・シュトレーゼマン〔ドイツ人民党〕を初めとする主だった人々と新たに親交を深めた。シュトレーゼマンは一九二三年から一九二九年まで外相を務め、ワイマール共和国を強化し、ドイツを国際社会に戻すために尽力していた。ケスラー自身は、国内ではリベラル勢力の連立を、国外では平和的な国際秩序を支持し、たとえば友人のアインシュタインとともにヨーロッパの平和主義者らの会合に出かけた。「私はついに、人生の真の目標に到達した。まず実践的な形で、ヨーロッパを一つにするための仕事を手伝うのだ。戦前もやってみてはいたのだが、文化というあまりにも薄く脆いレベルでやっていたにすぎなかった」と、一九二四年に書いている。ケスラーは新しいものを目の前にすると、それに惹きつけられた。ケスラーはプライベートなパーティーでジョセフィン・ベーカー〔アメリカ出身の歌手、女優。「黒いヴィーナス」

の異名をとった」に会ったと嬉しそうに書き留めている。そのパーティーでベーカーは、「ピンク色の縮緬《ちりめん》でつくったエプロンを身につけただけで、あとは裸だった」のだ。ベーカーは客のために踊った。ケスラーは彼女が魅力的だと思ったが、「エロティックからはかけ離れている」と書いている。

一九二〇年代が終わる頃には、ケスラーはナチスの興隆を驚愕の目で観察していた。若い世代は左右いずれでもいいから逃避して、何らかの信念をもちたい、人生に意味と形を与えてくれる訓練を受けたいと間違って考えている、とケスラーは信じていた。一九二九年にシュトレーゼマンが亡くなると、ヒトラーの前に立ちはだかるドイツの政治家がいなくなった。力が衰える一方の大統領ヒンデンブルクの周りに集まった右翼は、ナチスが法を無視するのを許し、愚かにも一九三三年一月にヒトラーを首相の座に導きいれた。ケスラーはしばらくの間、翌月に起こった帝国議会の火事は偶発的なものだと思っていた。しかしケスラーは、この事件はナチスがドイツ国家と社会を掌握するための好機にするだろう、と的確に捉えていた。翌三月、ケスラーはパリに出かけた。一時的な訪問と考えた。だが、滞在中にケスラーは戻るなという警告を受けた。ケスラーが所持品を送ったところ、ナチスの支持者となっていた召使がケスラーを非難したばかりか、それらを盗んでいたことがわかった。「悪い夢からハッと目が覚めたときのように感じることがある」とケスラーは記した。その年の四月、ケスラーは日記に次のように書いた。「ユダヤ人に対するおぞましいボイコットが始まった。狂気の犯罪だ……この愚かな、悪意をある人々に対して嘆く気持ちと、哀れみを感じる気持ちと、どちらが強いのか言葉にしがたい」。ケスラーの生活は今まで通り、友人たちに会い、本を読み、回想録を書き、劇場やコンサートに出かけるという具合に続いた。だが、ケスラーの中から何かが消えてしまった。「いつも鈍い痛みがダブルベース〔コントラバス〕のように響いているのがわかる」、と書いている。

このあと、ケスラーは回想録を書くことが難しくなった。何年にもわたりケスラーに資金援助をして心から支えてきた妹は、これ以上ケスラーを支えるゆとりがなくなった。ケスラーはしばらくマジョルカで生活した——この島でケスラーは日記を安全な貸金庫に入れた——が、健康状態が急激に悪化し、一九三五年に治療のためにパリに戻った。一時的にケスラーは回復したが、一九三六年に始まったスペイン内戦によって、マジョルカに戻ることができなくなった。ケスラーは最期をフランスのいくつかの地方を転々としながら下宿を借りて生活し、一九三七年十一月に亡くなった。ケスラーの葬儀はこぢんまりとしたもので、彼の死が新聞に書かれることもほとんどなかった。

ヴィクトール・クレンペラー

ケスラーの健康が衰え、日記が終わりに近づく頃、もう一人のドイツ人が驚くべき日記を書いている。ケスラーのものよりずっと重苦しい内容だが、同じように人間の弱さと不思議さを鋭く認識し、それらを受容した日記である。ヴィクトール・クレンペラーはキリスト教に改宗した教養あるユダヤ人一家の出身で〔指揮者のオットー・クレンペラーはいとこである〕、ジャーナリストになろうとしたが、結果的にはドレスデン〔ドイツ・ザクセン州の州都〕でロマンス諸語〔ラテン語に起源をもつ言語〕の教授となった。クレンペラーは学術研究に力を入れていたが、私たちが今日、クレンペラーと聞いて思い出すのは、彼の書いた日記である。一九三〇年代のドイツで生活するとはどういうことだったのか、その詳細がわかるのだ。ナチスが権力をもち締めつけが強くなり、一九四〇年代にはヒトラーが戦争を始める時代である。クレンペラーはアーリア人の女性と結婚していたので、正気を失ったナチスによる官僚主義的なルールの下では、収容所に送られることはなかった。クレンペラー夫妻は何組かの夫婦とともに、特別につくられたユダヤ人地区に移動させられたのだ。

英語版の翻訳によれば、日記は一九三三年のナチスによる権力掌握から始まっている。クレンペラーは、終始一貫そうなってしまったのだが、自分の健康について愚痴をこぼしている。クレンペラーは疲れ果て、無気力になり、気持ちが沈む、と書いている。次々に病気に罹り、心臓や目、腎臓がだめになってしまうのではないかといつも心配しながらクレンペラーは生き続けた。繰り返し書いているのは、第三帝国が終わるまで生き延びることはないという確信だった。だが、クレンペラーは研究と執筆を続けた。自分の伝記を書き、フランス文学の研究に取り組んでいた。クレンペラーはナチスの言語に関する取り組みも研究していた。ナチスの誇張した表現、ヒロイズムや勇敢という表現の多用、最上級を使った表現――たとえば、「最大の勝利」「最大の成功」など――、軍事用語の多用等である。クレンペラーは、ナチスが憎悪の対象となる人々を「ユダヤ人」や「共産主義者」と表現することによって非人間化していることや、彼らが合理的でないものを称え、狂信者であるとか誰彼かまわず怒りを抱いている者と表現する傾向がある、と書きとめた。クレンペラーは覚悟のうえで日記をつけ、毎日の生活の詳細を書き続けた。自分の周りで制約が大きくなっていくこと、小さな屈辱、ひどいことばかりが起こるにもかかわらず、彼や妻が楽しいと思ったわずかな幸せの瞬間、ドイツが変貌していくのを見て思い、行動したこと等々だ。クレンペラーは政治と戦争についても考えを述べているが、それは自ら意識しているように、自分の生きている時代の歴史を伝えるのではなく、彼自身と彼の周りの小さな世界の歴史、下から見た歴史を、後世に伝えることを目的としていたためだ。

ナチスはあらゆる反対者を弾圧した。したがって、体制に対して破壊的、批判的と解釈される著作物はすべて、危険度が高くなった。ドイツの秘密警察ゲシュタポは無作為に調査を行い、疑わしい文書や禁書が見つかると、死につながることがよくあった。「私は書き続ける。それが私のヒロイズムだ。私は目撃者になる。正確に見る！」――一九四二年にクレンペラーはこう書いている。アーリア人として自由に旅行ができた妻は、家から日記をもち出し、友人の女医のところにもっていった。この友人が危険を冒して、安全なところに保管したのだ。

クレンペラーはあらゆる不利な状況にもかかわらず、ナチスと戦争の時代を生き延び、日記も生き残った。クレンペラーは深く愛していた妻のため、そしていつかナチスの犯罪者たちが終わりを迎えるのを見たいという思いから、日記を書き続ける覚悟をした。不満や恐怖、心配事は数多くあったが、クレンペラーは何週間も、何ヵ月も、何年も観察し続けた。ナチスドイツ下の生活をこのような形で説明したものは、他に存在しない。日記がこれほど強力で、これほど人の心を動かす記録になるのは、読者である私たちがページをめくるごとに、クレンペラーの軌跡を追体験するからだ。初めてユダヤ人として摘発されたとき。没収、卑劣な行為、禁止がどこまでも続く。増大する死の恐怖。ナチス、あるいは連合国による爆撃。クレンペラー自身のように、私たちも最初、第三帝国下でドイツに起こったことが明らかになったときにショックを受け、次第に大きくなる恐怖とともに耐えていくところまで心が動く。だが、クレンペラーとは違い、このあともっと事態が悪くなることを、私たちは知っている。

最初の兆候が現れたのは一九三三年初頭だった。クレンペラーは人々がだんだん「ハイル・ヒトラー」

と挨拶するようになり、その後それが義務になったことを書きとめる。クレンペラーの周りの社会が狭まり始め、知っている人々のなかにナチ党に入る者とドイツを去る者が出てくる。会話は次第に慎重になり、人々は体制を批判するのを恐れ、反対していた人々が最初の強制収容所に送り込まれるようになる。国家そのものが市民の多くを敵対視していることが次第に明らかになる。ユダヤ人に対して罵倒することが公然と受け入れられるようになり、ナチス管理下の新聞にはユダヤ人を非難する野蛮な記事が溢れるようになる。ドレスデン中に、「ユダヤ人から購入する者は国への裏切り行為」「ユダヤ人は出て行け」といったポスターが現れる。一方でクレンペラーは、ユダヤ人コミュニティーとして知られる団体に加わるよう圧力を受けるが、抵抗する。クレンペラーは、自分はプロテスタントで国籍はドイツだと主張し続ける。クレンペラーは次第に、ドイツ民族がこの体制に倦み、この体制を捨てるだろうという希望を捨てるようになった。日記に書いているように、ふつうのドイツ人の多くはナチスに対して不満はあるが、共産主義者よりましだと感じていた。

しばらくの間、クレンペラーの生活は比較的平穏だった。クレンペラー夫妻は映画を観ることができたし、楽しんでもいた。夜には家で、昔からやっていたように妻のエヴァに大きな声で本を朗読して聞かせた。お金のことはいつも心配していたが、エヴァの熱心さに負け、デルチェンの村に小さな家を建てて庭をつくった。クレンペラーは妻が喜んでいることに感動して喜び、こんな時代になんとかできたこと自体を驚いていた。楽観に考えていた頃には「もっと奇跡があってもよいのでは?」とも述べている。クレンペラーは免許を取って小さな車を買い、エヴァと一緒にドイツ中を旅しようと決めていた。

懲罰的な色合いが長く、濃くなっていく最初のユダヤ人排斥が始まったのは、ドイツ人の飼い猫クラブがメンバーをアーリア人に限るという知らせをクレンペラーが聞いた、一九三四年頃だった。大学ではクレンペラーの学生数が減り、責任ある仕事から外された。翌年、クレンペラーは余剰人員となったが、それでも他の同僚よりも幸運だった。というのは、年金の一部がもらえたからである。だが、クレンペラーは金に不自由するようになり、所持品を質に入れるようになった。デルチェンの家には、地元の警察がやってきて家捜しをした。ラジオや武器があれば没収するため、あるいは、ドイツ民族の文化的な宝を「安全なところ」に移すため、というのがその理由だった。第一次世界大戦で軍務に就いていたときから保管していた錆びたサーベルを見つけると、警察署に報告された。だが、この段階ではまだ丁重な扱いを受けた。一九三五年九月、政府がニュルンベルク法を制定した。目的は「ドイツの血とドイツの名誉の保護」のためであり、ユダヤ人をさらに孤立させ、ドイツ社会から排除するためだった。一九三六年、クレンペラーは「人生で最悪の誕生日」を迎えた。彼は図書館の閲覧室に入ることを初めて禁じられ、司書が涙を流しながら「あなたにはもう本を貸せない」と告げたのだ。

小さな屈辱が積み重なるうえ、もっと深刻な排斥も強化された。一九三八年、クレンペラー家に出入りしていた掃除婦が官吏に呼ばれ、ユダヤ人のために仕事をすると息子と娘のためにならないと宣告されたのだ。クレンペラー夫妻は悲しい気持ちで家事をすることになった。初めの頃は皿を洗うのに三時間かかった。この頃になると、ユダヤ人は映画館に行くことも、運転免許証を所持することもできなくなった。そのためにクレンペラーは、これまで楽しんできた自動車をあきらめなければならなかった。ユダヤ人に対する職業制限も初めて施行された。ユダヤ人の医者は全員、医師登録簿から抹消された。ユダヤ人は公衆浴場に行くとき特別の黄色いカードを持参しなければならなくなったし、名前のあとにユダヤ人であることを示す言葉が書かれたＩＤカードを持たなければならなかった。クレンペラーは「ヴィクトル－イスラエル」となった。クレンペラーは仲間だったドイツ人がナチスと一緒に行動することにがっかりしていたが、特にそれが知識人――クレンペラーを支えようとは一切しない同僚や、ユダヤ人研究学会に入り、ユダヤ人のなかに永遠に刻み込まれた特徴としての残酷さ、暴力的感情、順応性、あるいは古代のアジア的な嫌悪感を備えている、などと批評している教授たち――である場合にはいっそう落胆した。

一九三八年三月にドイツがいとも簡単にオーストリアを併合すると、ナチスの自信と残忍ぶり、加えて反ユダヤ主義はいっそう高まった。ヒトラーは繰り返し、ユダヤ共産主義は世界の敵だと叫び、ナチスの新聞にはユダヤ人が邪悪であるという記事であふれた。同年十一月、ナチスはいわゆる「水晶の夜《クリスタル・ナハト》」に、ドイツ国内のユダヤ人とシナゴーグ、そしてユダヤ人の事業所を攻撃した。クレンペラー夫妻のある友人がライプチヒで見たこととして、次のように述べている。嵐のように輸送車がやってきて、シナゴーグとユダヤ人の百貨店にガソリンをまき、百貨店を焼いた、と。クレンペラーは民主主義がまったく無力であることに絶望した。デルチェンの家の垣根には、「ダビデの黄色い星」が描かれたビラが貼られた。

ますます多くの人々が強制収容所に連行され、姿を消した。クレンペラーはブーヘンヴァルト収容所から届いた情報のメモを拾った。それによると、そこでは一日に二十人から三十人が死んでいるという。自殺をした人々の話を聞くことも多くなった。夫妻はこの地を離れること――多くの人々がそうしていることを知っていた――を話し合ったが、いつも何かが起こり、踏みとどまることになった。エヴァには見知らぬ地で別の生活を始めることを考えられなかった。ドイツを離れたくなかったし、家と庭があった。クレンペラーも妻を不幸にしたくなかった。戦争直前、「ここに墓穴を掘って、ここで最期を迎えよう」とクレンペラーは書いた。彼のプライドも大きな要因だった。クレンペラーは、すでにドイツを離れてしまった親類に頼りたくないと考えた。特に、アメリカ合衆国で地位を築き成功している兄のゲオルクには頼りたくなかった。クレンペラーはゲオルクの好意で与えてくれる金に頼らざるをえなかったが、パトロンになってほしいとまでは思わなかった。クレンペラーの本心はこの地になかったとしても、離れることができなかった。それにもかかわらず、クレンペラーは自分を助けてくれる可能性がある、外国の地にいる人々の住所を手に入れた。教職を希望している、講義を行わせてほしい、と何度申し込み。散漫なやり方ではあったが、英語を覚えようとさえした。夫妻はオーストリアからキューバ行きの切符を予約することも話し合った。そこならばユダヤ人に出国の許可が下りやすかったのだ。あるとき、夫妻はローデシア（現在のジンバブエ）に移住し、ミネラルウォーターの会社を始めることも考えた（パレスチナに移住することはまったく除外した。クレンペラーはシオニズムに反対だったのだ）。一九四一年夏になり、出国するチャンスがなくなったことがはっきりすると、クレンペラーはある意味、ほっとした。「これが自分たちには合っているのだ。迷いがなくなった」と。夫妻の選択肢は、死ぬか、生き残るかになった。

クレンペラーをドイツに押しとどめたもう一つの理由は、クレンペラーは自らをドイツ人であると認識していたからだった。一九四二年四月にこう書いている。「私はドイツ人のことを想う。私はドイツ人だ――なのに、そうではないとされる。自分の中からドイツ人である部分を切り離すことはできない」。自分はドイツ人社会から弾かれているし、友人だったドイツ人をもう信頼できないと思うこともあったが、それでもこれは悪夢なのだ、と感じることもあった。「私はドイツ人だ。ドイツ人が帰ってくるのを待っている……ドイツ人はどこかに隠れてしまった」――同じく一九四二年の日記に、こう吐露している。

一九三九年の元日、世界はまだ戦争に突入していなかったが、クレンペラーは前年の悪い出来事を振り返った。おそらく、クレンペラーは最悪のところまで来たのではないか、と思ったのだろう。私たち読者はもちろん、彼が間違っていたことがわかる。秋に戦争が始まると、ユダヤ人の状況はさらに悪化したのだ。一九四〇年、クレンペラーは家を出よ、という命令を受け取った。にもかかわらず、税を払い続け、維持費は出さなければならなかった。妻がアーリア人だという理由で二部屋が割り当てられた。たいていのユダヤ人は一部屋の割り当てだった。夫妻は最初のユダヤ人ハウスに引っ越した。クレンペラーがいうように、「上級の強制収容所」だった。夫妻はそこで、他の人々と狭いなかで生活することを強いられ、意地悪や欲求不満に耐えなければならなかった。クレンペラーは、あの人がお湯を使いすぎだとか、この人が砂糖の配給を盗んだ、といったけんかに辟易した。強烈な愛国心をもち、ドイツが勝利することを願っている同胞のユダヤ人にも苛立った。敗戦だけがナチ体制を終わらせることができる、とクレンペラーは信じていた。クレンペラーは同じ境遇の人々の教育程度が低いことに俗な感情をもっていたし、アーリア人の夫を亡くしたユダヤ人で気のよいフロイ・ヴォスにうつつを抜かすこともあった。夫妻はヴォスの家に住んでいたのだ。ヴォスはおしゃべりが絶えず、招かれたわけでもないのに部屋に来た。

ユダヤ人ハウスの人々は、それぞれ「スピッター（唾を吐く人）」「ボクサー」とあだ名で呼んでいた二人のゲシュタポ職員の心無いいじめと、残酷なやり方に耐えなければならなかった。秘密警察は繰り返し家捜しを行い、食器棚や引き出しを開けて小麦粉や砂糖を撒き散らし、薬からクリスマス飾りに至るまで、すべてをめちゃくちゃにした。あるときには、クレンペラー夫妻はニンニクを細かく砕いて部屋中のいろいろなところに隠すいやがらせをされたことに気づいた。ゲシュタポは、ワインのボトルから第一次世界大戦のときにクレンペラーがもらった勲章まで、価値があると判断した物を盗んだ。ゲシュタポはユダヤ人に、お前たちはなぜ首を吊らないのかと尋ね、エヴァのようなアーリア人の女性を叩き、ユダヤ人と結婚した売春婦だとか豚だとか罵声を浴びせた。ユダヤ人がゲシュタポ本部に連れて行かれ、さらにひどく罵られることもよくあった。帰ってこないこともあり、その場合、連れて行かれた者は「心臓発作」で死んだと家族は伝えられた。

ユダヤ人に対する禁止と制限はさらに増えた。ユダヤ人はチョコレート、生姜入りのパン、コーヒー、新鮮な野菜、オレンジ、卵、アイスクリームといったものを買うことができなくなった。花、タバコ、新聞も買えなかった。毛皮、オペラグラス、タイプライターを所有していると、当局に引き渡さなければならなかった。電話を持てず、ペットを飼うことができなかった（クレンペラー夫妻はかわいがっていた猫を手放さなければならなかった）。クレンペラーのように軍の勲章をもっていても、身につけることはできなくなった。年月が経つにつれて、ユダヤ人はレストランで食事すること、コンサートに行くこと、電車に乗ること、ドレスデンの中心にある公園を散歩することが禁じられた。いくつかの通りを歩くことも禁じられたのだ。ユダヤ人は夜間外出禁止を守らなければならなかった。商店はユダヤ人に配達することが禁じられた。そのためクレンペラーは、一日の多くの時間を食料や石炭を買うために列に並ばなければならず、手に入れたものをナップザックを背負って、あるいは、借りた手押し車を押してもち帰らなければならなかった。ユダヤ人は衣類用の配給券をもらう資格を失ったが、衣類を手にするためにはユダヤ人のコミュニティーに配給券を使わなければならなかった。最初、クレンペラーは死者が身に着けていた古着を受け取るのにもぞっとした。後になると、もらえるものなら何でも喜んで受け取るようになった。自分がみすぼらしくなってきたと感じることが多くなったが、クレンペラーは自分が教授であることを忘れなかった。シャツが古くなると、着脱式のカラーとタイを身につけ続けた。

生き続けるための日々のわびしい闘いや、食料がないときの落胆、そして、肉やジャガイモを少し余計に手に入れたときなど、わずかばかりうまくいったことを書き綴った。借金を恥じたこともあったが、後にはもう少し生き延びられるという思いで、それに救われるようになった。だが、常に恐怖があった。夫妻はどちらかが出かけると、再び生きて会うことができるかどうかわからなくなった。一九四一年三月、クレンペラーは灯火管制のときに小さな音をたてたということで、一週間の刑務所収容という判決を受け、呼び出されたことがあった。そこでクレンペラーは新たな苦痛に耐えた。ベルトが没収されたので、ズボンを自分でもち上げていなければならなかった。眼鏡をかけることが許されず、読むことも一切禁じられた。クレンペラーは仕事のことを考えて時を過ごし、エヴァに対して良い夫だったのかどうか振り返った。多くの人々と違って幸福だったのは、拘留中に不審死しなかったことだ。

一九四一年九月、新たな屈辱が始まった。ユダヤ人は全員、表に出るときに「黄色い星」を身につけることになったのだ。最初、クレンペラーはあえて家から外に出ようとは思わなかった。しかし、他の屈辱と同じようにまもなくそれにも慣れ、ヒトラー青年団が彼に向かって「ユダ公」と通りで叫ぼうと平気になった。逆に、クレンペラーは人の温かい振る舞いを書きとめるようになった。彼に肉を多めに渡してくれた肉屋、チョコレートをくれた八百屋、野菜をくれた主婦……。それらは、ユダヤ人であるクレンペラーが買えないものだった。見ず知らずの人が通りで丁寧に挨拶をし、ユダヤ人に対して行われていることはみな間違っている、と静かに話してくれた。デルチェンでは、当局から家の管理を任された管財人が最善を尽くして安全に管理し、自分はナチスが嫌いだと率直に言ってくれた。アーリア人の友人たちがクレンペラー夫妻に食料をもってきて、ドイツ人が聞くことを禁じられていたＢＢＣ放送から得たニュースを教えてくれた。

戦争が続くにつれて、クレンペラーは他のドイツ人と同じように、貪欲に噂にかじりつき、杓子定規なナチスの広報の行間を読もうと努めた。戦線から戻った兵士たちは東部での猛烈な戦闘とドイツの重大な損失について話をしている、とクレンペラーは書いている。一九四三年になるとクレンペラーは、戦争も終わりが近づいているのかもしれないと希望をもち始めた。北アフリカでの連合国の勝利、連合国のイタリアへの上陸、イタリア新政府との休戦、そしてスターリングラードでのソビエトの勝利……。こうしたことすべてが、クレンペラーには希望となった。だが、クレンペラーの頭のなかにある疑問は、自分とエヴァが戦争の終結を見届けるまで生きながらえることができるか、ということだった。

この頃には、夫妻はもっと小さく、もっと窮屈なユダヤ人ハウスに移された。そこでは他の数家族と、台所とトイレを共用しなければならなかった。食料はますますわずかになり、ドレスデン以外のドイツのいくつかの都市は、連合国の爆撃で破壊された。不吉なことに、ますます多くのユダヤ人がドイツの外に連れ去られた。どんな運命が待ち受けているのか、まだわからなかった。

日記をめくると、「最終解決」の実現が意味することを、クレンペラーがゆっくりと気づき始めたことがわかる。一九四一年の初めの頃には、ユダヤ人が東部のナチス占領下のポーランドに移送されることをクレンペラーはわかっていたが、彼らは労働力として送られるのだと信じた。強制労働をすることになる工場では、食料状況もいくらかよく、人間らしい扱いを受けるのではないか、とさえ考えた。だが、一九四二年になると、クレンペラーは東部に向かう途中で銃殺されたユダヤ人の話を耳にした。ある看護婦が、移動がどれほど残酷なものなのかクレンペラーに伝えた。年配の人々の多くが具合が悪くなる、トラックにぎゅうぎゅうに詰め込まれ、看護のための道具もない、というのだ。働くことができない人々はテレージエンシュタットのような孤立した収容所で、秘密裏に処理されるのではないか、とクレンペラーは疑い始めた。東部に送られることになっていたクレンペラーの一番上の姉がその前に亡くなり、彼は救われる思いがした。そして、アウシュヴィッツが特に恐ろしい強制収容所で、過重労働のため人々が死んでいる、という話も耳にした。クレンペラーはアウシュヴィッツのことを「速成虐殺場」と表現し、東部に行った人々が戻ることはないと思うようになったが、それでもまだ、ナチスの本当の恐ろしさを理解していなかった。ユダヤ人がガス室で殺されている、と一九四四年にBBCが報道したという話を聞いたとき、誤報ではないかと疑ったが、次第にそれが事実だと確信するようになった。ポーランドからドレスデンに戻ったある兵士は、クレンペラーの知り合いが服につけていた「黄色い星」を指さして、こう述べた。「ポーランドで恐ろしいことを見てきた。恐ろしいことだ。この罪をあがなわれなければならない」。ドイツ兵の話によると、命令を実行する前に強い酒を飲むか、命令に従うことができなければ自殺するしかなかった、と。

一九三三年のドレスデンには、宗教上の定義によると四千六百人のユダヤ人がいた。それが、一九四五年には百九十八人しか残っていなかった。クレンペラーはアーリア人の妻と結婚していたためにこれまで見逃されてきたが、いよいよ最期が近づいたように思われた。二月十三日の木曜日、ドレスデンに残っている労働能力のあるユダヤ人は国外に移送する、と命じられた。その夜、イギリスがドレスデンを爆撃した。町が破壊され焼け落ちる混乱のなかで、クレンペラー夫妻はゲットーを去った。クレンペラーは「黄色い星」を捨て、アーリア人の配給券を手に入れようとした。歩いて、ときには電車や荷車に乗って、夫妻は田舎をさまよい、食糧と泊まれるところをようやく見つけた。五月七日にドイツは降伏し、クレンペラー夫妻は回り道をしながらデルチェンに向かった。六月十日、夫妻は丘を登り、町に入った。家は二人を待っていた。

冷戦によってドイツが東西に分断されると、クレンペラーは東ドイツにとどまることを選んだ。クレンペラーは教授職に就き、ナチスの言語に関する研究と並行して、ヴォルテールとルソーに関する研究書を出版した。クレンペラーは一九六〇年に六十八歳で亡くなった。クレンペラーの日記はナチスの時代と同じように、東ドイツの時代を生き延びたのである。

ケスラーやクレンペラーのように記録を残した人々に、私たちは感謝しなければならない。彼らのおかげで、私たちはそれが良いものであろうと悪いものであろうと、過去の特別な時代の出来事を内側から捉えることができる。彼らの力によって、ルイ十四世の宮廷やカナダの辺境の様子、ナチスドイツの実情を理解することができる。彼らは実に見事に詳細をまざまざと示し、それが現代の私たちの心に強い印象を残し、過去に生きた人々の個性を捉えるのに役立つ。たとえば、ビスマルクの尿瓶の大きさ、フランスの若き王妃の虫歯がそれにあたる。

歴史がある種の「ごちそう」であるとすると、その味つけは十人十色だと思う。本書で取り上げてきた人々のなかには、大きな出来事の中心にいたり、歴史の流れを変えたり、現代の世界を形成した人々もいる。私が好ましい資質があるから、本書で言及した人々もいる。彼らは勇気がある、あるいは自由な精神や好奇心がある、そして単純に、私がおもしろいと思った人々である。過去に対する私たちの理解と過去のおもしろさは、歴史の流れ——底流にある力や動き、テクノロジーや政治構造や社会の価値観——を無視してはならないとわかっていても、一人ひとりの人間が存在しなければ歴史は豊かなものにはならない。コンテクスト——旧体制《アンシャン・レジーム》の階級構造、一九三〇年代の世界の困難な状況、数百年かかったカナダの社会の発展——を説明する歴史学者の研究がなければ、私たちが個人の日記や手紙、回想録を理解しようとしても限りがある。だが、こうした記録がなければ、私たちは過去の様子を頭で描いたり、歴史を読む楽しさを味わったりする手段がほとんどなくなってしまうことになるのだ。

一人ひとりの人間と、歴史をつくり現在の私たちの世界に命を吹き込んだ世界との間には、相互作用がある。私たちに自分の限られた理解から自由になることが必要なように、また想像力と共感する力を使って、違う背景、人種、エスニシティ――出身の私たちの同時代人を理解しようとすることが必要なように、私たちは過去について多くの切り口からとらえるよう努めなければならない。マダム・ド・セヴィーニュの手紙やチャールズ・リッチーの日記だけでは、私たちは多くのことを見過ごしてしまう。たとえば、十八世紀のフランスの小作人あるいは職人の様子や、二十世紀のカナダの労働者や農民の様子のことだ。歴史学者はこうした声もよみがえらせ、過去の社会について完全に想像できるような絵を提示してきた。

では、歴史はただの趣味にすぎないのか？　おもしろい人々や、おもしろおかしい一風変わったものを探すために、過去をくまなく捜しまわることなのか？　それ以上のことがあると私は考えている。歴史がなければ、私たちは自分自身の世界を理解する有用な道具を失ってしまう。カナダという国は、原住の人々、フランス人、イギリス人、後に世界中からやって来た人々が加わって土台を築いた。人々がやって来た順番やが混じりあった形が、今日あるカナダ社会を形成した。大英帝国内のカナダから完全な一つの国になっていったカナダの平和的な発展は、法と代議制に対する敬意といった価値観や制度を基礎とする社会を形成するうえで力となってきた。カナダ人である私たちは、暴力的な革命や内戦という重荷を背負わずに済んだことに感謝すべきである。革命や内戦は、フランスやアメリカ合衆国のような国に、今なお影を落としているのだ。

民族同士を反目させたり、愚かで、破壊的で、悪意をもった政策や施策を正当化させたりするために用いられると、歴史は危険なものになることがある。一部の民族主義的な歴史が、一九九〇年代の恐怖を醸成した。ユーゴスラビアが解体し、隣国同士――セルビア人、クロアチア人、ボスニアのイスラム教徒――が、何であるかにかかわらず、これまで常に敵であって、これからもそうなると教えられたがために、互いに反目したのだ。二〇〇三年にアメリカ政府とイギリス政府は、イラク侵攻と占領が有効だと認めさせるために、よくあるように歴史が利用された。サダム・フセイン〔一九三七～二〇〇六年〕を倒さなければ、ヒトラー、ムッソリーニ、日本の軍国主義者を食い止められなかった一九三〇年代の繰り返しになる、というのだ。歴史の誤用とは、歴史を無視するという意味ではない。むしろ私たちは、過去には複雑なものがあることを踏まえてそこから学び、そして、唯一正しい見方は歴史に存在しないという、単純だが重大なメッセージを現代の人々が引き出すことができるようにしなければならない。むしろ歴史は、新しい資料、新しい解釈、新しい疑問によって進歩していく研究である。そのことを理解すれば、単に歴史の命ずるところにしたがっていただけだ、というヒトラーやスターリンのような人々に対する予防接種となり得ると自信をもっていえる。

過去の人々を研究することによって、私たちは偶然とタイミングの重要性に気づかされる。私たちは、こう問わなければならない。チャーチル、スターリン、ヒトラーといった人物が、その時に生まれていなかったら、あるいは死んでしまっていたとしたら、どうなったのか？　バーブルがインドを征服しなかったとしたら、亜大陸の歴史は違ったものになっていたのではないか？　ウッドロー・ウィルソンが国民を説いて国際連盟に参加するようになっていたら、一九三〇年代の歴史はどうなっていたのか？　シャンプランがセントローレンスに最初のフランスの定住植民地をつくることができなかったら――いや、イギリス人が最初に来ていたら――今日のカナダにおけるフランスの存在はあったのだろうか？　このような可能性を考えることで、歴史は私たちが置かれている現在が特別であると考えさせてくれる。

だが、歴史は現在の決定を行う、あるいは未来の青写真を描くときに、明確なガイドラインを与えてくれるものではない。私たちは主導者や意思決定者が自信たっぷりに過去の教訓を引き出すと、どんなことが起こり得るのかをこれまで見てきた。歴史には多様性と広がりがあるから、良きにつけ悪しきにつけ、人々は自分の望みを正当化してくれるもの、あるいはまずそれを例示してくれるものを見出すことができる。歴史と、歴史のなかに登場する人物は、もっとつつましい洞察力とある種のつつましい励ましを与えてくれるだけである。私たちはみんな、時代がつくりだす生きものだが、私たちは限界を超える、あるいは限界に挑戦することができる。私が過去から選んできた一人ひとりの人々が、現在の私たちに人間の複雑な性質を、その多くの矛盾を、一貫性のなさを、邪悪なことや愚かなことを、だが、その美徳をも示すのに役だったらと願っている。歴史のなかに登場してくる人々は、良きにつけ悪しきにつけ、私たち誰もがもっている可能性に気づかせてくれるのだ。

さらに読み進めたい方へ

私は、章ごとに取り上げた話題や描いた人物についてさらに追究したいと考えるみなさんに、参考図書を挙げたいと思っていた。過去の回想録、日記、手紙は数多くあり、第一級の伝記や歴史書もある。さらに過去を探りたいと思うみなさんに、十分なリストを示したいと思っていた。ここでは、私が特におもしろいと思った何冊かを挙げたい。

スエトニウスの『ローマ皇帝伝』は、ローマ帝国初期に関心がある方にとっては今なお、出発点となる本である。[『年代記』を著した]ミカエル・プセルロスは、ビザンツ帝国に関心がある方にとって同様の意味をもつ。エカテリーナ大帝の宮廷に関心がある人々には、画家のエリザベート＝ルイーズ・ヴィジェ＝ルブランの回想録が、その宮廷と革命期のフランスについて生き生きとした説明となる。デイジー・グレヴィルの日記の大部分は、一七九〇年代から一八六〇年代のイギリスの宮廷とイギリスの政治に関心がある人々にとっては必読書である。ロシア大使の妻で、一八一二年から一八三四年にかけてロンドンで生活したプリンセス・リーヴェンの手紙も同様である。

帝国主義時代のヨーロッパと他の世界の出会いに関心のある読者には、マヤ・ジャサノフの *Edge of Empire: Lives ,Culture,and Conquest in the East,1750-1850* か、少し古くなるがレズリー・ブランチの *The*

Wilder Shore of Love がふさわしい。アラビアに夢中になった四人のイギリス人女性が、そこには描かれている。後の時代では、アーサー・グリンブルの *A Pattern of Islands* が、若く繊細なイギリスの行政官と遠い南海諸島の住民との出会いを扱っている。アルベルト・デンチ・ディ・ピラーニョの *A Cure for Serpents* はイタリア人医師と当時イタリア植民地だったリビアの住民の出会いを描いている。

旅行記のなかで、私が好きな作品としてはマーク・トウェインが一八六九年に書いたおもしろく洞察力に優れる *The Innocents Abroad* がある。ヨーロッパと中東の旅行記である。キャプテン・フレデリック・バーナビーの *On Horseback through Asia Minor* は一八六〇年代から一八七〇年代にかけてイギリス軍で最もハンサムだと言われた人物の旅行記である。後の時代では、ロバート・バイロンの *The Road to Oxiana* がある。一九三〇年代のイランとアフガニスタン国境での冒険談である。パトリック・リー・ファーマーの *A Times of Gift* □ *Between the Woods and Water* もある。一九三〇年代のイギリスからイスタンブルへの旅行について書いている。

謝辞

この本と講義は何年にもわたる読書と、多くの人々と交わした歴史に関する討論を基にしている。あまりに数多く、ここに名前を挙げることはできないが、関わってくださったすべての方に感謝する。私は何年間にもわたって私がかかわった数多くの学生のみなさんにこの本を捧げる。学生のみなさんは私を後押しして、おそらくは気づかないうちに、私が明確に歴史を説明できるようにしてくれたものと思っている。私は最初に、そして一番だと思っているのだが、ライアソン大学で歴史が意味あるものであり、おもしろいものであるということをわたしに教えてくれたみなさんから多くを学んだ。ナポレオンについて私が行った講義について、産業汚泥について聞いたばかりの講義よりずっとおもしろかったと言ってくれた環境工学部の学生の言葉を今でも宝物だと思っている。

私はライアソン大学とトロント大学で一緒に過ごした昔の友人と同僚にお世話になった。また、オックスフォードの歴史学部、政治国際関係学部、特に最良の知的なコミュニティーであるセントアントニー・カレッジの友人や同僚のみなさんに同様にお世話になっている。

特に個人の名を挙げてお礼を申し上げるのは難しいことだが、ボブ・ボスウェル、エイヴィ・シュレイム、グウェイン・ダニエル、ポール・ベッツ、ノラ・リッチヤー、ハーマイオニー・リー、ジョン・

バーナードには特に感謝を申し上げる。私の考えについて辛抱強く議論してくださった。特にハーマイオニーがウルフソン・カレッジのライフ・ライティング・センターに招いて講義を持たせてくださったことに感謝している。そこでいくつか考えていたことをテストさせていただいた。

キャロライン・ドーネーとはすぐに親しくなり、良きエージェントになってくださった。出版関係の方にも感謝している。ハウス・オブ・アナンシ社のサラ・マクラクラン、プロファイル社のアンドリュー・フランクリンに感謝する。この三人の方々は価値ある提案と示唆をくださり、力になってくださった。両出版社にはすばらしいチームがいて楽しく一緒に仕事ができた。アナンシ社では、編集者のジェニー・ユーン、コピーエディターのピーター・ノーマン、デザイナーのアリシア・シューチャック、広報ディレクターのローラ・メイヤー。プロファイル社では編集マネージャーのペニー・ダニエル、アートディレクターのピーター・ダイヤー、上級広報マネージャーのヴァレンティナ・ザンカの方々である。カナダ放送会社では、フィリップ・クールターとグレッグ・ケリーがいつものすばらしい腕前で一冊の本を講演シリーズの形に仕立ててくださった。マッシー・カレッジのマスターであるヒュー・シーゲルにも感謝を申し上げたい。また、カレッジで講演を行わせてくださったカレッジの有能な事務長であるアナ・ルエンゴに感謝申し上げる。

いつものように、さいごに大きく大切な私の家族に感謝する。いつでも私の考えていることについて話をしてくれ、原稿を読み、タイトルを提案し、講演を聞きに来て、苦しくなったときに元気づけてくれた。どれだけ世話になり、どれだけ感謝しているのかわかってほしいと思う。そのなかでただ一人、母エルンドの名前だけ挙げておく。執筆しているときにいつも意識している読者なのだが、いつものように、優しいけれどしっかりしたコメントをして、作品をうんと良いものにしてくれた。

用語について

カナダの原住民のことを表現するにあたりインディアンという言葉を使った。引用したエリザベス・シムコーのような人々がこの用語を使っていたことと、さまざまな呼び方があるなかで、すべての人々が合意して使える用語がまだないからである。

訳者あとがき

本書 *History's People: Personalities and the Past* はマーガレット・マクミランが二〇一五年十月にカナダのＣＢＣ放送で行ったラジオ講演シリーズを基にしたものだが、本書は放送に先駆けて同年に出版されている。

マーガレット・マクミランは二〇〇一年に発表した *Paris 1919: Six Months that Changed the Worl*, 2001（『ピースメイカーズ――一九一九年パリ講和会議の群像』、上下巻、稲村美貴子訳、芙蓉書房出版、二〇〇七年）と、二〇一三年に発表した *THE WAR THAT ENDED PEACE; How Europe Abandoned Peace for the First World War*（『第一次世界大戦――平和に終止符を打った戦争』、滝田賢治監修、拙訳）によって、世界的な名声を確立した国際関係史の第一人者である。前者は一九一九年のパリ講和会議のプロセスを、数多くの文献に基づいて、ウィルソン、クレマンソー、ロイド・ジョージを中心に、関係した多くの人物のエピソードを交えて描きながら、東欧、中欧、南欧、中東の国境の策定、日本による人種差別撤廃の要求と中国に対する野心を含め、会議全体を包括的に論じた大著で、サミュエル・ジョンソン賞、ヘッセル・ティルトマン賞など数々の賞を獲得しており、二〇〇七年にオックスフォード大学セント・アントニーズ・カレッジの学長に就任した。後者はナポレオン戦争以後長く続いた平和が先行きが見えず急激に変化してゆく国際情勢を前になぜ崩壊していったのか、約一千万人といわれる戦死者を出し、社会の根本を揺るがしたこの大戦がなぜ起こったのかという問いに応えるもので、前者同様、関与した人物を巧みに描きながら国際関係の変化を詳細に追って、人々の間に、戦争を受容する、いやむしろ積極的に良いものとして推奨していく空気がヨーロッパに広く醸成されていったことを叙述した作品である。つくられた伝統、鼓舞されたナショナリズム、社会進化論、悲観的な展望と楽観的衝動。反戦運動家ズットナーの努力、戦争は勝った国にとっても負けた国にとってもプラスにならず愚行に他ならないとしたノーマン・エンジェル、社会主義者ジャン・ジョレスの訴えなど、戦争に反対するさまざまな動きを緻密に描く。偶然が大きく作用していることが練りこまれる。サラエヴォ事件をめぐる一連の動き、意思決定を行う人々の決断に大きな影を落とした個人的な事情、フランツ・フェルディナントをはじめ戦争を止める方向で動いた可能性のある人々の突然の死。こうした状況を描きながら最後にマクミランはこう結んでいる。

私たちは彼らの世界を、世界が想定していたこととともに理解しなければならないのだ。私たちは意思決定者たちが行ったように、一九一四年のあの最後の危機の前に起こっていたことと、彼らが二度のモロッコで起こった危機、ボスニアの危機、あるいはバルカン戦争であった出来事から学んでいたことを覚えておかなければならない。こうした以前の危機をヨーロッパがうまく切り抜けたことが、逆説的に一九一四年夏の、また最後の瞬間に解決が見つかって平和が維持されるという危険な安心感を導いたのである。私たちが二十一世紀から指摘したいと思えば、二つの点から戦争に導いた人びとを責めることができる。一つは、こうした闘争がいかに破壊的なものになるかということを予見する想像力が欠けていたこと、二つ目は戦争をする以外に選択肢がないと言った人びとに対して立ちはだかる勇気が欠けていたことである。常に選択肢は存在するのだ（拙訳）。

マクミランは一九四三年、カナダのトロント出身である。マクミランの個人のホームページ及びオックスフォード大学のホームページによると、マクミランはトロント大学で学んだあと、セント・ヒルダ・カレッジ、セント・アントニーズ・カレッジで学び、一九七〇年代初め、イギリスのインド支配のありようを、イギリスからインドに渡った女性に着目して書いた論文で博士号を取得し、その後、トロントのライアソン大学歴史学部で教鞭を取り、トロント大学トリニティー・カレッジの学長（Provost）を経て、二〇〇七年セント・アントニーズの学長になった、とのことである。セント・アントニーズ・カレッジの学長については二〇一七年秋に退任している。

本書はこれまでマクミランが行ってきた研究のなかから、登場した人物をピックアップし、リーダーの指導力、傲慢、勇気、好奇心、観察の五つのカテゴリーに分けて、マクミランが思いのままに述べたものであり、選ばれている人物はランダムである。ビスマルク、ウィルソン、ルーズベルト、ヒトラー、スターリン、ニクソンといった政治家から、イーディス・ダーラム、ヴィクトール・クレンペラーといった一般にはなじみが薄い人物までさまざまな人物が登場する。カナダゆかりのサミュエル・ド・シャンプラン、エリザベス・シムコー——、ビーヴァブルック、マッケンジー・キング。マクミランのインド研究のなかで登場したファニー・パークス、アネット・ベヴァリッジ。さらには初代ムガル皇帝バーブルまで登場する。まさに縦横無尽といってよい。一つひとつの逸話が秀逸で、マクミランが歴史の楽しさを人物を通して思う存分述べた作品となっている。

同じく大学での講演を基にし、二〇〇八年に発表し、自己の主張を正当化するため歴史が濫用され、誤用されることが多いことを、世界各地から数々の実例を取り上げて警告を促し、歴史を学ぶ者としてのあり方を述べた辛口の *The Uses and Abuses of History* (2008)（『誘惑する歴史　誤用・濫用・利用の実例』拙訳、えにし書房、二〇一四年）に比べて、リラックスして書かれており、読者に歴史のおもしろさが伝わってくる内容となっている。

いつもながら、文章や語句について数々の助言をくださり、読みやすさを意識して文章を整理してくださった、えにし書房の塚田敬幸氏にはお世話になりました。心から感謝申し上げます。

索引〈作品・紙名〉

索引〈書籍名〉

〈ハ行〉

〈マ行〉

〈タ行〉

〈ナ行〉

〈カ行〉

〈サ行〉

索引〈人名〉

〈マ行〉

〈ヤ行〉

〈ラ行〉

〈ワ行〉

〈サ行〉

索引〈事項〉

〔著者紹介〕マーガレット・マクミラン

カナダのオンタリオ州トロント出身の歴史家。イギリス首相ロイド・ジョージの曽孫。

トロント大学トリニティー・カレッジで現代史の修士号取得。オックスフォード大学セント・アントニーズ・カレッジで博士号取得。ライアソン大学、トロント大学で教鞭をとったのちオックスフォード大学国際史教授。2007年よりオックスフォード大学セント・アントニーズ・カレッジ学長（2017年秋退任）。2017年12月、オックスフォード大学ヒルダ・ホール名誉特別研究員。カナダ国際問題研究所（CIIA）のメンバー。パリ講和会議を描いた『ピースメイカーズ─1919年パリ講和会議の群像』上下巻（稲村美貴子訳、芙蓉書房出版、2007年）でサミュエル・ジョンソン賞受賞。

邦訳書:『ピースメイカーズ─1919年パリ講和会議の群像』上下巻（稲村美貴子訳、芙蓉書房出版、2007年）、『誘惑する歴史─誤用・濫用・利用の実例』（真壁広道訳、えにし書房、2014年）、『第一次世界大戦──平和に終止符を打った戦争』（滝田賢治監修、真壁広道訳、えにし書房、2016年）

〔訳者紹介〕真壁 広道（まかべ ひろみち）

1957年生まれ。1981年一橋大学社会学部卒業。翻訳者。
訳書:マイケル・R・マラス『ホロコーストに教訓はあるか──ホロコースト研究の軌跡』（えにし書房、2017年）、マーガレット・マクミラン『第一次世界大戦──平和に終止符を打った戦争』（滝田賢治監修、えにし書房、2016年）、同『誘惑する歴史──誤用・濫用・利用の実例』（えにし書房、2014年）、A.J.P.テイラー『トラブルメイカーズ──イギリス外交史に反対した人々』（法政大学出版局、2002年）他。

ヒストリーズ・ピープル
人格と個性が歴史を変える

2018年 5月 25日 初版第1刷発行

■著者　マーガレット・マクミラン
■訳者　真壁広道
■発行者　塚田敬幸
■発行所　えにし書房株式会社
〒102-0073 東京都千代田区九段南 2-2-7 北の丸ビル 3F
TEL 03-6261-4369　FAX 03-6261-4379
ウェブサイト　http://www.enishishobo.co.jp
E-mail　info@enishishobo.co.jp

■印刷／製本　三松堂印刷株式会社
■装幀　又吉るみ子
■編集協力・DTP　木村暢恵

© 2018 Hiromichi Makabe
ISBN978-4-908073-53-3 C0022

定価はカバーに表示してあります。乱丁・落丁本はお取り替えいたします。

本書の一部あるいは全部を無断で複写・複製（コピー・スキャン・デジタル化等）・転載することは、法律で認められた場合を除き、固く禁じられています。

周縁と機縁のえにし書房

誘惑する歴史　誤用・濫用・利用の実例

マーガレット・マクミラン 著／真壁広道 訳／四六判並製／2,000円+税

歴史にいかに向き合うべきか？　サミュエル・ジョンソン賞受賞の女性歴史学者の白熱講義！　歴史と民族・アイデンティティ、戦争・紛争、9・11、領土問題、従軍慰安婦問題……。歴史がいかに誤用、濫用に陥りやすいかを豊富な実例からわかりやすく解説。安直な歴史利用を戒めた好著。978-4-908073-07-6 C0022

第一次世界大戦　平和に終止符を打った戦争

マーガレット・マクミラン 著／真壁広道 訳／A5判上製／8,000円+税

世界中で話題を呼んだ *The War That Ended Peace*: How Europe Abandoned Peace for the First World War の邦訳。第一次世界大戦以前にヨーロッパが経験していた大きな変容を描き、鍵となった人物に生命を吹き込み、なぜ大規模戦争に突入してしまったのか、外交史家の視点から歴史の教訓を探る。978-4-908073-24-3 C0022

ホロコーストに教訓はあるか　ホロコースト研究の軌跡

マイケル・R・マラスト 著／真壁広道 訳／四六判並製／2,300円+税

ホロコースト研究に草創期から携わった第一人者ならではの、精確にして誠実な最新のホロコースト研究史。研究史として貴重な資料であるだけでなく、歴史学者としての真摯な姿勢を貫き、気の遠くなる基礎調査を積み重ねてきた著者による直言を含む本書は、歴史を学ぶ者全てにとって一つの指針を示す。　978-4-908073-38-0 C0022

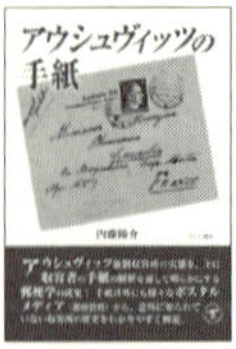

アウシュヴィッツの手紙

内藤陽介 著／A5判並製／2,000円+税　978-4-908073-18-2 C0022

アウシュヴィッツ強制収容所の実態を主に収容者の手紙の解析を通して明らかにする郵便学の成果！　手紙以外にも様々なポスタルメディア（郵便資料）から、意外に知られていない収容所の歴史をわかりやすく解説。

朝鮮戦争　ポスタルメディアから読み解く現代コリア史の原点

内藤陽介 著／A5判並製／2,000円+税　978-4-908073-02-1 C0022

「韓国／北朝鮮」の出発点を正しく知る！　ハングルに訳された韓国現代史の著作もある著者が、朝鮮戦争の勃発―休戦までの経緯をポスタルメディア（郵便資料）という独自の切り口から詳細に解説。退屈な通史より面白く、わかりやすい、朝鮮戦争の基本図書ともなりうる充実の内容。

丸亀ドイツ兵捕虜収容所物語

髙橋輝和 編著／四六判上製／2,500円+税　978-4-908073-06-9 C0021

映画「バルトの楽園」の題材となり、脚光を浴びた板東収容所に先行し、模範的な捕虜収容の礎を築いた「丸亀収容所」に光をあて、その全容を明らかにする。公的記録や新聞記事、日記などの豊富な資料を駆使し、当事者達の肉声から収容所の歴史や生活を再現。貴重な写真・図版66点収載